Erbrecht

Hemmer/Wüst/Gold/Grieger

Kursorte im Überblick

Augsburg
Wüst
Mergentheimer Str. 44
97082 Würzburg
Tel.: (0931) 79 78 230
Fax: (0931) 79 78 234
Mail: augsburg@hemmer.de

Bayreuth
Daxhammer/d´Alquen
Parkweg 7
97944 Boxberg
Tel.: (07930) 99 23 38
Fax: (07930) 99 22 51
Mail: bayreuth@hemmer.de

Berlin-Dahlem
Gast
Schumannstraße 18
10117 Berlin
Tel.: (030) 240 45 738
Fax: (030) 240 47 671
Mail: mitte@hemmer-berlin.de

Berlin-Mitte
Gast
Schumannstraße 18
10117 Berlin
Tel.: (030) 240 45 738
Fax: (030) 240 47 671
Mail: mitte@hemmer-berlin.de

Bielefeld
Lück
Salzstr. 14/15
48143 Münster
Tel.: (0251) 67 49 89 70
Fax.: (0251) 67 49 89 71
Mail: bielefeld@hemmer.de

Bochum
Schlömer/Sperl
Salzstr. 14/15
48143 Münster
Tel.: (0251) 67 49 89 70
Fax.: (0251) 67 49 89 71
Mail: bochum@hemmer.de

Bonn
Ronneberg/Clobes/Geron
Simrockstr. 5
53113 Bonn
Tel.: (0228) 91 14 125
Fax: (0228) 91 14 141
Mail: bonn@hemmer.de

Bremen
Kulke/Hermann
Mergentheimer Str. 44
97082 Würzburg
Tel.: (0931) 79 78 257
Fax: (0931) 79 78 240
Mail: bremen@hemmer.de

Dresden
Stock
Zweinaundorfer Str. 2
04318 Leipzig
Tel.: (0341) 6 88 44 90
Fax: (0341) 6 88 44 96
Mail: dresden@hemmer.de

Düsseldorf
Ronneberg/Clobes/Geron
Simrockstr. 5
53113 Bonn
Tel.: (0228) 91 14 125
Fax: (0228) 91 14 141
Mail: duesseldorf@hemmer.de

Erlangen
Grieger/Tyroller
Mergentheimer Str. 44
97082 Würzburg
Tel.: (0931) 79 78 230
Fax: (0931) 79 78 234
Mail: erlangen@hemmer.de

Frankfurt/M.
Geron
Dreifaltigkeitsweg 49
53489 Sinzig
Tel.: (02642) 61 44
Fax: (02642) 61 44
Mail: frankfurt.main@hemmer.de

Frankfurt/O.
Gast
Schumannstraße 18
10117 Berlin
Tel.: (030) 240 45 738
Fax: (030) 240 47 671
Mail: mitte@hemmer-berlin.de

Freiburg
Behler/Rausch
Rohrbacher Str. 3
69115 Heidelberg
Tel.: (06221) 65 33 66
Fax: (06221) 65 33 30
Mail: freiburg@hemmer.de

Gießen
Sperl
Parkweg 7
97944 Boxberg
Tel.: (07930) 99 23 38
Fax: (07930) 99 22 51
Mail: giessen@hemmer.de

Göttingen
Schlömer/Sperl
Kirchhofgärten 22
74635 Kupferzell
Tel.: (07944) 94 11 05
Fax: (07944) 94 11 08
Mail: goettingen@hemmer.de

Greifswald
Burke/Lück
Buchbinderstr. 17
18055 Rostock
Tel.: (0381) 3 77 74 00
Fax: (0381) 3 77 74 01
Mail: greifswald@hemmer.de

Halle
Ra. J. Luke
Rödelstr. 13
04229 Leipzig
Tel.: (0341) 49 25 54 70
Fax: (0341) 49 25 54 71
Mail: halle@hemmer.de

Hamburg
Schlömer/Sperl
Steinhöft 5-7
20459 Hamburg
Tel.: (040) 317 669 17
Fax: (040) 317 669 20
Mail: hamburg@hemmer.de

Hannover
Daxhammer/Sperl
Matzenhecke 23
97204 Höchberg
Tel.: (0931) 400 337
Fax: (0931) 404 3109
Mail: hannover@hemmer.de

Heidelberg
Behler/Rausch
Rohrbacher Str. 3
69115 Heidelberg
Tel.: (06221) 65 33 66
Fax: (06221) 65 33 30
Mail: heidelberg@hemmer.de

Jena
Hemmer/Wüst
Mergentheimer Str. 44
97082 Würzburg
Tel.: (0931) 79 78 257
Fax: (0931) 79 78 240
Mail: jena@hemmer.de

Kiel
Schlömer/Sperl
Kirchhofgärten 22
74635 Kupferzell
Tel.: (07944) 94 11 05
Fax: (07944) 94 11 08
Mail: kiel@hemmer.de

Köln
Ronneberg/Clobes/Geron
Simrockstr. 5
53113 Bonn
Tel.: (0228) 91 14 125
Fax: (0228) 91 14 141
Mail: koeln@hemmer.de

Konstanz
Guldin/Kaiser
Hindenburgstr. 15
78467 Konstanz
Tel.: (07531) 69 63 63
Fax: (07531) 69 63 64
Mail: konstanz@hemmer.de

Leipzig
Ra. J. Luke
Rödelstr. 13
04229 Leipzig
Tel.: (0341) 49 25 54 70
Fax: (0341) 49 25 54 71
Mail: leipzig@hemmer.de

Mainz
Geron
Dreifaltigkeitsweg 49
53489 Sinzig
Tel.: (02642) 61 44
Fax: (02642) 61 44
Mail: mainz@hemmer.de

Mannheim
Behler/Rausch
Rohrbacher Str. 3
69115 Heidelberg
Tel.: (06221) 65 33 66
Fax: (06221) 65 33 30
Mail: mannheim@hemmer.de

Marburg
Sperl
Parkweg 7
97944 Boxberg
Tel.: (07930) 99 23 38
Fax: (07930) 99 22 51
Mail: marburg@hemmer.de

München
Wüst
Mergentheimer Str. 44
97082 Würzburg
Tel.: (0931) 79 78 230
Fax: (0931) 79 78 234
Mail: muenchen@hemmer.de

Münster
Schlömer/Sperl
Salzstr. 14/15
48143 Münster
Tel.: (0251) 67 49 89 70
Fax.: (0251) 67 49 89 71
Mail: muenster@hemmer.de

Osnabrück
Fethke
Liebknechtstr. 35
99086 Erfurt
Tel.: (0541) 18 55 21 79
Fax.: ---
Mail: osnabrueck@hemmer.de

Passau
Köhn/Rath
Mergentheimer Str. 44
97082 Würzburg
Tel.: (0931) 79 78 230
Fax: (0931) 79 78 234
Mail: passau@hemmer.de

Potsdam
Gast
Schumannstraße 18
10117 Berlin
Tel.: (030) 240 45 738
Fax: (030) 240 47 671
Mail: mitte@hemmer-berlin.de

Regensburg
Daxhammer/d´Alquen
Parkweg 7
97944 Boxberg
Tel.: (07930) 99 23 38
Fax: (07930) 99 22 51
Mail: regensburg@hemmer.de

Rostock
Burke/Lück
Buchbinderstr. 17
18055 Rostock
Tel.: (0381) 3777 400
Fax: (0381) 3777 401
Mail: rostock@hemmer.de

Saarbrücken
Bold
Preslesstraße 2
66987 Thaleischweiler-Fröschen
Tel.: (06334) 98 42 83
Fax: (06334) 98 42 83
Mail: saarbruecken@hemmer.de

Trier
Geron
Dreifaltigkeitsweg 49
53489 Sinzig
Tel.: (02642) 61 44
Fax: (02642) 61 44
Mail: trier@hemmer.de

Tübingen
Guldin/Kaiser
Hindenburgstr. 15
78465 Konstanz
Tel.: (07531) 69 63 63
Fax: (07531) 69 63 64
Mail: tuebingen@hemmer.de

Würzburg - ZENTRALE -
Mergentheimer Str. 44
97082 Würzburg
Tel.: (0931) 79 78 230
Fax: (0931) 79 78 234
Mail: wuerzburg@hemmer.de

Vorwort

Erbrecht mit der **hemmer-Methode**

Wer in vier Jahren sein Studium abschließen will, kann sich einen Irrtum in Bezug auf Stoffauswahl und -aneignung nicht leisten. Hoffen Sie nicht auf leichte Rezepte und den einfachen Rechtsprechungsfall. Hüten Sie sich vor Übervereinfachung beim Lernen. Stellen Sie deswegen frühzeitig die Weichen richtig.

„Erben werden geboren, nicht gekoren“ oder: „Erben werden gezeugt, nicht geschrieben“ deuten auf den germanischen Einfluss mit seinen Sippengedanken hin. Das Prinzip der Universalsukzession oder die Testamentsidee sind römisch-rechtliche Traditionen. Die Spannung zwischen individualistischem (der Erbe steht im Vordergrund) und kollektivistischem Ansatz (die Sippe ist privilegiert) ist auch für die Klausur von großer praktischer Relevanz, z.B. bei gesetzlicher oder gewillkürter Erbfolge, Formwirksamkeit des Testaments (gemeinschaftliches Testament, Erbvertrag), Widerruf und Anfechtung, Bestimmung durch Dritte, Vor-, Nach- und Ersatzerbschaft, Vermächtnis, Pflichtteilsrecht, Erbschaftsbesitz, Miterben, Erbschein. Auch die dingliche Surrogation, z.B. bei § 2019 BGB, sollte als prüfungsrelevant bekannt sein.

Die **hemmer-Methode** vermittelt Ihnen die **erste richtige Einordnung** und das **Problembewusstsein**, welches Sie brauchen, um an einer Klausur bzw. dem Ersteller nicht vorbeizuschreiben. Häufig ist dem Studenten nicht klar, warum er schlechte Klausuren schreibt. Wir geben Ihnen **gezielte Tipps**! Vertrauen Sie auf unsere **Expertenkniffe**.

Durch die ständige Diskussion mit unseren Kursteilnehmern ist uns als erfahrenen Repetitoren klar geworden, welche **Probleme** der Student hat, sein **Wissen anzuwenden**. Wir haben aber auch von unseren Kursteilnehmern profitiert und von ihnen erfahren, welche **Argumentationsketten** in der Prüfung zum Erfolg geführt haben.

Die **hemmer-Methode** gibt **jahrelange Erfahrung** weiter, erspart Ihnen viele schmerzliche Irrtümer, setzt richtungsweisende Maßstäbe und begleitet Sie als **Gebrauchsanweisung** in Ihrer Ausbildung:

1. Grundwissen:

Die **Grundwissenskripten** sind für den Studenten in den ersten Semestern gedacht. In den Theoriebänden Grundwissen werden leicht verständlich und kurz die wichtigsten Rechtsinstitute vorgestellt und das notwendige Grundwissen vermittelt. Die Skripten werden durch den jeweiligen Band unserer **Reihe „Die wichtigsten Fälle“** ergänzt.

2. Basics:

Das Grundwerk für Studium und Examen. Es schafft schnell **Einordnungswissen** und mittels der hemmer-Methode richtiges Problembewusstsein für Klausur und Hausarbeit. Wichtig ist, **wann und wie** Wissen in der Klausur angewendet wird.

3. Skriptenreihe:

Vertiefendes Prüfungswissen: Über 1.000 Klausuren wurden auf ihre „essentials" abgeklopft.

Anwendungsorientiert werden die für die Prüfung nötigen Zusammenhänge umfassend aufgezeigt und wiederkehrende Argumentationsketten eingeübt.

Gleichzeitig wird durch die **hemmer-Methode** auf **anspruchsvollem Niveau** vermittelt, nach welchen Kriterien Prüfungsfälle beurteilt werden. Mit dem Verstehen wächst die Zustimmung zu Ihrem Studium. Spaß und Motivation beim Lernen entstehen erst durch Verständnis.

Lernen Sie, durch Verstehen am juristischen Sprachspiel teilzunehmen. Wir schaffen den „background“, mit dem Sie die innere Struktur von Klausur und Hausarbeit erkennen: **„Problem erkannt, Gefahr gebannt“**. Profitieren Sie von unserem **strategischen Wissen**. Wir werden Sie mit unserem know-how auf das Anforderungsprofil einstimmen, das Sie in Klausur und Hausarbeit erwartet. Die Theoriebände Grundwissen, die Basics, die Skriptenreihe und der Hauptkurs sind als **modernes, offenes und flexibles Lernsystem** aufeinander abgestimmt und ergänzen sich ideal. Die **studentenfreundliche Preisgestaltung** ermöglicht den **Erwerb als Gesamtwerk**.

4. Hauptkurs:

Schulung am examenstypischen Fall mit der Assoziationsmethode. Trainieren Sie unter professioneller Anleitung, was Sie im Examen erwartet und wie Sie bestmöglich mit dem Examensfall umgehen.

Nur wer die Dramaturgie eines Falles verstanden hat, ist in Klausur und Hausarbeit auf der sicheren Seite! Häufig hören wir von unseren Kursteilnehmern: **„Erst jetzt hat Jura richtig Spaß gemacht“**.

Die Ergebnisse unserer Kursteilnehmer geben uns Recht. Maßstab ist der Erfolg. Die Examensergebnisse zeigen, dass unsere Kursteilnehmer überdurchschnittlich abschneiden.

Die Examensergebnisse unserer Kursteilnehmer können auch Ansporn für Sie sein, intelligent zu lernen: Wer nur auf vier Punkte lernt, landet leicht bei drei.
Lassen Sie sich aber nicht von diesen Supernoten verschrecken, sehen Sie dieses Niveau als Ansporn für Ihre Ausbildung.

Wir hoffen, als Repetitoren mit unserem Gesamtangebot bei der Konkretisierung des Rechts mitzuwirken und wünschen Ihnen **viel Spaß beim Durcharbeiten** unserer Skripten.

Wir würden uns freuen, mit Ihnen als Hauptkursteilnehmer mit der **hemmer-Methode** gemeinsam Verständnis an der Juristerei zu trainieren. Nur wer erlernt, was ihn im Examen erwartet, lernt richtig!

So leicht ist es, uns kennenzulernen: Probehören ist jederzeit in den jeweiligen Kursorten möglich.

Karl-Edmund Hemmer & Achim Wüst

Erbrecht

Hemmer/Wüst/Gold/Grieger

Hemmer/Wüst Verlagsgesellschaft
Hemmer/Wüst/Gold/Grieger, Erbrecht

ISBN 978-3-86193-459-2
13. Auflage 2016

gedruckt auf chlorfrei gebleichtem Papier
von Schleunungdruck GmbH, Marktheidenfeld

Kommentare

Erman	Bürgerliches Gesetzbuch, Band 2
Jauernig	Bürgerliches Gesetzbuch
Münchner-Kommentar	Kommentar zum Bürgerlichen Gesetzbuch
Palandt	Kommentar zum Bürgerlichen Gesetzbuch
Soergel	Bürgerliches Gesetzbuch mit Einführungs- und Nebengesetzen, Band 8 Erbrecht
Staudinger	Kommentar zum Bürgerlichen Gesetzbuch

Lehrbücher

Brox	Erbrecht
Kipp/Coing	Erbrecht
Lange/Kuchinke	Erbrecht
Medicus	Bürgerliches Recht
Schlüter/Bartholomeyczik	Erbrecht

Weitere Nachweise (insbesondere auf Aufsätze) in den Fußnoten.

IN FÜNF STUNDEN
ZUM ERFOLG:
Die neue hemmer app
Das Frage-Antwort-System der hemmer-Skripten jetzt auch als app im Apple App Store und im Google Play Store erhältlich! Oder als webapp für andere mobile Betriebssysteme und PCs unter: www.webapp.hemmer.de
Einfach testen: Sie erhalten 33 Quizfragen und 33 Lernfragen aus dem Rechtsgebiet BGB AT I kostenlos.
So macht Jura Spaß!
Alle Karteikartensets zum Einführungspreis von je nur 6,99 €.

§ 1 EINFÜHRUNG

hemmer-Methode: Erbrecht erhält Vermögen und dient damit auch volkswirtschaftlichem Interesse - nach Schätzungen wird in Deutschland bis 2025 ein Vermögen von insgesamt 2,5 Billionen Euro vererbt werden! Das Erbrecht wird in Art. 14 I S. 1 GG grundsätzlich gewährleistet. Im BGB garantiert es als logischen Konnex zum Privateigentum die Weitergabe dieses Privateigentums. Der „Staat" ist regelmäßig nur mit der Erbschaftssteuer an der Erbschaft beteiligt (Ausnahmen: § 1936 BGB; Einsetzung durch den Erblasser); es gilt die sog. Privaterbfolge. Das Erbrecht basiert auf zwei Grundpfeilern: Testierfreiheit und Universalsukzession. Besonderheiten im Erbrecht sind der strenge Formzwang und die Höchstpersönlichkeit. Auch im Erbrecht gilt es, den Zusammenhang zu anderen Rechtsgebieten zu beachten. Nicht selten ist dieser Zusammenhang in Klausuren entscheidend. 1

A) Rechtsquellen

Rechtsquellen

I. Die meisten Vorschriften über das Erbrecht befinden sich im 5. Buch des BGB (§§ 1922 – 2385 BGB). 2

insbes. BGB

II. Darüber hinaus gibt es auch in anderen Rechtsgebieten erbrechtliche Vorschriften,[1] wie nachfolgender Überblick zeigt:

1. Familienrecht

⇨ Zugewinnausgleich, § 1371 BGB[2]

2. Sachenrecht

⇨ Besitzübergang auf den Erben, § 857 BGB

⇨ Nießbrauch an einer Erbschaft, § 1089 BGB

⇨ Nichtvererblichkeit des Nießbrauchs, § 1061 BGB

3. Schuldrecht

⇨ Nichtigkeit eines Vertrages über den Nachlass eines noch lebenden Dritten, § 311b IV BGB

⇨ Vertrag zugunsten Dritter mit Leistung nach Todesfall, §§ 330, 331 BGB

⇨ Beim Vorkaufsrecht sind § 470 BGB und § 473 BGB zu beachten

⇨ Eintrittsrecht bei Tod des Mieters, § 563 BGB

⇨ Fortsetzung mit überlebenden Mietern, § 563a BGB

⇨ Durch Vermächtnis (§§ 2147 ff. BGB) und Pflichtteilsanspruch (§§ 2303 ff. BGB) wird ein Schuldverhältnis begründet, auf das die allgemeinen, schuldrechtlichen Vorschriften anwendbar sind.

4. Handelsgesetzbuch

⇨ Vererblichkeit der Handelsfirma, § 22 HGB

⇨ Haftung der Erben eines Kaufmanns, § 27 HGB

⇨ Fortbestehen der Prokura, § 52 III HGB

⇨ Grundsätzlich keine Auflösung einer Personenhandelsgesellschaft (OHG oder KG) beim Tod eines persönlich haftenden Gesellschafters (vgl. §§ 131 III S. 1 Nr. 1, 161 II HGB)[3]

1 Angegeben sind jeweils nur die wichtigsten (examenstypischen) Vorschriften.

2 Vgl. für die Gütergemeinschaft § 1482 S. 1 BGB.

3 Anders aber bei der GbR, die sich gem. § 727 I BGB im Zweifel auflöst.

5. Weitere Rechtsgebiete

- ⇨ Verfahrensgesetze (z.B. §§ 27, 778 ZPO, §§ 178 f. ZVG, sowie das FamFG)
- ⇨ Erbschaftsteuergesetz

6. Übergangsvorschriften

- ⇨ Art. 227 und Art. 235 EGBGB[4]

B) Grundbegriffe

I. Erbfall

Erbfall = Tod eines Menschen

Erbfall ist der Tod einer natürlichen Person (vgl. § 1922 I BGB). Als Todeszeitpunkt gilt der Eintritt des Gesamthirntodes.[5] 3

Ein Erbfall liegt auch dann vor, wenn kein Vermögen vorhanden ist.

II. Erbschaft

Erbschaft = Vermögen des Erblassers

Eine Erbschaft ist das Vermögen des Erblassers, das mit dessen Tod auf den oder die Erben übergeht (vgl. § 1922 I BGB). 4

Zum Vermögen zählen nicht nur geldwerte Güter, sondern alle vermögensrechtlichen Positionen.

mit Ausnahme höchstpersönlicher Rechte

Höchstpersönliche Rechte wie die meisten familienrechtlichen Ansprüche, bspw. Unterhaltsansprüche,[6] oder der Nießbrauch und die beschränkte persönliche Dienstbarkeit (vgl. § 1090 II BGB i.V.m. § 1061 BGB), sind nicht vererbbar.[7] Kein höchstpersönliches Recht in diesem Sinne ist der Schmerzensgeldanspruch. Dieser ist als „normaler" Schadensersatzanspruch übertragbar, pfändbar und auch vererblich. Für den Pflichtteilsanspruch ist die Vererbbarkeit ausdrücklich in § 2317 BGB vorgesehen.

III. Erbfähigkeit

Erbfähigkeit entspr. Rechtsfähigkeit

Erbfähigkeit ist die Fähigkeit, Erbe zu sein. 5

Die Erbfähigkeit ist verknüpft mit der Rechtsfähigkeit. Erbfähig sind:

- ⇨ natürliche und juristische Personen[8]
- ⇨ die noch nicht rechtsfähige Stiftung, § 84 BGB[9]
- ⇨ der bereits erzeugte, aber noch nicht geborene Mensch (nasciturus), § 1923 II BGB[10]

Beachten Sie aber: Bei der Vorverlegung der Rechtsfähigkeit ist Voraussetzung, dass die Rechtsfähigkeit später auch wirklich erlangt wird. Ein Kind, das tot geboren wird, kann demnach nicht Erbe werden, da es nie rechtsfähig gewesen ist.

---

4 BGBl. 1997, Teil I, 2969; BGBl. 1998, Teil I, 524; Böhm, Die Neuregelung des Erbrechts nichtehelicher Kinder, NJW 1998, 1043 - 1044.

5 OLG Frankfurt a.M., NJW 1997, 3099 – 3101 (3100 m.w.N.) = **juris**byhemmer.

6 Beachte aber auch § 1586b BGB, wonach die Unterhaltspflicht anders als der Unterhaltsanspruch auf die Erben übergehen kann.

7 Hierzu gehört der eigene Körper bzw. der Leichnam, Palandt, § 1922 BGB, Rn. 36 f.

8 Gem. §§ 124 I, 161 HGB auch OHG und KG sowie (infolge der Rspr. des BGH zur Teilrechtsfähigkeit) auch die GbR, Palandt, § 1923 BGB, Rn. 7.

9 Vorverlegung der Rechtsfähigkeit.

10 Vorverlegung der Rechtsfähigkeit; ist die in einem Testament bedachte Person noch nicht einmal gezeugt, greift § 2101 BGB, vgl. hierzu Damrau, ZEV 2004, 19 ff.

§ 2 GESETZLICHE ERBFOLGE

A) Allgemeines zur gesetzlichen Erbfolge

I. Gesamtrechtsnachfolge, §§ 1967, 1922 BGB

1. Grundsatz der Gesamtrechtsnachfolge

Gesamtrechtsnachfolge

6 Der Grundsatz der Gesamtrechtsnachfolge besagt, dass das Vermögen des Erblassers – und zwar das positive (§ 1922 BGB) sowie das negative Vermögen (§ 1967 BGB) - nur als Ganzes auf den oder die Erben übergehen kann („Universalsukzession“). Eine Rechtsnachfolge in einzelne Vermögensstücke (Sonderrechtsnachfolge, Singularsukzession) ist nicht möglich.

einzelne Gegenstände ⇨ regelm. Vermächtnis

7 **Bsp.:** *Dies zeigt sich deutlich beim Vermächtnis: Hat der Erblasser einen einzelnen Gegenstand durch Vermächtnis einer bestimmten Person zugewiesen, so wird diese Person nicht Erbe hinsichtlich dieses Gegenstandes, sondern erwirbt nur einen schuldrechtlichen Anspruch gegen den „Gesamt“erben (Anspruchsgrundlage: § 2174 BGB).*

hemmer-Methode: Gerade hier zeigt sich in der Klausur der Zusammenhang zwischen Erbrecht und Schuldrecht. Schuldrechtlicher Charakter kommt jedem Rechtsverhältnis zu, sobald es über allgemeine Zuständigkeiten und Befugnisse hinaus auch Pflichten begründet und regelt. Der Anspruch gegen den Erben wegen Nichtausführung des Vermächtnisses ist damit thematisch Schuldrecht, auch wenn die fraglichen Leistungspflichten im Erbrecht normiert sind. Deswegen finden die schuldrechtlichen Bestimmungen wie § 286 BGB bei Verzug, §§ 275, 280, 283 BGB bei Unmöglichkeit Anwendung.[11] Da dem Vermächtnisnehmer nur ein schuldrechtlicher Anspruch gegen den Erben zusteht und er z.B. noch nicht Eigentümer eines vermachten Gegenstandes ist, kommen auch die Grundsätze der Drittschadensliquidation in Betracht (neben dem Versendungskauf einer der Hauptfälle der Drittschadensliquidation![12]).

1922 bei als Ganzes: 563

2. Ausnahmen vom Grundsatz der Gesamtrechtsnachfolge

a) Anerbenrecht

Ausnahme: Anerbenrecht

8 Danach geht ein bäuerliches Anwesen immer nur auf eine Person über. Hierdurch soll eine Zersplitterung des bäuerlichen Grundbesitzes verhindert werden.[13]

b) Mietwohnung, § 563 BGB

Ausnahme: Mietwohnung

9 Die Mietwohnung des Erblassers geht auf seinen Ehegatten, seinen Lebenspartner oder andere Familienangehörige, die mit ihm einen gemeinsamen Hausstand führen, über, unabhängig davon, ob diese auch Erben sind, § 563 BGB.

11 § 311a BGB wird allerdings von § 2171 BGB verdrängt.

12 Palandt, Vor. § 249 BGB, Rn. 117.

13 Geregelt insbes. in der Höfeordnung für die Länder der früheren britischen Besatzungszone; Literaturhinweis zum bäuerlichen Erbrecht: MüKo, Einl. v. § 1922 BGB, Rn. 108 ff.

c) Anteile an Personengesellschaften

Vererblichkeit der Gesellschaftsanteile

Die Anteile an einer BGB-Gesellschaft, einer OHG sowie die Anteile eines Komplementärs einer KG sind kraft Gesetzes nicht vererblich, können aber durch eine sogenannte Nachfolgeklausel „vererblich" gestellt werden. Der Kommanditistenanteil ist hingegen grundsätzlich vererblich, vgl. § 177 HGB. 10

hemmer-Methode: Soweit im Gesellschaftsvertrag nichts geregelt ist, führt der Tod eines Gesellschafters bei einer BGB-Gesellschaft zu deren Beendigung, § 727 BGB, bei einer OHG zum Ausscheiden des verstorbenen Gesellschafters, § 131 III Nr. 1 HGB. Im Fall der Beendigung der Gesellschaft entsteht ein Anspruch auf Beteiligung an der Überschussverteilung nach § 734 BGB, im Fall des Ausscheidens ein Anspruch auf Abfindung nach § 738 BGB (ggf. in Verbindung mit § 105 II HGB), die beide jeweils nach § 1922 BGB in den Nachlass fallen. Da die Abfindung nach dem Verkehrswert der Gesellschaft berechnet wird, empfiehlt sich hier dringend eine Modifizierung auf den Buchwert oder gar eine vollständige Abbedingung der Abfindung. Hierin kann allerdings schon wieder eine Schenkung zu sehen sein, die Pflichtteilsergänzungsansprüche nach § 2325 BGB auslöst.[14] Maßgeblich hierfür ist, dass der Abfindungsverzicht für alle Gesellschafter gleichermaßen gilt und die gleichen Chancen und Risiken beinhaltet. In einem solchen Fall entstehen auch keine Pflichtteilsergänzungsansprüche.

Nach h.M. Singularsukzession

Soweit ein Personengesellschaftsanteil vererblich ist, geschieht dies nach h.M. ausnahmsweise im Wege der Sonderrechtsnachfolge.[15] 10a

Bsp.: *A hat einen Gesellschaftsanteil von $^1/_3$ an einer OHG. Im Gesellschaftsvertrag ist dessen Vererblichkeit vorgesehen. Bei seinem Tod wird A von B und C zu gleichen Teilen beerbt.*

Der Gesellschaftsanteil fällt nach h.M. nicht in den Nachlass, vielmehr findet ausnahmsweise eine Singularsukzession statt, sodass B und C direkt Gesellschafter zu je $^1/_6$ werden.

Begründet wird diese Abweichung von § 1922 BGB vor allem damit, dass die Möglichkeit, die Haftung einer Erbengemeinschaft nach §§ 1970 ff. BGB dauerhaft auf den Nachlass zu beschränken, nicht mit der grundsätzlich unbeschränkten Haftung eines Gesellschafters einer GbR bzw. OHG vereinbar ist. Zudem wäre die Funktionsfähigkeit der Gesellschaft gefährdet, wenn jedem Beschluss der Gesellschafter zunächst ein interner Beschluss der Miterbengemeinschaft vorausgehen müsste.

hemmer-Methode: Im Gesellschaftsvertrag kann auch vorgesehen sein, dass der Gesellschaftsanteil nur auf bestimmte Personen übertragen werden kann, sogenannte qualifizierte Nachfolgeklausel. In diesem Fall rückt nur der im Vertrag Genannte in den Gesellschaftsanteil nach. Soweit der Wert des Gesellschaftsanteils den seiner Erbquote übersteigt, ist er seinen Miterben ausgleichspflichtig.[16] Wird der im Gesellschaftsvertrag Genannte nicht zugleich Erbe, findet keine Nachfolge von Todes wegen statt. Der Gesellschaftsanteil wächst stattdessen den Mitgesellschaftern an. Allerdings kann die gescheiterte Nachfolgeklausel in eine sog. Eintrittsklausel umgedeutet werden: Die als Nachfolger gewollte Person bekommt einen schuldrechtlichen Anspruch gegen die Mitgesellschafter auf Übertragung eines Gesellschaftsanteils!

---

14 Ausführlich Rn. 171 ff.

15 Vgl. Palandt, § 1922 BGB, Rn. 14 ff.; zur Vertiefung im Hinblick auf die hier auftauchenden gesellschaftsrechtlichen Probleme, vgl. **Hemmer/Wüst, Gesellschaftsrecht, Rn. 205 ff.**; Deckert, „Vererbung von Anteilen an Personengesellschaften", NZG 1998, 43 - 49.

16 Palandt, § 1922 BGB, Rn. 19a, wobei die h.M. als Anspruchsgrundlage auf § 242 BGB zurückgreift.

Merke: Der Gesellschaftsanteil geht nur dann nach § 1922 BGB auf einen Erben über, wenn der Gesellschaftsvertrag dessen Vererblichkeit vorsieht und (bei einer qualifizierten Nachfolgeklausel) der im Gesellschaftsvertrag als Nachfolger Genannte zugleich Erbe wird. Es ist eine Kongruenz von Gesellschaftsvertrag und Erbenstellung nötig!

3. Übergang kraft Gesetzes (Vonselbsterwerb)

Übergang kraft Gesetzes ⇨ nicht rechtsgeschäftlich

Die Universalsukzession ist Erwerb kraft Gesetzes, nicht rechtsgeschäftlicher Erwerb. Mit dem Erbfall gehen Rechte und Pflichten des Erblassers auf den Erben über, ohne dass dazu dessen Kenntnis oder Wille erforderlich wäre. Ausprägung dieses Grundsatzes ist auch § 857 BGB. 11

hemmer-Methode: § 857 BGB ergänzt § 1922 BGB. Dies ist notwendig, da der Besitz als rein tatsächliche Position nicht zum Vermögen gerechnet werden kann. § 857 BGB hat vor allem den Zweck, einen gutgläubigen Erwerb vom Scheinerben zu verhindern. Veräußert dieser einen Nachlassgegenstand an einen Dritten, so kommt diese Sache dem wahren Erben abhanden, § 935 I BGB. Die Wirkung der §§ 857, 935 BGB wird nur dann überwunden, wenn der Veräußernde im Besitz eines Erbscheins ist, vgl. § 2366 BGB.[17]

II. Gesetzliche und gewillkürte Erbfolge

1. Gewillkürte Erbfolge

Gewillkürte Erbfolge liegt vor, wenn der Erblasser durch Verfügung von Todes wegen bestimmt hat, wer Erbe sein soll. Eine Verfügung von Todes wegen kann durch Testament oder Erbvertrag erfolgen. 12

2. Gesetzliche Erbfolge

Unter gesetzlicher Erbfolge versteht man die in §§ 1924 ff. BGB getroffenen Regelungen.

3. Verhältnis von gesetzlicher und gewillkürter Erbfolge

Vorrang der gewillkürten Erbfolge

Die gewillkürte Erbfolge hat Vorrang, vgl. § 1937 BGB. Nur insoweit, als der Erblasser seine vermögensrechtliche Nachfolge weder durch Testament noch durch Erbvertrag wirksam geregelt hat, kommt die gesetzliche Erbfolge in Betracht. 13

Bspe.:

- *Ein Testament liegt vor, ist aber (z.B. mangels Eigenhändigkeit, § 2247 BGB) ungültig.*
- *Ein gültiges Testament liegt zwar vor, enthält aber keine Erbeinsetzung (bspw. nur Vermächtnisse oder Auflagen).*
- *Der Erblasser hat überhaupt keine Regelung getroffen.*

In allen drei Fällen greift die gesetzliche Erbfolge ein.

aber auch nebeneinander mögl.

Gewillkürte und gesetzliche Erbfolge können auch nebeneinander bestehen: 14

17 Ausführlich unter Rn. 228 ff.

Bspe.:

- *Der Erblasser hat nur einen Erben beschränkt auf einen Bruchteil seines Vermögens eingesetzt.*

Hinsichtlich des Restes tritt dann gesetzliche Erbfolge ein, § 2088 I BGB.

- *Der Erblasser hat mehrere Erben eingesetzt, aber jeden auf einen Bruchteil beschränkt, wobei die Bruchteile nicht das ganze Vermögen erschöpfen.*

Auch hier tritt hinsichtlich des Restes gesetzliche Erbfolge ein, § 2088 II BGB.

- *Der Erblasser hat Nacherbschaft angeordnet, aber nur den Vorerben bestimmt.*

Nacherben sind dann die gesetzlichen Erben, § 2104 BGB (konstruktive Nacherbfolge).

- *Der Erblasser hat Nacherbschaft angeordnet, aber nur den Nacherben, nicht den Vorerben bestimmt.*

Vorerben sind dann die gesetzlichen Erben, § 2105 BGB (konstruktive Vorerbfolge).

Auch bei ausschließlich gewillkürter Erbfolge kann die gesetzliche Erbfolge noch eine Rolle spielen: 15

wichtig: Auslegungsregeln

Bsp.: *So verweisen z.B. Auslegungsregeln auf die gesetzliche Erbfolge (§§ 2066, 2067, 2069 BGB).*

Pflichtteilsansprüche bestehen gerade auch bei ausschließlich gewillkürter Erbfolge in Höhe der Hälfte des gesetzlichen Erbteils, § 2303 BGB.

B) Gesetzliche Erbfolge

hemmer-Methode: Die gesetzliche Erbfolge gehört zum juristischen Allgemeinwissen, sie ist klausurtypischer Standard.

I. Verwandte

Wer Verwandter oder einem Verwandten gleichgestellt ist (Adoption, vgl. §§ 1754 ff. BGB), bestimmt das Familienrecht (§§ 1589 ff. BGB). 16

1. Parentel- oder Ordnungssystem

Das gesetzliche Erbrecht der Verwandten richtet sich nach dem sog. Parentel- oder Ordnungssystem. Dies besagt zweierlei:

a) Einteilung der Verwandten (je nach Abstammung) in Ordnungen (vgl. §§ 1924 – 1926, 1928 f. BGB).

b) Verwandte der vorhergehenden Ordnung schließen Verwandte einer nachfolgenden Ordnung von der Erbfolge aus, § 1930 BGB.

Exkurs: der Begriff „Parentelsystem"

Parentelsystem: gemeinsamer Elternteil

Parentel kommt von lat. parens (= Elternteil). Der Begriff wurde deshalb gewählt, weil die Gliederung der Verwandtschaft im BGB auf einen gemeinsamen Elternteil (bzw. Elternpaar) abstellt. Gegensatz zum Parentelsystem ist das Gradualsystem, für das der Grad der Verwandtschaft entscheidend ist. 17

Exkurs Ende

2. Die einzelnen Ordnungen

einzelne Ordnungen

1. Ordnung: Abkömmlinge des Erblassers, § 1924 I BGB[18] 18

2. Ordnung: Eltern des Erblassers und deren Abkömmlinge, § 1925 I BGB

3. Ordnung: Großeltern des Erblassers und deren Abkömmlinge, § 1926 I BGB

4. Ordnung: Urgroßeltern des Erblassers und deren Abkömmlinge, § 1928 I BGB

5. Ordnung: Ururgroßeltern des Erblassers und deren Abkömmlinge, § 1929 I BGB

3. Regelung innerhalb der einzelnen Ordnungen

a) Erbfolge nach Stämmen

1. Ordnung: Erbfolge nach Stämmen

Innerhalb der ersten Ordnung erfolgt die Erbfolge nach Stämmen. Jedes Kind des Erblassers bildet mit seinen Nachkommen einen Stamm. Jeder Stamm erhält den gleichen Erbteil, § 1924 IV BGB. Innerhalb der Stämme gilt das Repräsentationsprinzip nach § 1924 II BGB, d.h. Stammeltern schließen die durch sie mit dem Erblasser verwandten Abkömmlinge von der Erbfolge aus. Beim Tod der Stammeltern rücken deren Kinder nach, sog. Eintrittsrecht, § 1924 III BGB. 19

b) Erbfolge nach Linien

2. Ordnung: Erbfolge nach Linien

In der zweiten Ordnung werden die Erben nach Linien bestimmt. Jeder Elternteil des Erblassers bildet zusammen mit seinen Nachkommen eine Linie, wobei wiederum jede Linie zu gleichen Teilen erbt. Auch hier gelten Repräsentationsprinzip (§ 1925 II BGB) und Eintrittsrecht (§ 1925 III BGB). Fällt eine Linie aus, erbt der überlebende Teil alleine (§ 1925 III S. 2 BGB). 20

3. Ordnung: Erbfolge nach Linien

Auch in der dritten Ordnung erfolgt die Erbenbestimmung nach Linien. Jeder Großelternteil bildet mit seinen Abkömmlingen zusammen eine Linie. 21

hemmer-Methode: Stämme bilden die Nachkommenschaft des Erblassers, Linien seine Vorfahren und Seitenverwandten.

18 Beachten Sie, dass seit Wegfall des § 1924a BGB die nichtehelichen Kinder beim Tod ihres Vaters keine Sonderstellung mehr innehaben!

c) Gradualsystem

ab der 4. Ordnung: Gradualsystem

Ab der vierten Ordnung gilt das Gradualsystem (vgl. § 1928 III BGB). Danach erbt die Person, die mit dem Erblasser dem Grad nach näher verwandt ist. 22

Der Grad der Verwandtschaft wird dabei durch die Zahl der sie vermittelnden Geburten bestimmt (§ 1589 S. 3 BGB).

4. Wiederholungsfall zu A) und B)

Fall: *Erblasser E hat ein gültiges Testament errichtet, das die Anordnung enthält, sein Freund F soll die Hälfte seines Vermögens erben. Zur Zeit des Erbfalls leben noch der Vater V, die Schwester S und ein Halbbruder B (Sohn des V aus dessen zweiter Ehe).* 23

Frage: *Wer erbt zu welchen Teilen?*

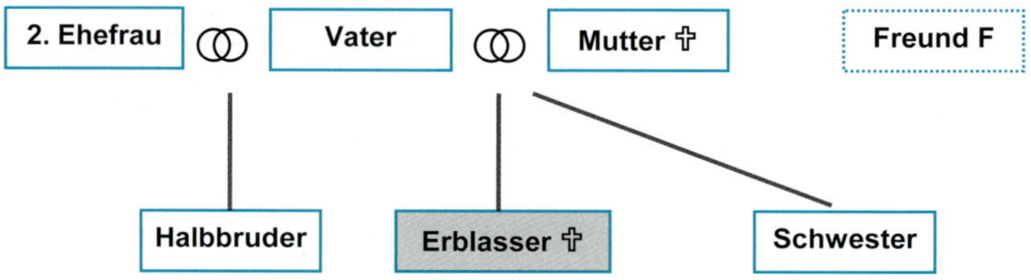

a) Erbteil des F:

Da die gewillkürte Erbfolge gem. § 1937 BGB der gesetzlichen vorgeht, ist F Erbe. Er erbt laut Testament die Hälfte des Vermögens des Erblassers.

b) Erbteil der Verwandten:

Da eine Verfügung des Erblassers von Todes wegen nur hinsichtlich der Hälfte des Vermögens vorliegt, tritt hinsichtlich der anderen Hälfte die gesetzliche Erbfolge ein, § 2088 I BGB.

aa) Erben erster Ordnung liegen nicht vor.

bb) Erben zweiter Ordnung sind Vater und Mutter, § 1925 I BGB. Sie erben zu gleichen Teilen, § 1925 II BGB. V erbt also hier $^1/_4$. Da die Mutter nicht mehr lebt, tritt ihr Abkömmling S an ihre Stelle, § 1925 III S. 1 BGB. S bekommt also ebenfalls $^1/_4$.

cc) Der Halbbruder B ist in der Linie des V durch den noch lebenden V ausgeschlossen (Repräsentationsprinzip, § 1925 II BGB). In die Linie der Mutter kann er nicht gemäß § 1925 III S. 1 BGB eintreten, da er nicht Abkömmling der Mutter ist.

Ergebnis: F erbt $^1/_2$, V und S jeweils $^1/_4$.

5. Übersicht

Zur Verdeutlichung und Wiederholung noch folgende Skizze: 24

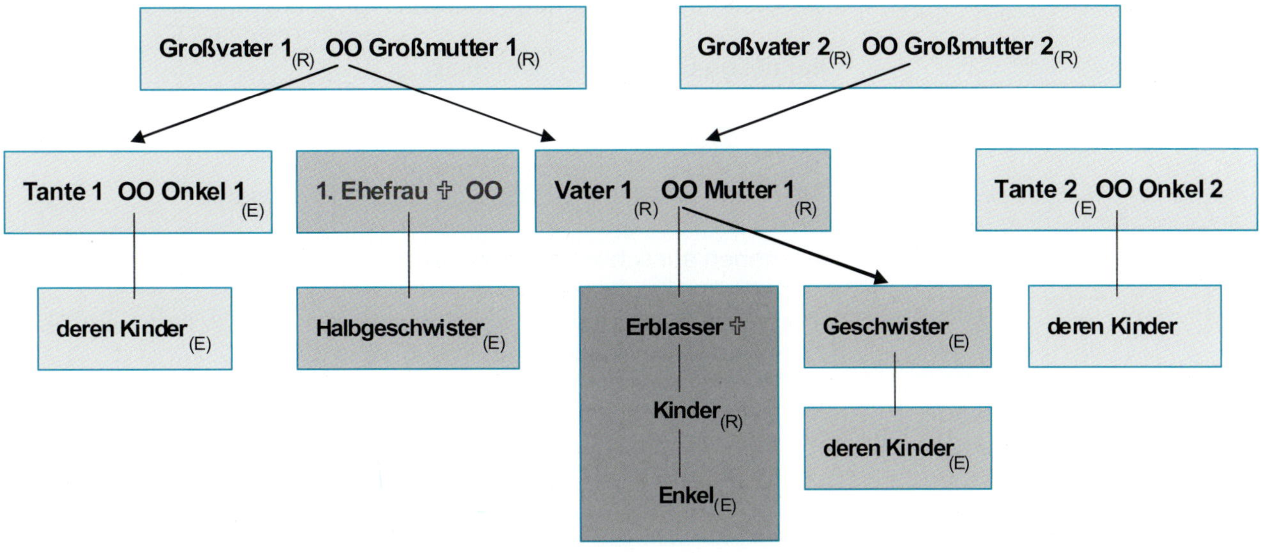

(R) = Repräsentant (schließt seine Abkömmlinge von der Erbfolge aus)

(E) = Eintrittsrecht (wenn Repräsentant wegfällt)

Gliederung innerhalb der Ordnungen:

1. Ordnung:	Kinder und deren Nachkommen bilden einen Stamm.
2. Ordnung:	Sowohl der Vater und seine Nachkommen als auch die Mutter und ihre Nachkommen bilden eine Linie = 2 Linien.
3. Ordnung:	Jeder Großelternteil bildet mit seinen Nachkommen eine Linie = 4 Linien.

II. Ehegattenerbrecht

hemmer-Methode: In der Klausur wird der Erblasser regelmäßig verheiratet sein – „Ein Problem mehr!", denken Sie an den Ersteller der Klausur. Wirtschaftlich dient das Ehegattenerbrecht der Existenzsicherung des überlebenden Ehegatten entsprechend des bisherigen Lebenszuschnitts.

1. Berechnung des Erbteils

Ehegatten ⇦⇨ Verwandte

Das Erbrecht der Verwandten wird durch das Erbrecht des überlebenden Ehegatten eingeschränkt. Bei der Berechnung des gesetzlichen Ehegattenanteils sind folgende Fragen zu unterscheiden: 25

- ⇨ Welcher Ordnung gehören die miterbenden Verwandten an?
- ⇨ In welchem Güterstand haben die Eheleute zur Zeit des Erbfalles gelebt?

a) Einfluss der Ordnung der Verwandten

Anteile des Ehegatten

Der Erbteil des überlebenden Ehegatten ist immer als Erstes festzustellen, da hiervon die Erbquote der übrigen Erben abhängt. Der Ehegatte erbt zu folgenden Anteilen (vgl. § 1931 I, II BGB): 26

aa) neben Erben der 1. Ordnung: $1/4$

bb) neben Erben der 2. Ordnung: $1/2$[19]

cc) neben Erben der 3. Ordnung ist zu differenzieren:

⇨ neben ausschließlich Großeltern: $1/2$

⇨ neben ausschließlich sonstigen Verwandten 3. Ordnung: überlebender Ehegatte Alleinerbe, § 1931 II BGB.

⇨ treffen Großeltern mit Abkömmlingen von Großeltern zusammen, so erbt der Ehegatte auch noch den Anteil der Abkömmlinge, § 1931 I S. 2 BGB.

Bsp.: *Zur Zeit des Erbfalls leben noch: Ehefrau, Großeltern väterlicherseits, Abkömmlinge der verstorbenen Großeltern mütterlicherseits.*

Die Ehefrau erbt neben den beiden Großelternpaaren $1/2$, d.h. auf jedes Großelternpaar entfällt $1/4$. Da die Großeltern mütterlicherseits jedoch nicht mehr leben, würden normalerweise deren Abkömmlinge eintreten (§ 1926 III S. 1 BGB). Gemäß § 1931 I S. 2 BGB können jedoch Abkömmlinge der Großeltern nicht neben der Frau des Erblassers erben. Ihr Anteil geht an die Ehefrau. Diese erhält also zu ihrer Hälfte noch den Anteil der Abkömmlinge von $1/4$ dazu = $3/4$.

dd) neben Verwandten ab der 4. Ordnung:

Hier erhält der Ehegatte die ganze Erbschaft, § 1931 II BGB.

Ehegatte als Verwandter

ee) Der Ehegatte als Verwandter des Erblassers, § 1934 BGB: 26a

Gehört der überlebende Ehegatte zu den erbberechtigten Verwandten, so erbt er zugleich als Verwandter. Es handelt sich dann bei Ehegatten- und Verwandtenerbteil um zwei verschiedene Erbteile, die nicht miteinander verknüpft sind. So kann z.B. auch nur einer der beiden Erbteile isoliert ausgeschlagen werden.[20]

b) Einfluss des Güterstandes

aa) Gütertrennung

Einfluss der Gütertrennung

Hier ergibt sich eine Besonderheit zu den dargestellten Grundzügen des Ehegattenerbrechts. Erben neben dem Ehegatten ein oder zwei Kinder als gesetzliche Erben, so erben der Ehegatte und jedes Kind zu gleichen Teilen, § 1931 IV BGB. 27

Durch diese Erhöhung des Ehegattenerbteils soll sichergestellt werden, dass der Erbteil des Ehegatten nicht hinter demjenigen der Abkömmlinge zurückbleibt, da bei der Gütertrennung kein Ausgleich über § 1371 BGB bzw. § 1416 BGB möglich ist.[21]

19 Anders als bei der 3. Ordnung sind hier auch die Abkömmlinge der Eltern erbberechtigt, OLG Celle, FamRZ 2003, 560 - 561 = jurisbyhemmer.

20 Palandt, § 1934 BGB, Rn. 2.

21 Zu den möglichen erbrechtlichen Nachteilen der Gütertrennung vgl. unten Rn. 33.

Bsp.: Normalerweise erbt ein Ehegatte neben zwei Kindern 1/4, die Kinder zusammen 3/4, also je 3/8. Bei Gütertrennung erben nun alle zu gleichen Teilen, also jeder 1/3.

Bei drei oder mehr Kindern bleibt es bei der Erbquote des überlebenden Ehegatten von 1/4 gemäß § 1931 I BGB, da § 1931 IV BGB nach seinem eindeutigen Wortlaut nicht anwendbar ist.

bb) Gütergemeinschaft

Einfluss d. Gütergemeinschaft

Hier ergeben sich keine Besonderheiten. Der Anteil am Gesamtgut gehört zum Nachlass des Verstorbenen, § 1482 S. 1 BGB; nur bei fortgesetzter Gütergemeinschaft (§§ 1483 ff. BGB) wird der Anteil des verstorbenen Ehegatten am Gesamtgut nicht vererbt (§ 1483 I S. 3 BGB). 28

cc) Zugewinngemeinschaft

Einfluss d. Zugewinngemeinschaft

hemmer-Methode: Der Güterstand der Zugewinngemeinschaft ist nach § 1363 I BGB der gesetzliche Normalfall. Finden sich im Sachverhalt keine Angaben zu einem Ehevertrag, sind ohne weiteres die §§ 1363 ff. BGB einschlägig.

erbrechtliche Lösung

(1) Wird der Güterstand durch den Tod eines Ehegatten beendet, erhöht sich der gesetzliche Erbteil des überlebenden Ehegatten pauschal um 1/4 der Erbschaft (§§ 1931 III, 1371 I BGB). Dies gilt unabhängig davon, ob die Eheleute überhaupt einen Zugewinn erzielt haben und ob der überlebende Ehegatte überhaupt ausgleichsberechtigt wäre, was gerade bei sehr kurzen Ehen als unbillig empfunden wird. 29

Danach ergeben sich folgende Anteile:

(a) Neben Erben erster Ordnung: 1/2 (1/4 + 1/4).

(b) Neben Erben zweiter Ordnung: 3/4 (1/2 + 1/4).

(c) Neben Erben dritter Ordnung ist wieder zu differenzieren:

⇨ neben sämtlichen Großeltern: 3/4 (1/2 + 1/4),

⇨ neben sonstigen Verwandten der dritten Ordnung (ohne Großeltern): Der Ehegatte ist bereits nach § 1931 II BGB Alleinerbe!

⇨ Großeltern treffen mit Abkömmlingen von Großeltern zusammen: Hier kann der Anteil des Ehegatten wegen § 1931 I S. 2 BGB ohnehin schon 3/4[22] betragen, sodass der Ehegatte bei einer weiteren Erhöhung um 1/4 nach §§ 1931 III, 1371 I BGB Alleinerbe würde. Da dieses Ergebnis der Wertung des § 1931 II BGB zuwiderläuft, gibt die h.M. dem überlebenden Ehegatten zunächst 1/2 aus § 1931 I S. 1 BGB und 1/4 aus §§ 1931 III, 1371 I BGB. Das verbleibende 1/4 wird auf die Großeltern verteilt, sodass auf jedes Großelternteil 1/16 entfällt. Ist ein Großelternpaar vorverstorben gehen dessen Anteile nach § 1931 I S. 2 BGB nicht auf seine Abkömmlinge, sondern auf den überlebenden Ehegatten über, sodass dieser insgesamt 7/8 erhält.[23]

22 Vgl. obiges Beispiel Rn. 26.

23 Str.; vgl. Palandt, § 1931 BGB, Rn. 7; MüKo, § 1931 BGB, Rn. 29.

hemmer-Methode: Ist in der Klausur der gesetzliche Erbteil des Ehegatten neben anderen gesetzlichen Erben zu berechnen, so ist zunächst die Quote des Ehegatten festzustellen. Nur wenn diese Quote bestimmt wurde, ist dann die verbleibende Quote der übrigen gesetzlichen Erben überhaupt ausrechenbar, da sich diese durch die pauschale Erhöhung des Ehegattenerbteils im Falle des § 1931 III BGB i.V.m. § 1371 I BGB verringert.

(2) Alternativen zur erbrechtlichen Lösung des Zugewinnausgleichs: 29a

güterrechtliche Lösungsmöglichkeit

(a) Der Erblasser kann durch eine Verfügung von Todes wegen das gesetzliche Erbrecht des Ehegatten ausschließen. Diese Alternative verhindert eine unter Umständen ungerechte Benachteiligung der Kinder des Erblassers durch die pauschale Erhöhung des Ehegattenerbteils um ein Viertel.

hemmer-Methode: Die pauschale Erhöhung um $^1/_4$ soll den Zugewinnausgleich abgelten. Rein rechnerisch setzt dies nach § 1378 I BGB voraus, dass der Nachlass des Verstorben zur Hälfte aus Zugewinn besteht und der Zugewinn des überlebenden Ehegatten gleich Null ist. Ist der Zugewinn des Verstorbenen hingegen niedriger – was gerade bei Ehen, die erst im fortgeschrittenen Alter geschlossen werden, naheliegt –, ist das pauschale Viertel des § 1371 I BGB eine von den Kindern als ungerecht empfundene Besserstellung des überlebenden Ehegatten, die mit einer entsprechenden Reduzierung ihrer Erbteile einhergeht.

§§ 1378 ff. BGB

In diesem Fall wird dann der während der Ehe erwirtschaftete Zugewinn nach § 1931 III BGB i.V.m. §§ 1371 II, 1378 BGB ausgeglichen. Der Zugewinnausgleich erfolgt also in diesem Fall nach güterrechtlichen Regeln. Daneben behält der überlebende Ehegatte seinen Pflichtteilsanspruch, der sich nach dem nicht nach § 1371 I BGB erhöhten gesetzlichen Erbteil allein aus § 1931 I, II BGB bemisst (kleiner Pflichtteil).[24]

Bsp.: *F verstirbt und hinterlässt neben ihrem Ehegatten M die Tochter T. M ist wirksam enterbt.*

M kann nach § 1371 II BGB zunächst den Zugewinnausgleich verlangen, soweit ihm ein solcher nach § 1378 I BGB überhaupt zusteht, seine verstorbene Ehefrau also den größeren Zugewinn erzielt hat als er selbst. Daneben kann er als enterbter Ehegatte nach § 2303 II BGB den Pflichtteil verlangen. Dieser besteht nach § 2303 I S. 2 BGB in der Hälfte des Wertes des gesetzlichen Erbteils. Der hierfür maßgeblich gesetzliche Erbteil bestimmt sich nach § 1371 II BGB allein über § 1931 I, II BGB und nicht auch über § 1931 III BGB i.V.m. § 1371 I BGB. Er beträgt demnach hier $^1/_4$, sodass die Pflichtteilsquote $^1/_8$ ist.

kein Wahlrecht, ob Zugewinn und kleiner Pflichtteil oder großer Pflichtteil

Nach h.M. besteht dabei kein Wahlrecht zwischen dem kleinen Pflichtteil und dem konkreten Zugewinnausgleich auf der einen Seite und einem großen Pflichtteil, berechnet auch aus dem Erbteil aus § 1371 I BGB, auf der anderen Seite.[25] Gegen ein Wahlrecht des überlebenden Ehegatten wird von der h.M. angeführt, dass § 1371 I BGB den Zweck hat, den Zugewinnausgleich im Todesfall möglichst einfach zu verwirklichen.

Im Fall des § 1371 II BGB steht dem überlebenden Ehegatten aufgrund seiner Enterbung aber nur der güterrechtliche Ausgleich nach §§ 1373 ff. BGB offen. Die Heranziehung des § 1371 I BGB i.R.d. Pflichtteilsberechnung widerspricht dem Willen des Erblassers.

24 „Einheitstheorie"; vgl. Palandt, § 1371 BGB, Rn. 12 ff.; zur Pflichtteilsberechnung bei Ehegatten ausführlich auch Rn. 172 ff.

25 Vgl. zu dieser Problematik des Pflichtteilsrechts Rn. 172; siehe auch **Hemmer/Wüst, Familienrecht, Rn. 246 ff.**

Diese gesetzliche Vermutung würde unterlaufen, wenn dem überlebenden Ehegatten ein Wahlrecht zugestanden würde, da er dann über die Hintertür doch an der Regelung des § 1371 I BGB partizipieren würde.[26]

Bsp. 1: *Beide Ehegatten gingen mit einem Vermögen von Null in die Ehe. Während F ihr Vermögen auf 1.000.000,- € steigerte, blieb M bei Null. F verstirbt am 01.02. und hinterlässt außer zwei Kindern und M ein Testament, in dem M enterbt wird.*

Frage: *Wie viel steht M zu?*

Nach § 1371 II BGB kann der enterbte M zunächst einmal den Zugewinnausgleich verlangen, der nach § 1378 I BGB 500.000,- € beträgt. Daneben steht ihm nach §§ 2303 II, 1371 II BGB der sog. kleine Pflichtteil zu, neben Abkömmlingen der ersten Ordnung also $^1/_8$ ($^1/_4$ aus § 1931 I S. 1 BGB ÷ 2). Dieser Pflichtteil wird aus dem Vermögen der F nach Abzug des Zugewinns[27] berechnet, sodass sich hieraus weitere 62.500,- € ergeben. M stehen insgesamt also 562.500,- € zu.

Nach der Mindermeinung, die dem M ein Wahlrecht zugesteht, könnte dieser auch den sog. großen Pflichtteil verlangen. Dieser betrüge $^1/_4$ [($^1/_4$ gemäß § 1931 I S. 1 BGB + $^1/_4$ gemäß §§ 1931 III, 1371 I BGB) ÷ 2], also 250.000,- €. Im vorliegenden Fall macht ein Wahlrecht damit keinen Sinn.

Bsp. 2: *Beide Ehegatten gingen mit einem Vermögen von Null in die Ehe. Während F ihr Vermögen durch eine Erbschaft auf 1.000.000,- € steigerte, blieb M bei Null. F verstirbt am 01.02. und hinterlässt außer zwei Kindern und M ein Testament, in dem M enterbt wird.*

Frage: *Wie viel steht M zu?*

Nach § 1371 II BGB kann der enterbte M zunächst einmal den Zugewinnausgleich verlangen. Allerdings hat die Erblasserin F keinen Zugewinn erzielt, da ihr Endvermögen aus einer Erbschaft besteht, § 1374 II BGB. M kann also nur nach §§ 2303 II, 1371 II BGB den sog. kleinen Pflichtteil fordern, der neben Abkömmlingen der ersten Ordnung $^1/_8$ ($^1/_4$ aus § 1931 I S. 1 BGB ÷ 2) beträgt. M kann danach 125.000,- € verlangen.

Nach der Mindermeinung, die dem M ein Wahlrecht zugesteht, könnte dieser auch den sog. großen Pflichtteil verlangen. Dieser betrüge $^1/_4$ [($^1/_4$ gemäß § 1931 I S. 1 BGB + $^1/_4$ gemäß §§ 1931 III, 1371 I BGB) ÷ 2], also 250.000,- €.

hemmer-Methode: § 1371 II BGB kommt in allen Fällen zur Anwendung, in denen der überlebende Ehegatte nicht Erbe wird, nicht nur im Fall der Enterbung durch den Erblasser. So ist an § 1371 II BGB auch zu denken, wenn das gesetzliche Erbrecht über §§ 1933,[28] 2344, 2346 BGB entfällt! Ein Unterfall des § 1371 II BGB ist die Ausschlagung durch den überlebenden Ehegatten, §§ 1371 III, 1953 BGB. Dazu sogleich mehr!

Wahlrecht nach § 1371 III BGB

(b) Besondere Probleme bringt das Wahlrecht des überlebenden Ehegatten nach § 1371 III BGB mit sich. Demnach kann er sich statt der gesetzlichen Erbquote (bspw. von $^1/_2$ neben Erben erster Ordnung, s.o.) bzw. dem testamentarisch zugedachten Erbteil auch dafür entscheiden, die Erbschaft nach §§ 1942 ff. BGB auszuschlagen und dann neben dem Zugewinnausgleichsanspruch auch noch einen Pflichtteilsanspruch geltend zu machen. 29b

26 Palandt, § 1371 BGB, Rn. 15.

27 Der Vorwegabzug des Zugewinnausgleichs wird damit begründet, dass er gegenüber dem Vermächtnis vorrangig ist, vgl. § 1991 IV BGB, § 327 InsO, vgl. Palandt, § 1371 BGB, Rn. 16, § 2311 BGB, Rn. 4.

28 In diesem Fall wird der Zugewinnausgleich nach dem Stichtagsprinzip des § 1384 BGB berechnet, auch wenn diese Vorschrift in der Verweisung des § 1371 II BGB nicht enthalten ist, vgl. BGH, NJW 2004, 1321 - 1323 = **juris**byhemmer.

Es handelt sich dabei um eine Ausnahme zu § 2303 II BGB, der einen Pflichtteilsanspruch eigentlich nur im Fall der Enterbung des überlebenden Ehegatten und nicht im Fall von dessen Ausschlagung vorsieht.[29]

Wichtig: Das gesetzliche Erbrecht, nach dem sich der Pflichtteil berechnet, beträgt, da der überlebende Ehegatte aufgrund seiner Ausschlagung nicht Erbe wird, § 1953 BGB, gemäß § 1371 II BGB neben Verwandten der ersten Ordnung nur $^1/_4$ gemäß § 1931 I S. 1 BGB. Eine Erhöhung nach § 1371 I BGB findet nicht statt. Der Pflichtteilsanspruch beträgt demnach neben Verwandten erster Ordnung nur $^1/_8$, sog. **kleiner Pflichtteilsanspruch.**[30] Bei der Berechnung des Pflichtteilsanspruchs ist darauf zu achten, dass der Zugewinnausgleichsanspruch eine Nachlassverbindlichkeit i.S.d. § 1967 BGB darstellt und somit den Wert des Nachlasses i.S.d. § 2311 BGB schmälert.[31] Dies bedeutet, dass bei der Berechnung des Pflichtteils zunächst der Zugewinn vom Nachlasswert abgezogen werden muss. 29c

Entscheidung abhängig von wirtschaftl. Kriterien

Wie sich der überlebende Ehegatte entscheiden sollte, hängt von einer umfassenden Interessenabwägung ab. Wirtschaftliche Entscheidungskriterien hierbei sind u.a.:[32]

- ⇨ Höhe des Zugewinnausgleichsanspruchs im Vergleich zu seiner Erbquote. Hierbei ist aber zu beachten, dass bei einem sehr hohen Anfangsvermögen auch bei hohen Zugewinnen des Erblassers die erbrechtliche Lösung regelmäßig günstiger ist, da es dort nur auf die Größe des Nachlasses ankommt.
- ⇨ Im Fall der güterrechtlichen Lösung stehen dem überlebenden Ehegatten sofort fällige Zahlungsansprüche gegen die Erbengemeinschaft zu, während er sich im Fall der erbrechtlichen Lösung mit den übrigen Erben auseinander setzen muss.
- ⇨ Belastungen des Nachlasses (z.B. Vermächtnisse zugunsten Dritter, eine angeordnete Nacherbschaft) lassen die güterrechtliche Lösung ratsam erscheinen:
- ⇨ Zugewinn ist zu behandeln wie eine zu Lebzeiten des Erblassers entstandene Verbindlichkeit des Nachlasses und daher vor Erbverteilung auszubezahlen; der Pflichtteil hat gegenüber Vermächtnissen den Vorrang (vgl. § 1991 IV BGB, § 327 I InsO).

Bsp.: *M hinterlässt Ehefrau F und ein gemeinsames Kind. Sein Endvermögen beträgt 1.000.000,- €. F und M sind vermögenslos in die Ehe gegangen. Ein Testament existiert nicht. Wie viel steht F zu, die immer noch vermögenslos ist?*

Nach §§ 1931 I S. 1, III, 1371 I BGB kann F $^1/_2$, also 500.000,- € verlangen. Alternativ kann sie nach § 1371 III BGB auch die Erbschaft ausschlagen und stattdessen Zugewinnausgleich und nach §§ 1953, 1371 II BGB den kleinen Pflichtteil verlangen. Der Zugewinnausgleichsanspruch der F beträgt gemäß § 1378 I BGB 500.000,- €. Der kleine Pflichtteil, den sie zusätzlich fordern kann, ist $^1/_8$ ($^1/_4$ aus § 1931 I S. 1 BGB ÷ 2) aus den restlichen 500.000,- €, also 62.500,- €. Über die Ausschlagung steht F hier also besser da, als wenn sie die Erbschaft antreten würde!

Zusatzpflichtteil nach § 2305 BGB

(c) Wird dem überlebendem Ehegatten eine Quote zugewendet, die sein gesetzliches Erbrecht deutlich unterschreitet, so ist neben der Ausschlagung nach § 1371 III BGB auch die Geltendmachung eines Zusatzpflichtteils nach § 2305 BGB in Erwägung zu ziehen. 29d

29 Palandt, § 1371 BGB, Rn. 19.

30 Palandt, § 1371 BGB, Rn. 19.

31 Palandt, § 1371 BGB, Rn. 15, Palandt, § 2311 BGB, Rn. 3 f.; dies ergibt sich letztlich aus § 1991 IV BGB i.V.m. § 327 I InsO.

32 Palandt, § 1371 BGB, Rn. 19.

Dieser Pflichtteil berechnet sich, da § 1371 II BGB aufgrund der Erbenstellung nicht eingreift, nach dem erhöhten gesetzlichen Erbteil, beträgt also bei Erben erster Ordnung $^1/_4$, sog. großer Pflichtteil.[33] Dieser Weg ist vor allem dann vorteilhaft, wenn kein oder nur ein geringer Zugewinnausgleichsanspruch bestünde.

Bsp.: *Der verstorbene M hat seine Ehefrau F in einem Testament zur Erbin zu $^1/_{10}$ eingesetzt. Der Nachlass des M hat einen Wert von 500.000,- €, die er allerdings kurz vor seinem Tod selbst von seinem Vater geerbt hat.*

F könnte nach §§ 1371 III, II BGB die Erbschaft ausschlagen und neben dem Zugewinnausgleich noch den kleinen Pflichtteil verlangen. Ein Zugewinnausgleichsanspruch nach § 1378 I BGB steht der F dabei aber nicht zu, da das Endvermögen des M zugleich dessen Anfangsvermögen ist, § 1374 II BGB (sog. fiktives Anfangsvermögen), M also überhaupt keinen Zugewinn erzielt hat. Bei einer Ausschlagung kann F demnach nur den kleinen Pflichtteilverlangen, d.h. $^1/_8$ ($^1/_4$ aus § 1931 I S. 1 BGB ÷ 2) aus 500.000,- € = 62.500,- €.

Alternativ kann F nach § 2305 BGB die Erbschaft annehmen und die Ergänzung auf den Pflichtteil verlangen. Da F dann Erbin ist, kann sie im Umkehrschluss zu § 1371 II BGB zwar keinen konkreten Zugewinnausgleichsanspruch verlangen, der Pflichtteil berechnet sich dafür aber nach dem um den pauschalen Zugewinnausgleich aus § 1371 I BGB erhöhten gesetzlichen Erbteil, sog. großer Pflichtteil. Dieser beträgt hier $^1/_4$ [($^1/_4$ aus § 1931 I S. 1 BGB + $^1/_4$ aus §§ 1931 III, 1371 I BGB) ÷ 2]. Nach § 2305 BGB kann F die Differenz zwischen ihrem Erbteil in Höhe von $^1/_{10}$ und ihrem großen Pflichtteil in Höhe von $^1/_4$ als Ergänzungspflichtteil verlangen.

Restpflichtteil nach § 2307 BGB

Wurde dem überlebenden Ehegatten ein Vermächtnis zugedacht, greifen weder § 1371 II noch III BGB. Dieser Fall ist in § 2307 I BGB geregelt. Der Ehegatte hat die Wahl, ob er nach §§ 2307 I S. 1, 2180, 1953 BGB das Vermächtnis ausschlägt und dann nach § 1371 II BGB den kleinen Pflichtteil und gegebenenfalls den Zugewinnausgleich verlangt, oder ob er nach § 2307 I S. 2 BGB das Vermächtnis annimmt und den Restpflichtteil verlangt. Hierbei handelt es sich im Umkehrschluss zu § 1371 II BGB um den großen Pflichtteil! 29e

Bsp.: *Die verstorbene F setzt ihre Tochter T zur Alleinerbin ein. Der Ehemann M bekommt als Vermächtnis lediglich die gemeinsamen Urlaubsfotos zugedacht, die einen Wert von 1 € haben. Das Vermögen der F beträgt 4 Mio €, die sie aber ihrerseits erst ein Jahr vor ihrem Tod geerbt hatte.*

Frage: *Welche Möglichkeiten hat M?*

Ein Erbrecht aus § 1931 BGB steht M aufgrund der vorrangigen gewillkürten Erbfolge nicht zu. § 1371 BGB ist ebenfalls nicht einschlägig: § 1371 I BGB führt zu einer Erhöhung des gesetzlichen Erbrechts, setzt also voraus, dass dieses überhaupt zur Anwendung kommt. § 1371 II BGB ist nicht einschlägig, da M ja gerade ein Vermächtnis zusteht, und § 1371 III BGB regelt nur die Ausschlagung der Erbschaft, nicht aber des Vermächtnisses. Letzteres ist in § 2307 BGB geregelt.

M kann nach § 2307 I S. 1 BGB das Vermächtnis ausschlagen, vgl. §§ 2180 III, 1953 BGB. Mit dem rückwirkenden Entfallen des Vermächtnisses ist § 1371 II BGB einschlägig. M kann also den konkret berechneten Zugewinnausgleich und den kleinen Pflichtteil verlangen. Der Zugewinnausgleich wäre hier Null, da das Endvermögen der F nach § 1374 II BGB zugleich auch Anfangsvermögen ist und sie damit einen Zugewinn von Null erzielt hat. Der kleine Pflichtteil von $^1/_8$ ($^1/_4$ ergibt sich aus § 1931 I S. 1 BGB – dieses Viertel ist zu halbieren) beläuft sich demnach auf 500.000,- €.

33 Palandt, § 2305 BGB, Rn. 1.

Alternativ hierzu nimmt M das Vermächtnis an und verlangt den Restpflichtteil, § 2307 I S. 2 BGB. Dieser berechnet sich im Umkehrschluss zu § 1371 II BGB aus dem nach § 1371 I BGB erhöhten Erbteil und beträgt damit hier $^{1}/_{4}$, sodass M neben dem Vermächtnis noch weitere 999.999,- € verlangen kann!

hemmer-Methode: Der große Pflichtteil steht dem überlebenden Ehegatten im Umkehrschluss zu § 1371 II BGB immer dann zu, wenn er Erbe oder Vermächtnisnehmer ist und trotzdem den Pflichtteil verlangen kann. Dies ist der Fall bei §§ 2305, 2307 I S. 2 BGB und ggf. bei § 2325 BGB. In diesen Fällen kann er zwar keinen konkret berechneten Zugewinnausgleich nach § 1378 I BGB verlangen, dafür wird der pauschale Zugewinn nach § 1371 I BGB i.R.d. Pflichtteilsberechnung berücksichtigt.
Wichtig ist, dass die Unterscheidung in großen und kleinen Pflichtteil nicht nur den überlebenden Ehegatten, sondern schon nach dem Wortlaut des § 1371 II BGB immer auch die Abkömmlinge betrifft, soweit auch diese pflichtteilsberechtigt sind.
Zieht man für den Pflichtteil des Ehegatten nur das $^{1}/_{4}$ aus § 1931 I S. 1 BGB heran (kleiner Pflichtteil, $^{1}/_{8}$), berechnet sich der Pflichtteil der Abkömmlinge aus den verbleibenden $^{3}/_{4}$, sodass ihnen $^{3}/_{8}$ zustehen! Steht dem Ehegatten aber der große Pflichtteil berechnet aus §§ 1931 I S. 1, III, 1371 I BGB zu, ist der Erbteil der Abkömmlinge $^{1}/_{2}$, der Pflichtteil also $^{1}/_{4}$.

2. Zugewinnausgleich bei gleichzeitigem Versterben der Ehegatten

gleichzeitiges Versterben der Ehegatten

Bsp.: *Das Ehepaar W kam bei einem Flugzeugabsturz ums Leben. Die gesetzlichen Erben der Frau verlangen nun von den gesetzlichen Erben des Mannes den Zugewinnausgleich der Frau. Dabei wird davon ausgegangen, dass der Zugewinn der Frau den des Mannes übersteigt und dass Frau und Mann gleichzeitig ums Leben kamen.*[34] 30

Frage: *Hat die Klage Erfolg?*

Zugewinnausgleich ist vererblich

Der Zugewinnausgleichsanspruch ist gem. § 1378 III S. 1 BGB vererblich.

Fraglich ist, ob hier überhaupt eine Ausgleichsforderung entstanden ist.

Problem, ob überhaupt entstanden

In Betracht kommt eine Anwendung des § 1372 BGB. § 1372 BGB gilt jedoch nur für den Zugewinnausgleich unter Lebenden, d.h. wenn die Zugewinngemeinschaft anders als durch den Tod beendet wurde.[35]

Auch § 1371 II BGB ist nach seinem Wortlaut jedenfalls nicht direkt anwendbar, da er von einem „überlebenden“ Ehegatten ausgeht.

Strittig

Möglicherweise ist aber § 1371 II BGB analog anwendbar. Dann müsste aber eine Regelungslücke bei gleicher Interessenlage vorliegen. § 1371 BGB dient in erster Linie dazu, den Ehepartnern die Wahl zwischen dem erbrechtlichen (§ 1371 BGB) und dem güterrechtlichen (§§ 1371 II, 1373 ff. BGB) Ausgleich des Zugewinns zu ermöglichen, indem entweder durch Enterbung des einen Ehegatten oder durch Ausschlagung durch den anderen Ehegatten die erbrechtliche Lösung zugunsten der güterrechtlichen ausgeschaltet werden kann. § 1371 II BGB darf nicht dahingehend umfunktioniert werden, dass er einen Zugewinnausgleichsanspruch erstmals in der Person des Erben entstehen lässt. § 1371 I, II BGB und § 1378 III S. 1 BGB setzen nämlich voraus, dass ein Zugewinnausgleichsanspruch nur in der Person des Ehegatten entstehen kann, mag auch dieser Anspruch anschließend durch Erbrecht auf die Erben übergehen (§ 1378 III S. 1 BGB).

34 Vgl. § 11 VerschG, sog. Kommorientenvermutung.

35 Palandt, § 1372 BGB, Rn. 13.

Der Zugewinnausgleich soll nur dem Ehegatten zugutekommen, da nur er während der Dauer der Zugewinngemeinschaft am gegenseitigen Vermögen teilgehabt hat und der Zugewinnausgleich ein Ersatz für die Entziehung dieser vermögensmäßigen Grundlage sein soll.[36] Dies lässt die Gegenansicht, die eine analoge Anwendung des § 1371 II BGB befürwortet,[37] zu Unrecht außer Betracht.

h.M.: nicht entstanden

Wenn aber beide Ehegatten gleichzeitig versterben, ist ein Zugewinnausgleichsanspruch nie entstanden und kann somit auch nicht gemäß § 1378 III S. 1 BGB vererbt werden. Folge ist, dass jeder Ehegatte mit seinem kompletten Vermögen von seinen gesetzlichen Erben beerbt wird.

hemmer-Methode: Ein gleichzeitiges Versterben im Rechtssinne liegt nur dann vor, wenn beide Personen in der gleichen Sekunde verstorben sind. Dies wird tatsächlich nur äußerst selten vorkommen. Auch bei einem Flugzeugabsturz wie im obigen Beispiel dürfte dies nicht der Normalfall sein. Allerdings wird in einem solchen Fall die Reihenfolge mehrerer Todesfälle nicht mehr aufzuklären sein, sodass die Vermutung des gleichzeitigen Versterbens nach § 11 VerschollenG greift!
Wird die Formulierung des „gleichzeitigen Versterbens" in einem (meist gemeinschaftlichen) Testament verwendet, ist durch Auslegung zu ermitteln, wie diese Formulierung zu verstehen ist. In aller Regel beschränkt sich diese nicht auf ein Versterben in der gleichen Sekunde. Hier kann durchaus auch ein längerer Zeitraum zwischen beiden Todesfällen liegen, wenn bspw. beide Todesfälle auf den gleichen Entschluss oder die gleiche Ursache zurückzuführen sind oder aber der Längerlebende auf den Tod des Vorverstorbenen nicht mehr mit einem weiteren Testament reagieren kann.[38]

3. Voraus des Ehegatten gemäß § 1932 BGB

Voraus: zum Haushalt gehörende Gegenstände zur angemessenen Haushaltsführung

Der überlebende Ehegatte als gesetzlicher Erbe hat einen Anspruch auf den Voraus. 31

Darunter versteht man die zum ehelichen Haushalt gehörenden Gegenstände, soweit sie nicht Grundstückszubehör sind, und die Hochzeitsgeschenke. Neben Erben der 1. Ordnung gebührt der Voraus dem überlebenden Ehegatten allerdings nur insoweit, als er die Haushaltsgegenstände zur Führung eines angemessenen Haushalts benötigt. Der Voraus ist ein sog. gesetzliches Vermächtnis (vgl. § 1932 II BGB), d.h. der Ehegatte hat gem. §§ 1932 II, 2174 BGB einen schuldrechtlichen Anspruch gegen die Erben auf Übereignung der besagten Gegenstände.

Ein gesetzliches Vermächtnis ist auch der sog. „Dreißigste", wonach gemäß § 1969 BGB ein Anspruch auf Unterhalt bis 30 Tage nach dem Erbfall besteht.

hemmer-Methode: Der „Dreißigste" ist nicht auf Ehegatten beschränkt, sondern steht allen Familienangehörigen zu. Die h.M. subsumiert hierunter auch den nichtehelichen Lebensgefährten.[39]

36 So z.B. Palandt, § 1371 BGB, Rn. 13.

37 Erman, § 1372 BGB, Rn. 2.

38 M.w.N. OLG Düsseldorf, Beschluss vom 01.07.2015, I-3 Wx 193/14, sowie OLG Jena, Beschluss vom 23.02.2015, 5 W 516/14.

39 M.w.N. Palandt, § 1669 BGB, Rn. 1.

4. Ausschluss des Ehegattenerbrechts, § 1933 BGB

Das Ehegattenerbrecht ist gemäß § 1933 BGB ausgeschlossen, wenn: 32

1933: 1565ff.

- ⇨ im Zeitpunkt des Erbfalls die Voraussetzungen für eine Scheidung gegeben waren ⇨ Inzidentprüfung der §§ 1565 ff. BGB[40]
- ⇨ der Erblasser die Scheidung beantragt oder dem Scheidungsantrag zugestimmt hat. Der Scheidungsantrag muss hierbei rechtshängig sein, also nach § 124 FamFG i.V.m. §§ 261 I, 253 I ZPO an den Beklagten zugestellt worden sein. § 167 ZPO kommt hier nicht zur Anwendung, da es nicht um Fristwahrung oder Verjährungsunterbrechung geht.[41] Die Zustimmung muss als Verfahrenshandlung ordnungsgemäß gegenüber dem Gericht erklärt sein.[42] Nimmt der antragstellende überlebende Ehegatte seinen Antrag erst nach dem Tod des anderen Ehegatten wieder zurück, lässt dies die Wirkung des § 1933 BGB nicht rückwirkend entfallen.[43]

Zu beachten ist in diesem Zusammenhang allerdings auch § 1933 S. 3 BGB, wonach eine Unterhaltspflicht der Erben bestehen kann. War die Ehe im Todeszeitpunkt bereits geschieden, geht eine bestehende Unterhaltspflicht nach § 1586b BGB auf die Erben über. Deren Haftung ist allerdings auf den fiktiven Pflichtteil des Überlebenden beschränkt. Nach h.M. sind bei dieser Haftungsgrenze auch etwaige Pflichtteilsergänzungsansprüche nach § 2325 BGB zu berücksichtigen.[44]

5. Erbrecht des Lebenspartners

Gleichlauf mit Ehegattenerbrecht

Nach § 10 LPartG wird der Lebenspartner weitgehend dem Ehegatten gleichgestellt. 32a

1931: 10 LPartG

Der Lebenspartner erhält nach § 10 I S. 1 LPartG neben Verwandten der ersten Ordnung $^1/_4$, neben Verwandten der zweiten Ordnung bzw. Großeltern $^1/_2$ der Erbschaft. Nach § 10 II LPartG ist er zum Alleinerbe berufen, wenn weder Erben der ersten bzw. der zweiten Ordnung noch Großeltern vorhanden sind.

Leben die Lebenspartner im Güterstand der Zugewinngemeinschaft gilt zudem § 1371 BGB entsprechend, vgl. § 6 S. 2 LPartG. Bei Gütertrennung greift § 10 II S. 2 LPartG.

Ferner kann ihm nach § 10 I S. 3 - 5 LPartG ein Anspruch auf den Voraus zustehen.

Entsprechend § 1933 BGB erlischt das Erbrecht des Lebenspartners nach § 10 III LPartG, wenn die Voraussetzungen für eine Aufhebung der Lebenspartnerschaft gegeben waren und der Erblasser einen Aufhebungsantrag gestellt bzw. einem solchen zugestimmt hat. 32b

40 OLG Zweibrücken, NJW 2001, 236 - 237 = **juris**byhemmer.

41 Palandt, § 1933 BGB, Rn. 2.

42 Beachten Sie § 114 IV Nr. 3 FamFG, wonach die Zustimmung trotz des Anwaltszwangs nach § 114 I FamFG auch vom Erblasser selbst erklärt worden sein kann.

43 OLG Naumburg, Beschluss vom 30.03.2015, 2 Wx 55/14 = **juris**byhemmer.

44 Palandt, § 1586b BGB, Rn. 7.

6. Kein gesetzliches Erbrecht des Partners der nichtehelichen Lebensgemeinschaft

bei neLG: keine Gleichstellung zu Ehegatten

Ein gesetzliches Erbrecht des Partners einer nichtehelichen Lebensgemeinschaft – etwa in Gleichstellung zu dem des Ehegatten - wird, wie eine Gleichstellung im Allgemeinen, nicht anerkannt. Rechte kann der Partner jedoch aus § 1969 BGB herleiten. 32c

Der Zweck der Norm ist es, die dem Erblasser nahe stehenden Personen (Familienangehörige) für den ersten Monat nach dem Tod des Erblassers abzusichern.[45]

7. Wiederholungsfall zum Ehegattenerbrecht:

Fall: *Zur Zeit des Erbfalls leben noch der Ehegatte und zwei Kinder.* 33

Wie hoch sind die Anteile:

a) bei Gütertrennung,

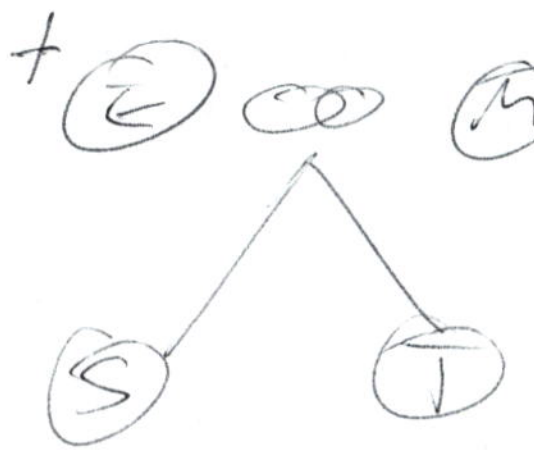

b) bei Gütergemeinschaft und

c) bei Zugewinngemeinschaft?

Kinder sind Erben erster Ordnung, § 1924 BGB. Sie erben zu gleichen Teilen, § 1924 IV BGB. Danach würde jedes Kind die Hälfte erben. Das Erbrecht der Abkömmlinge wird aber beschränkt durch das des Ehegatten, § 1931 BGB. Daraus ergibt sich Folgendes:

a) Im Fall der Gütertrennung erben Kinder und Ehegatte zu jeweils gleichen Teilen, also je $^1/_3$, § 1931 IV BGB.

b) Bei Gütergemeinschaft erbt der Ehegatte neben den Kindern $^1/_4$ (§ 1931 I S. 1 Alt. 1 BGB), für jedes Kind bleibt also ein Anteil von $^3/_8$.

c) Bei Zugewinngemeinschaft erbt der Ehegatte neben den Kindern $^1/_4$ (§ 1931 I S. 1 Alt. 1 BGB). Dieser Anteil wird zur Verwirklichung des Zugewinns nochmals um $^1/_4$ der Erbschaft erhöht, §§ 1931 III, 1371 I BGB.[46] Die Kinder erben je $^1/_4$.

hemmer-Methode: Die von vielen (auch Notaren) empfohlene Gütertrennung ist für die Ehegatten kein „gutes Geschäft“. Neben dem Steuernachteil (Zugewinnausgleich ist anders als Erbschaft steuerfrei!) ist es für den überlebenden Ehegatten und ab dem zweiten Kind aufwärts sogar ein Fehler. Denn das gesetzliche Erbrecht der Kinder ist dann höher als bei der Zugewinngemeinschaft.
Sollte der überlebende Ehegatte testamentarisch Alleinerbe sein, so sieht er sich mit den erhöhten Pflichtteilsansprüchen konfrontiert: Bei Gütertrennung und zwei Kindern ist der gesetzliche Erbteil jedes Kindes nach § 1931 IV BGB $^1/_3$, der Pflichtteil demnach $^1/_6$. Bestand eine modifizierte Zugewinngemeinschaft, ist der Erbteil des überlebenden Ehegatten nach §§ 1931 I, III, 1371 I BGB $^1/_2$, der jedes Kindes $^1/_4$. Die Pflichtteile der Kinder belaufen sich somit nur auf $^1/_8$. Statt Vereinbarung von Gütertrennung empfiehlt sich aus diesen Gründen die sog. modifizierte Zugewinngemeinschaft, bei der Ausgleichsansprüche nur für den Fall der Scheidung, nicht aber für den Todesfall abbedungen werden.

45 So OLG Düsseldorf, NJW 1983, 1566 - 1567 = jurisbyhemmer; MüKo, § 1969 BGB, Rn. 2 (m.w.N.).

46 Zur Rechtsnatur vgl. Palandt, § 1371 BGB, Rn. 6.

III. Erbrecht des nichtehelichen Kindes (Erbrechtsgleichstellungsgesetz)

Rechtslage seit 01.04.1998 durch das ErbGleichG

Durch das Gesetz zur erbrechtlichen Gleichstellung nichtehelicher Kinder (Erbrechtsgleichstellungsgesetz – ErbGleichG)[47] sind seit dem 01.04.1998 die nichtehelichen Kinder den ehelichen Kindern erbrechtlich völlig gleichgestellt. Damit wurde beendet, was mit dem Gesetz über die rechtliche Stellung der nichtehelichen Kinder (Nichtehelichengesetz = NEhelG) vom 19.08.1969[48] begonnen wurde. 34

erbrechtliche Gleichstellung ehelicher und nichtehelicher Kinder

Das Anliegen des Gesetzgebers beim Erbrechtsgleichstellungsgesetz war es, die nichtehelichen Kinder den ehelichen Kindern gleichzustellen. Dies wurde durch die Streichung der §§ 1934a bis 1934e (Erbersatzanspruch und vorzeitiger Erbausgleich), 2338a BGB und die Anpassung der Folgeregelungen erreicht.[49] 35

Allerdings wurden gem. Art. 12 § 10 II NEhelG die vor dem 01. Juli 1949 geborenen nichtehelichen Kinder, wie bereits beim Nichtehelichkeitsgesetz, aus Gründen der Rechtssicherheit, des Vertrauensschutzes sowie praktischer Probleme ausgeklammert, d.h. diese waren nach wie vor nach ihrem Vater nicht erb- und pflichtteilsberechtigt.[50] Diese Regelungen wurden erst mit Gesetz vom 12.04.2011 mit Wirkung ab dem 29.05.2009 aufgehoben.[51]

Beachten Sie aber, dass Voraussetzung für das gesetzliche Erbrecht des nichtehelichen Kindes stets ist, dass die Vaterschaft förmlich – durch Anerkennung oder gerichtliche Entscheidung – festgestellt ist (§ 1592 BGB). 36-46[52]

IV. Erbrecht des Staates, § 1936 BGB

ggf. Staat gesetzl. Erbe, § 1936 BGB

Der Staat wird gesetzlicher Erbe, wenn keine anderen gesetzlichen Erben vorhanden sind. Auch ein noch lebender Verwandter oder Ehegatte des Erblassers ist dann nicht mehr „vorhanden“ i.S.d. § 1936 BGB, wenn er als Erbe nicht mehr in Betracht kommt (z.B. wegen Ausschlagung oder Erbverzichts). Es gibt also keine „herrenlose“ Erbschaft. 47

Diesem Grundsatz wird auch die Tatsache gerecht, dass der Staat „Zwangserbe“ ist: Als gesetzlicher Erbe kann er die Erbschaft weder ausschlagen (§ 1942 II BGB) noch auf sie verzichten (§ 2346 BGB). Der Staat als gewillkürter Erbe kann hingegen die ihm anfallende Erbschaft ohne weiteres ausschlagen.

hemmer-Methode: Vergleichen Sie in diesem Zusammenhang auch die Erbvermutung für den Staat gem. § 1964 BGB, wenn innerhalb einer den Umständen entsprechenden Frist kein anderer Erbe ermittelt wurde!

47 BGBl. 1997, Teil I, S. 2968 f.; BGBl. 1998, Teil I, S. 524.

48 Schönfelder Nr. 49.

49 Vgl. Böhm, „Die Neuregelung des Erbrechts nichtehelicher Kinder“, NJW 1998, 1043 - 1044; BGBl. 1997, Teil 1 , S. 2968 f. i.V.m. BGBl. 1998, Teil 1, S. 524.

50 Das BVerfG hat diese Vorschriften in Abkehr seiner früheren Rechtsprechung, vgl. hierzu BVerfG, ZEV 2004, 114 - 115, für verfassungswidrig erklärt, BVerfG, NJW 2009, 1065 - 1066; vgl. hierzu auch EGMR, FamRZ 2009, 1293 - 1294; alle Entscheidungen = **juris**byhemmer.

51 Vgl. hierzu die Entscheidung des BGH der keinen Verstoß gegen Art. 6 V GG darin sieht, dass die Regelungen bis zum 29.05.2009 zur Anwendung kommen, BGH, NJW 2012, 231 - 235 = **juris**byhemmer.

52 Die Rn. 36 - 46 enthielten eine Darstellung der Rechtslage bis 1998 und sind mangels Relevanz gestrichen worden.

§ 3 GEWILLKÜRTE ERBFOLGE

A) Allgemeines

gewillkürte Erbfolge

Wie bereits erwähnt, geht die gewillkürte Erbfolge gem. § 1937 BGB der gesetzlichen vor (Subsidiarität der gesetzlichen Erbfolge). Die gewillkürte Erbfolge wird durch Verfügung von Todes wegen geregelt. Verfügungen von Todes wegen sind das Testament mit der Sonderform des gemeinschaftlichen Ehegattentestaments und der Erbvertrag. Diesen ist u.a. gemeinsam, dass der Erblasser testierfähig sein muss und höchstpersönlich handeln muss: 48

I. Testierfreiheit

hemmer-Methode: „Erben werden gekoren, nicht geboren". Die Testierfreiheit ist römisch-rechtlichen Ursprungs. Sie wird von der Verfassung garantiert und gehört neben der Privaterbfolge zum unantastbaren Wesensgehalt des Art. 14 GG (vgl. auch Art. 19 II GG).

jede beliebige Person einsetzbar

Testierfreiheit bedeutet, dass der Erblasser jede beliebige Person ohne Angabe von Gründen als Erben einsetzen kann (§ 1937 BGB) sowie die Verteilung und Verwaltung seines Vermögens festlegen kann.[53] Die Testierfreiheit kann nicht durch Vertrag eingeschränkt werden. Ein solcher Vertrag ist gemäß § 2302 BGB nichtig. 49

zu beachten: erbrechtlicher Typenzwang

Die Testierfreiheit ist die erbrechtliche Ausprägung der Privatautonomie. Sie wird jedoch eingeschränkt durch den erbrechtlichen Typenzwang, d.h. der Erblasser kann seinem Willen nur in den vom Gesetz vorgeschriebenen Formen Ausdruck verleihen. Allerdings bietet das Erbrecht verschiedene Rechtsinstitute an, die wiederum untereinander kombiniert werden können.[54] Weitere Einschränkungen der Testierfreiheit ergeben sich aus dem Pflichtteilsrecht und aus den allgemeinen Vorschriften (z.B. §§ 134, 138 BGB). Der Erblasser kann seine Testierfreiheit auch selbst beschränken, indem er sich erbvertraglich bindet, § 2289 BGB.

II. Testierfähigkeit

Testierfähigkeit Voraussetzung

Testierfähigkeit (§ 2229 BGB) ist die Fähigkeit, ein Testament zu errichten. Die Testierfähigkeit ist die erbrechtliche Ausprägung der Geschäftsfähigkeit. Sie ist für die Errichtung eines wirksamen Testaments erforderlich, da es sich dabei um ein einseitiges Rechtsgeschäft handelt. 50

Im Einzelnen gilt:

bei Minderjährigen nur öffentliches Testament

⇨ Ein Minderjähriger, der das sechzehnte Lebensjahr vollendet hat, ist ohne Zustimmung seines gesetzlichen Vertreters (§ 2229 II BGB) testierfähig (§ 2229 I BGB). Er kann ein Testament nach § 2233 I BGB jedoch nur in der Form des öffentlichen Testaments (§ 2232 BGB) durch mündliche Erklärung vor dem Notar oder Übergabe einer offenen Schrift errichten; vgl. auch § 2247 IV BGB.

53 Z.B. durch Vermächtnis, Auflage, Einsetzung eines Testamentsvollstreckers.

54 Z.B. Erbeinsetzung, Enterbung, Vermächtnis, Auflage, Teilungsanordnung, usw.

Testierunfähigkeit: Beweislast bei dem, der sich darauf beruft

⇨ Testierunfähig sind Personen, die wegen krankhafter Störungen der Geistestätigkeit, wegen Geistesschwäche oder Bewusstseinsstörung bei der Errichtung ihres Testaments nicht in der Lage sind, die Bedeutung einer von ihnen abgegebenen Willenserklärung einzusehen und nach dieser Einsicht zu handeln (§ 2229 IV BGB).[55] Die Beweislast für die Testierunfähigkeit trägt die Partei, die sich hierauf beruft.[56] Anders ist dies dann, wenn die Testierunfähigkeit als solche feststeht, aber aufgrund der fehlenden Datierung des Testaments nicht sicher ist, ob der Erblasser dieses vor oder nach dem Eintritt der Testierunfähigkeit errichtet hat. Hier trägt wegen § 2247 V BGB die Beweislast, wer sich auf die Wirksamkeit des Testaments beruft.[57]

⇨ Nach altem Recht war weiterhin testierunfähig, wer entmündigt war (§ 2229 III BGB a.F.). Mit der Abschaffung der Entmündigung durch das Betreuungsgesetz und der Ersetzung von Vormundschaft und Pflegschaft über Volljährige durch das Rechtsinstitut der Betreuung wurde diese Vorschrift ersatzlos gestrichen. Die Anordnung einer Betreuung bleibt selbst dann ohne Auswirkung auf die Testierfähigkeit, wenn gemäß § 1903 I BGB ein sog. Einwilligungsvorbehalt angeordnet wurde (vgl. § 1903 II BGB). Die Fähigkeit eines Betreuten, nach dem 01.01.1992 ein Testament zu errichten, ist allein an § 2229 IV BGB zu messen. Nicht die Betreuung führt also zur Testierunfähigkeit, sondern allenfalls die Geschäftsunfähigkeit, wegen derer die Betreuung angeordnet wurde, kann auch zur Testierunfähigkeit führen. Vor dem 01.01.1992 von Entmündigten errichtete Testamente bleiben unwirksam, da der kraft Gesetzes eintretenden Umwandlung der Vormundschaft in die Betreuung keine Rückwirkung zukommt.[58]

Sonderfall: Erbvertrag

Beachten Sie: Einen Erbvertrag kann als Erblasser nur ein unbeschränkt Geschäftsfähiger schließen (§ 2275 I BGB). Ausnahmen gelten insoweit lediglich für Erbverträge unter Ehegatten und Verlobten (§ 2275 II, III BGB). Für den Vertragspartner gelten die allgemeinen Regeln der §§ 104 ff. BGB.[59] *51*

Für den nicht unbeschränkt Geschäftsfähigen als Erblasser besteht abweichend von § 108 III BGB nicht die Möglichkeit, diesen Mangel durch seine Genehmigung zu heilen. Der Erbvertrag ist grundsätzlich nichtig und nicht schwebend unwirksam. Jedoch kann der nichtige Erbvertrag unter Umständen im Wege der Umdeutung nach § 140 BGB als einseitiges Testament aufrechterhalten werden, wenn dessen Anforderungen gewahrt sind.[60]

III. Höchstpersönlichkeit

höchstpersönliches Rechtsgeschäft

Die Verfügung von Todes wegen ist ein höchstpersönliches Rechtsgeschäft, Stellvertretung ist deshalb nicht zulässig (§§ 2064, 2274 BGB). Fehlt es an der persönlichen Errichtung, so ist die Verfügung nichtig.

55 Dabei gibt es keine nach dem Schwierigkeitsgrad der letztwilligen Verfügung abgestufte Testierfähigkeit, OLG München, ZEV 2008, 37 - 39 = **juris**byhemmer.

56 Palandt, § 2229 BGB, Rn. 11; zur Ermittlungspflicht der Tatsacheninstanz bei behaupteter Testierunfähigkeit des Erblassers vgl. OLG Frankfurt, ZEV 2003, 464.

57 BayObLG, FamRZ 2003, 1590 - 1593 = **juris**byhemmer.

58 Zum Betreuungsgesetz vgl. Zimmermann/Damrau, Das neue Betreuungs- und Unterbringungsrecht, NJW 1991, 538 - 546; Hahn, Auswirkungen des Betreuungsrechts auf das Erbrecht, FamRZ 1991, 27.

59 Bzgl. des Vertragsgegners vgl. Palandt, § 2275 BGB, Rn. 3.

60 Palandt, § 2275 BGB, Rn. 1.

1. Keine Bestimmung durch Dritte

Abhängigkeit vom Willen Dritter ⇨ § 2065 BGB beachten

Eine wichtige Vorschrift, welche die Höchstpersönlichkeit der Testamentserrichtung sichern soll, ist § 2065 BGB (Grundsatz der materiellen Höchstpersönlichkeit). Danach darf ein Erblasser die Gültigkeit seiner Verfügungen nicht vom Willen eines Dritten abhängig machen (§ 2065 I BGB). Das ist insofern von Bedeutung, als sonst eine Verfügung unter einer Bedingung möglich ist (vgl. §§ 2074 – 2076 BGB). Gemäß § 2065 I BGB darf die Bedingung aber nicht in der Zustimmung eines Dritten bestehen. 52

jedoch nur, wenn Erblasser unentschlossen

§ 2065 I BGB greift jedoch nur ein, wenn der Wille des Dritten den eines unentschlossenen Erblassers ersetzen soll. Hat aber der Erblasser einen bestimmten Willen hinsichtlich der Gültigkeit der Verfügung, so kann er das Tun oder Unterlassen eines Dritten zur Bedingung machen.

Bspe.:

- *E setzt seinen Sohn S zum Erben ein unter der Bedingung, dass dessen Frau nach dem Erbfall zustimmt.*

Das Testament ist wegen Verstoßes gegen § 2065 I BGB nichtig.

- *E setzt seinen Sohn S zum Erben ein unter der Bedingung, dass dessen Frau den E wegen eines Gebrechens pflegt.*

Mitwirkung Dritter aber nicht grds. ausgeschlossen

Das Testament ist wirksam, obwohl auch hier die Gültigkeit der Erbeinsetzung vom Willen der Ehefrau des Sohnes abhängt. Das Verhalten eines Dritten kann nämlich dann zur Bedingung der Gültigkeit gemacht werden, wenn der Erblasser daran ein besonderes Interesse hat bzw. seine Verfügung der Sachlage anpassen will, die sich durch das Verhalten des Dritten ergibt.[61] Dann liegt kein Verstoß gegen den Grundsatz der Höchstpersönlichkeit vor. Der Dritte soll hier gerade nicht über die Wirksamkeit des Testaments entscheiden.

2. Gültigkeit trotz Mitwirkung Dritter

Auch § 2065 II BGB will verhindern, dass der Wille eines Dritten an die Stelle des Erblasserwillens tritt.[62] 53

hemmer-Methode: § 2065 BGB wird allerdings durch die §§ 2066 ff. BGB teilweise durchbrochen. Wichtig ist dabei v.a. § 2072 BGB, der von der Rechtsprechung auf sonstige Zuwendungen analog angewendet wird, mit denen der Erblasser von Todes wegen etwas Gutes tun möchte.[63] Beachten Sie zudem, dass beim Vermächtnis die §§ 2151, 2152 BGB Ausnahmevorschriften zu § 2065 II BGB sind.

Grenzen der Mitwirkung Dritter sind strittig

Der Erblasser soll die Bestimmung desjenigen, der eine Zuwendung erhalten soll, sowie die Bestimmung des Gegenstandes der Zuwendung nicht einem Dritten überlassen dürfen.

Die Einschaltung eines Dritten bei der Ermittlung des Erben ist aber im Hinblick auf den Zweck der Norm nicht schlechthin ausgeschlossen. Nicht jede Mitwirkung eines Dritten bedeutet zwingend einen Verstoß gegen den Grundsatz der Höchstpersönlichkeit. Wo man hier die Grenze zu ziehen hat, ist ein Auslegungsproblem und im Einzelnen umstritten.[64]

61 Vgl. BGHZ 15, 199 - 204 (201 f.) = jurisbyhemmer.

62 Umfassend hierzu Keim, „Das Gebot der höchstpersönlichen Erbenbestimmung bei der Testamentsgestaltung", FamRZ 2003, 137.

63 M.w.N. BayObLG, FamRZ 2000, 1392 - 1394: Zuwendung an „ein Heim für körperbehinderte Kinder".

64 Vgl. Großfeld, Höchstpersönlichkeit der Erbenbestimmung und Auswahlbefugnis Dritter, JZ 1968, 113 ff.

a) RG[65]

RG: Entscheidung d. Dritten darf nicht willkürlich sein

Die Bestimmung des Erben durch einen Dritten ist zulässig, wenn der Erblasser einen eng begrenzten Personenkreis sowie sachliche Gesichtspunkte für die Auswahl vorgegeben hat und somit kein Raum für eine willkürliche Entscheidung des Dritten besteht.

b) BGH[66]

BGH: keine Bestimmung, aber Bezeichnung von Dritten möglich

Nicht die Bestimmung, aber die Bezeichnung der Person darf einem Dritten überlassen werden. Eine Bezeichnung ist nur möglich, wenn jede beliebige Person aufgrund der Angaben des Erblassers den Erben feststellen kann oder wenn objektive Kriterien vorgegeben sind und der Dritte nur eine Subsumtion vornimmt.

c) Stellungnahme

Es ist festzustellen, dass mit jeder individualisierenden Bestimmung 54
eines Begünstigten (auch anhand objektiver Kriterien) letztlich eine subjektive Entscheidung verbunden ist, mag sie sich auch nur im Bereich der Beweiswürdigung (im Rechtsstreit) abspielen. Angesichts dessen ist es nicht richtig, wenn hier der Ausschluss jeglicher Wertung gefordert wird. Die Grenze zwischen Bezeichnung und Bestimmung des Begünstigten ist fließend.[67]

RG: Beurteilungsspielraum des Dritten

Im Gegensatz zum BGH lässt das RG einen begrenzten Beurteilungsspielraum zu (eine Art „gebundenes Ermessen“). Gegen den BGH spricht, dass bei Vorgabe der von ihm verlangten objektiven Kriterien die Bezeichnung durch den Dritten ohnehin überflüssig wäre, da der Erbe durch diese Kriterien bereits hinreichend bestimmt ist (und zwar vom Erblasser selbst).[68] Für den BGH spricht allerdings die größere Rechtssicherheit und Rechtsklarheit.

Bsp.: *Unternehmer U hinterlässt folgendes Testament:* 55

a) „Welcher von meinen drei Söhnen Erbe werden soll, bestimmt mein Freund F.“

b) „Mein Freund F bestimmt den meiner drei Söhne zum Erben, der am besten geeignet ist, die Firma in meinem Sinne fortzuführen.“

c) „Erbe soll derjenige meiner drei Söhne werden, der ein abgeschlossenes Volkswirtschaftsstudium vorweisen kann. Trifft dies auf keinen zu, so soll der Älteste erben. Wer Erbe ist, bestimmt mein Freund F.“

d) „Erbe soll derjenige meiner drei Söhne werden, der beiliegendes Rätsel als Erster zu lösen vermag. Er wird von meinem Freund F zum Erben bestimmt.“

Frage: *Welche Testamente sind gültig?*

zu a) Hier liegt zwar ein eng begrenzter Personenkreis (die drei Söhne) vor. F kann aber in diesem Kreis willkürlich auswählen. Das Testament ist deshalb nach allen Ansichten ungültig

65 RGZ 159, 296 (299).

66 BGHZ 15, 199 - 204 (202 f.) = **juris**byhemmer.

67 OLG Köln, OLGZ 1984, 299 - 304 = **juris**byhemmer.

68 Ebenso die h.L., vgl. MüKo, § 2065 BGB, Rn. 26; widersprüchlich die Kommentierung bei Palandt, § 2065 BGB, Rn. 5, 8 ff.

zu b) Hier sind auch sachliche Gesichtspunkte für die Auswahl vorgegeben (= Geeignetheit zur Firmenfortführung). Dass F dabei auch ein Werturteil zu treffen hat, schadet nach der Ansicht des RG nichts. Folgt man dieser Ansicht, kann F auch einen von zwei objektiv gleich geeigneten Söhnen nach seinem Ermessen auswählen. Nach der Ansicht des BGH wäre dies aber nicht möglich. Das Testament wäre zu unbestimmt und somit unwirksam.[69]

zu c) Hier ist aufgrund objektiver Kriterien eindeutig zu ermitteln, wer Erbe sein soll. F hat insoweit keinerlei Auswahlermessen; eine Bestimmung durch ihn ist sogar überflüssig.

Abgrenzung zur aufschiebend bedingten Erbeinsetzung

zu d) Die Abhängigmachung der Erbeinsetzung von der richtigen Lösung des Rätsels und die Benennung des Erben durch einen Dritten ist eine aufschiebend bedingte Erbeinsetzung (vgl. § 2074 BGB).

Bedingung ist obj. Kriterium

Der Eintritt der Bedingung – hier die richtige Lösung des Rätsels – ist objektives Kriterium für die Erbeinsetzung. Die Entscheidung über den Eintritt der Bedingung kann also ohne weiteres einem Dritten überlassen werden, ist aber wie bei c) an sich überflüssig, da der richtige Erbe ohnehin objektiv feststeht.

Ergebnis: Das Testament a) ist nach allen Ansichten ungültig. Die Testamente b) – d) sind gültig, soweit man sich der Ansicht des RG anschließt.[70] Folgt man dagegen dem BGH, so wären nur die Testamente c) und d) gültig.

hemmer-Methode: Die „Bestimmung durch Dritte“ ist klausurtypisch. Abgrenzung in der Klausur: Wann liegt zulässige Bezeichnung, wann unwirksame Bestimmung vor? Jedenfalls im Zweiten Staatsexamen müssen Sie sich hier der strengeren Rechtsprechung des BGH anschließen. RG und BGH kommen zum gleichen Ergebnis – Unwirksamkeit mangels Bestimmtheit – bei der recht häufigen Formulierung „Mein Erbe wird, wer mich im Alter pflegt“, da hier ohne jeden weiteren Anhaltspunkt ein Dritter, ggf. der Richter, bestimmen müsste, wer damit gemeint ist.[71]

B) Testament

Die üblichste Testamentsform ist das eigenhändige Testament (§§ 2231 Nr. 2, 2247 BGB). Daneben gibt es Testamente, die sich davon in der Form unterscheiden. Neben dem eigenhändigen Testament gibt es noch die sog. öffentlichen, zur Niederschrift eines Notars errichteten Testamente (§§ 2231 Nr. 1, 2232 BGB; lesen!)[72] sowie die nur in bestimmten Ausnahmesituationen zulässigen Nottestamente (§§ 2249, 2250 BGB; lesen!). Als weitere Form ist das Seetestament zu nennen (§ 2251 BGB; lesen!). 56

Auf die Sonderform des gemeinschaftlichen Testaments wird unten näher eingegangen. Keine besondere Testamentsform ist das sog. negative Testament. Es enthält nur eine Enterbung (§ 1938 BGB), nicht aber eine Erbeinsetzung, ist in allen Formen möglich und wie üblich anfechtbar.

69 Zumindest in der Praxis ist deshalb von einem entsprechenden Testament abzuraten. Stattdessen besteht die Möglichkeit, dem am besten geeigneten Sohn ein Vorausvermächtnis zukommen zu lassen, da hier nach § 2151 f. BGB dem Dritten ein Wahlrecht kommen darf! Über eine zunächst angeordnete Testamentsvollstreckung besteht zudem die Möglichkeit, die drei Söhne unter Aufsicht des Testamentsvollstreckers, der das Wahlrecht dann auch ausüben soll, zunächst für eine gewissen Zeit im Unternehmen mitarbeiten und dadurch ihre Befähigung unter Beweis stellen zu lassen, hierzu auch Rn. 132!

70 Großfeld, „Höchstpersönlichkeit der Erbenbestimmung und Auswahlbefugnis Dritter“, JZ 1968, 113 ff.

71 OLG Köln, Beschluss vom 09.07.2014, 2 Wx 188/14 = **juris**byhemmer.

72 § 2232 BGB wurde aufgrund einer BVerfG-Entscheidung (NJW 1999, 1853 - 1856 = **juris**byhemmer) so geändert, dass künftig auch Taubstumme ein Testament errichten können. Es ist anders als früher keine mündliche Erklärung mehr von Nöten, vgl. hierzu v. Dickhuth-Harrach, „Testament durch Wimpernschlag“, FamRZ 2003, 493 - 499.

I. Eigenhändiges Testament, § 2247 BGB

1. § 2247 I BGB

eigenhändiges Testament

Der Erblasser kann ein Testament durch eine eigenhändig ge- und unterschriebene Erklärung errichten, § 2247 I BGB.

a) Eigenhändigkeit

⇨ bzgl. ganzer Erklärung Eigenhändigkeit

Die Eigenhändigkeit dient als Sicherungsmittel für die Echtheit des Testaments. Eigenhändigkeit liegt nur vor, wenn der Erblasser das Testament persönlich abgefasst hat. Hier liegen Überscheidungen zu § 2064 BGB vor. Die ganze Erklärung muss eigenhändig sein. 57

Die Eigenhändigkeit[73] des Testaments ist ein zwingendes Erfordernis; daher kann der Erblasser auch nicht einen Dritten ermächtigen, die letztwillige Verfügung für ihn niederzuschreiben.

Stützen der Hand ggf. möglich

Eine fremde Unterstützung bei der Fertigung eines eigenhändigen Testaments ist nur in den Fällen zulässig, in denen der Testierwillige wegen körperlicher Gebrechlichkeit ein solches Testament nicht anders erstellen könnte. Hier darf ihm durch Hilfe bei der Niederschrift geholfen werden (Stützen der Hand). 57a

maßgeblich: Willensherrschaft des Erblassers

Ob eine (zulässige) bloße Unterstützung oder eine (unwirksame) Fremdführung vorliegt, hängt davon ab, ob der Erblasser einverstanden war und mitgewirkt hat. Entscheidend ist, ob er das Testament errichten wollte und ob er diesen Willen derart betätigte, dass der Schreibvorgang von seinem Willen abhängig blieb, dass es sich also um seine Schriftzüge und nicht um die des Dritten handelt.[74]

Die Eigenhändigkeit ist zu verneinen, wenn die Hand des Erblassers völlig unter der Herrschaft und Leitung des Helfers stand.

Dass die Schriftzüge mehr dem Schriftbild des Helfers als dem üblichen Schriftbild des Erblassers entsprechen, ist bei Erfüllung der obigen Kriterien jedoch unschädlich, solange der Beweis erbracht werden kann, dass es sich um die Schriftzüge des Erblassers handelt.[75]

hemmer-Methode: Genau dieser Beweis wird in der Praxis oft das größte Problem sein. Kann auch nicht mit Hilfe eines Graphologen geklärt werden, ob es sich noch um die Schriftzüge des Erblassers und noch nicht um die eines Dritten handelt, muss nach den Grundsätzen der Beweislast entschieden werden. Diese trägt hier, wer aus dem Testament Rechte herleiten will, sich also auf dessen Wirksamkeit beruft.[76]

b) Geschriebene Erklärung

Weitere Voraussetzung ist, dass der Erblasser die Erklärung in der eigenen Schrift geschrieben hat,[77] mechanische Schrift (z.B. Schreibmaschine) genügt nicht. 57b

73 Vgl. auch Rn. 67.

74 BGH, NJW 1981, 1900 – 1901 = **juris**byhemmer; OLG Hamm, 15 W 231/12 = **Life&Law 2013, 185** = **juris**byhemmer. **Unser Service-Angebot an Sie: kostenlos hemmer-club-Mitglied werden (www.hemmer-club.de) und Entscheidungen der Life&Law lesen und downloaden.**

75 BGH, a.a.O., 1901; vgl. auch OLG Köln, NJW-RR 1994, 74 - 75 = **juris**byhemmer.

76 Palandt, § 2247 BGB, Rn. 17.

77 BGHZ 47, 68 - 74 (70) = **juris**byhemmer.

Dem Erblasser steht es allerdings frei, sein Testament in einer fremden Sprache oder auf ungewöhnlichem Material wie Papyrus oder Leder zu errichten.

Bezugnahmen auf andere Schriftstücke

Nimmt der Erblasser in seiner Verfügung auf andere Schriftstücke Bezug, so ist das Testament nur wirksam, wenn diese Schriftstücke ebenfalls der Testamentsform entsprechen. Die Bezugnahme auf eine nicht der Testamentsform entsprechende Urkunde ist hingegen zulässig, wenn sie lediglich der näheren Erläuterung der testamentarischen Bestimmungen dient, indem der Erblasser etwa zur Kennzeichnung einzelner im Testament genannter Vermögensgegenstände auf eine beigefügte maschinenschriftliche Aufstellung verweist.[78]

c) Unterschrift

Die meisten Klausurprobleme ergeben sich aus der Unterschrift.

Funktionen der Unterschrift

Die eigenhändige Unterschrift ist erforderlich, um die Urheberschaft des Erblassers festzustellen (Identitätsfunktion) und um klarzustellen, dass es sich um eine abgeschlossene Erklärung handelt (Abschlussfunktion).[79]

Problem: P.S.

aa) Problematisch ist bspw., ob ein späterer Zusatz unterhalb der Unterschrift wirksam ist (postscripta). 58

Erläuterung, Ergänzung oder Klarstellung ist wirksam

Wenn der Zusatz keine neue Verfügung beinhaltet, sondern zur Erläuterung, Ergänzung oder Klarstellung dient, so ist er auch unterhalb der Unterschrift wirksam.[80] Wenn nämlich schon im Wege der Auslegung Umstände berücksichtigt werden können, die gänzlich außerhalb der Urkunde liegen,[81] so wäre es sinnlos, erläuternde Zusätze wegen Verstoßes gegen § 2247 I BGB nichtig sein zu lassen.

Umstritten ist der Fall jedoch, wenn eine neue Verfügung vorliegt.

bei neuer Verfügung str., BGH: räumliches Erscheinungsbild

Nach einer Ansicht[82] sollen nachträgliche Verfügungen in das Testament einbezogen sein, wenn sie nach dem feststellbaren Willen des Erblassers von der Unterschrift gedeckt sein sollen und das räumliche Erscheinungsbild der Urkunde nicht entgegensteht.[83]

Das räumliche Erscheinungsbild deckt z.B. nicht die Zufügung eines neuen Blattes in ein Ringbuch.[84] Allgemein sind nach dieser Ansicht hohe Anforderungen an das räumliche Erscheinungsbild zu stellen.

a.A.: nichtig nach §§ 125, 2247 I BGB

Nach a.A.[85] ist der nicht unterschriebene selbstständige Zusatz gemäß §§ 125, 2247 I BGB nichtig. Die Gegenauffassung stellt nach dieser Ansicht fälschlicherweise nur auf die Identitätsfunktion, nicht aber auch auf die Abschlussfunktion ab.

78 OLG Stuttgart, Beschluss vom 21.10.2014, 8 W 387/14 = **juris**byhemmer; OLG Zweibrücken, FamRZ 1989, 900 = **juris**byhemmer; OLG München, NJW-RR 2011, 156 - 157 = **juris**byhemmer.

79 Zur Wirksamkeit der Oberschrift, wenn für die Unterschrift kein Platz ist, vgl. OLG Celle, NJW 1996, 2938.

80 RGZ 71, 303.

81 Näheres hierzu später Rn. 63 ff.

82 So wohl BGH, NJW 1974, 1083 - 1084 = **juris**byhemmer; MüKo, § 2247 BGB, Rn. 17.

83 Vgl. auch BayObLG, FamRZ 1985, 537 = **juris**byhemmer; BayObLG, FamRZ 2005, 1012 - 1014 = **juris**byhemmer.

84 Ein ähnliches Problem stellt das Testament aus mehreren Blättern dar, vgl. LG München, FamRZ 2004, 1905 - 1906.

85 M.w.N. Palandt, § 2247 BGB, Rn. 14 ff.; KG Berlin, ZEV 1995, 107 - 108 = **juris**byhemmer.

Die Unterschrift ist eben nicht nur an einer Stelle des Testaments, sondern am Ende erforderlich. Hiernach ist aus Gründen der Rechtssicherheit eine besondere Unterschrift nur entbehrlich, wenn der Zusatz lediglich eine Erläuterung bereits getroffener Verfügungen darstellt. Enthält er jedoch eine unabhängige, neue sachliche Verfügung, so ist er ohne Unterschrift unwirksam.[86]

hemmer-Methode: Die formwirksame Unterschrift ist auch dann problematisch, wenn der Erblasser an seinem wirksam errichteten Testament nachträglich Änderungen vornimmt, bspw. den eigentlich eingesetzten Erben durchstreicht, einen anderen Erben an seine Stelle schreibt, aber nicht neu unterschreibt. Da die Unterschrift nach h.M. aber nur räumlich und nicht auch zeitlich den Text abschließen muss, liegt in diesem Fall eine wirksame Unterschrift vor.[87]

Testament aus mehreren Seiten

bb) Die formwirksame Unterschrift ist auch dann problematisch, wenn das Testament aus mehreren Seiten besteht: Reicht die Unterschrift auf der letzten Seite oder muss jede Seite gesondert unterschrieben sein? Hier kommt es entscheidend darauf an, ob die verschiedenen Seiten äußerlich (bspw. durch eine feste Heftung) oder inhaltlich (Paginierung, Silbentrennung) eine einheitliche Erklärung darstellen, die mit der Unterschrift auf der letzten Seite abgeschlossen werden.[88] 58a

Unterschrift auf Briefumschlag

Ein ähnliches Problem liegt vor, wenn sich die Unterschrift nicht auf dem eigentlichen Testament befindet, dieses aber in einem Umschlag mit einer Unterschrift steckt. Hier ist es entscheidend, ob Inhalt und Umschlag eine einheitliche Erklärung darstellen, ob der Umschlag gleichsam die letzte Seite der Erklärung darstellt (s. sogleich in den Beispielen).

Beispiele und Sonderfragen zur Unterschrift

cc) Abschließend einige typische Beispiele zur Frage der formwirksamen Unterschrift:

Frage: *Ist die Form des § 2247 I BGB gewahrt, wenn:* 59

a) es sich bei der Urkunde um eine mittels Kohlepapier hergestellte Durchschrift handelt?

b) eine zunächst als Entwurf gedachte Erklärung unterschrieben wird?

c) die Urkunde keine Unterschrift enthält, aber in einem verschlossenen Umschlag mit Unterschrift steckt?

d) Der Erblasser sein formgültiges Testament mit dem Inhalt „Mein Alleinerbe ist A“ derart ändert, dass er A durchstreicht und durch B ersetzt, ohne diese Änderung allerdings neu zu unterschreiben?

Blaupause

zu a) Ja, denn auch hier liegt eine eigenhändige, nicht mechanisch geschriebene Erklärung vor.[89] Besonderer Prüfung bedarf hier allerdings die Frage, ob es sich bei dem durchgepausten Testament nicht lediglich um eine Testamentsabschrift handeln sollte, wofür im Allgemeinen die Verkehrsauffassung spricht. Derjenige, der sein Erbrecht auf ein solches Schriftstück stützt, muss demnach die Umstände dartun, aus denen sich der Wille des Erblassers ergibt, mit der Blaupause eine Testamentsurschrift herzustellen.

unterschriebener Entwurf

zu b) Ja, denn der Zweck des § 2247 BGB (Fälschungsschutz) ist auch hier gewahrt. Es kann keinen Unterschied machen, ob ein vorhandenes Schriftstück unterschrieben oder dieses gänzlich abgeschrieben wird.

86 BayObLGZ 1974, 440 – 443 = **juris**byhemmer; vgl. hierzu auch BayObLG, FamRZ 2004, 1141 - 1143 = **Life&Law 04/2005, 230 ff.**: Die Unwirksamkeit des postscriptum führt über § 139 BGB zur Unwirksamkeit des gesamten Testaments!

87 BayObLG, FamRZ 2003, 1590 - 1593 (1592 m.w.N.) = **juris**byhemmer.

88 OLG Köln, Beschluss vom 14.02.2014, 2 Wx 299/13 = **juris**byhemmer.

89 BGHZ 47, 68 - 74 (71) = **juris**byhemmer.

Unterschrift auf Umschlag

zu c) Ja, wenn angenommen werden kann, dass die Unterschrift auf dem Briefumschlag Fortsetzung des Testamentstextes sein soll.[90] Dies ist nur der Fall, wenn der Unterschrift auf dem Umschlag keine selbstständige Bedeutung zukommt und wenn sie mit dem Text auf den einliegenden Blättern in einem so engen Zusammenhang steht, dass sie sich nach dem Willen des Erblassers und der Verkehrsauffassung als äußere Fortsetzung und Abschluss der einliegenden Erklärung darstellt.[91]

Dies wurde vom BayObLG[92] in einem Fall verneint, in dem die Erblasserin bei einem vorgedruckten sog. „Persönlichen Testaments-Brief" lediglich den Umschlag mit ihrem Namen versah und ihn dann in fremde Verwahrung gab. In einem solchen Fall kann die Unterschrift auch die Funktion haben, Dritte von einer Öffnung des Schreibens abzuhalten.[93]

hemmer-Methode: Von diesem Problem ist die Frage zu unterscheiden, ob bei einem Testament in Form eines Briefs an einen anderen der erforderliche Testierwille gegeben ist![94]

Änderungen eines formwirksamen Testaments

zu d) Durch die Streichung des A und die Einfügung des B könnte dieser wirksam zum Erben bestimmt worden sein.

hemmer-Methode: Die Streichung des A führt jedenfalls zum Widerruf der Verfügung zu dessen Gunsten. § 2255 BGB verzichtet für den Widerruf gerade auf eine Unterschrift.[95] Fraglich ist allein, ob B wirksam zum Erben eingesetzt wurde.

Gemäß § 2247 I BGB kann der Erblasser ein Testament durch eine von ihm eigenhändig geschriebene und unterschriebene Erklärung errichten. Hierbei ist es ohne Bedeutung, in welcher zeitlichen Reihenfolge die einzelnen Bestandteile des Testaments einschließlich der Unterschrift niedergeschrieben worden sind. Der Erblasser kann daher zunächst die Unterschrift leisten und später den Text - auch anstelle eines gestrichenen früheren Textes - darüber setzen. Demnach ist hier die Einsetzung des B wirksam.[96]

hemmer-Methode: Hinterfragen Sie Sinn und Zweck der Vorschriften. Das Erbrecht ist hinsichtlich der Einhaltung der gesetzlichen Formvorschriften genauso streng wie das Grundstücksrecht. Auch hier steht der Aspekt der Rechtssicherheit im Vordergrund. Der Inhalt von Verfügungen von Todes wegen soll klar sein, ihre Echtheit muss sichergestellt sein. Hauptgrund hierfür ist das Ziel, den Erblasserwillen möglichst weitgehend zu verwirklichen.

2. § 2247 II BGB - Zeit- und Ortsangabe

Zeit- u. Ortsangabe nicht zwingend notwendig

§ 2247 II BGB ist nur eine Soll-Vorschrift und hat auf die Gültigkeit des Testaments keinen Einfluss. Die Angabe von Zeit und Ort der Testamentserrichtung empfiehlt sich indes aus Gründen der Beweiserleichterung. 60

2247 II: soll

mehrere Testamente

Entscheidend ist die Zeit- und Ortsangabe zum einen dann, wenn es um die Feststellung geht, welches von zwei Testamenten früher errichtet worden ist (§§ 2247 V, 2258 BGB).

90 MüKo, § 2247 BGB, Rn. 31 m.w.N.; KG Berlin, ZEV 1995, 107 - 108 = **juris**byhemmer.

91 BayObLG, NJW-RR 1991, 1222 - 1223; BayObLG, ZEV 1994, 40 - 41 = **juris**byhemmer: Str. ist, ob der Umschlag fest verschlossen sein muss.

92 BayObLG, NJW-RR 1991, 1222 - 1223.

93 BayObLG, ZEV 2003, 26 - 27 = **juris**byhemmer = **Life&Law 02/2003, 89 ff.**

94 Vgl. Rn. 62.

95 Vgl. Rn. 75.

96 BayObLG, FamRZ 2003, 1590 - 1593 (1592 m.w.N.) = **juris**byhemmer.

Bsp.: In einem undatierten Testament wird A, in einem datierten B als Alleinerbe eingesetzt. Nach § 2247 V BGB ist, wenn anderweitige Feststellungen über die Zeit der Errichtung nicht möglich sind, das undatierte Testament unwirksam.

hemmer-Methode: Das undatierte Testament gilt quasi als das zeitlich früher errichtete und damit nach § 2258 BGB als das widerrufene Testament. Liegen zwei undatierte Testamente vor, sind beide soweit unwirksam nach §§ 2247 V, 2258 BGB, wie sie sich widersprechen.[97]

Testierunfähigkeit

§ 2247 V BGB kommt zum anderen dann zur Anwendung, wenn feststeht, dass der Erblasser ab einem bestimmten Zeitpunkt testierunfähig i.S.d. § 2229 IV BGB war, aber aufgrund des fehlenden Datums nicht geklärt werden kann, ob das Testament vor oder nach diesem Zeitpunkt errichtet wurde. Auch in diesem Fall führt das fehlende Datum zur Unwirksamkeit des Testaments.[98]

hemmer-Methode: Die Beweislast für die Testierfähigkeit im Zeitpunkt der Testamentserrichtung liegt aufgrund § 2247 V BGB bei demjenigen, der Rechte aus dem Testament herleiten will. Trennen Sie diesen Fall, in dem die Testierunfähigkeit als solche feststeht und nur der Zeitpunkt der Testamentserrichtung aufgrund des fehlenden Datums fraglich ist, von dem Fall, in dem die Testierunfähigkeit als solche strittig ist. Hier trifft denjenigen die Beweis- und Feststellungslast, der die Testierunfähigkeit als Ausnahme vom Regelfall behauptet.[99]

3. Verwahrung des eigenhändigen Testaments

Verwahrung des eigenhändigen Testaments

Ein nach den Vorschriften des § 2247 BGB errichtetes Testament kann vom Erblasser gem. § 2248 BGB (lesen!) in amtliche Verwahrung gegeben werden. Dies dient dem Schutz des Testaments vor Verlust oder Verfälschung. 60a

2248: 2256 III

Die Rücknahme aus der amtlichen Verwahrung hat in diesem Fall keinen Einfluss auf die Wirksamkeit des Testaments, vgl. § 2256 III BGB!

II. Testament als Willenserklärung

1. Allgemeines

Geltung der allgemeinen Regeln über WE; Ausnahme: § 122 BGB

Wie bereits erwähnt ist das Testament eine einseitige, nicht empfangsbedürftige Willenserklärung. Deshalb sind grundsätzlich die allgemeinen Regeln über Willenserklärungen (§§ 116 ff. BGB) anwendbar. Allerdings ist die Anfechtung durch Dritte nach dem Tod des Erblassers in §§ 2078 ff. BGB speziell (gegenüber §§ 119 ff. BGB) geregelt.[100] 61

119: 2078

hemmer-Methode: Da der Erblasser sein Testament allerdings jederzeit widerrufen kann, §§ 2253 ff. BGB, ist grundsätzlich kein Raum bzw. besser kein Bedürfnis für eine Anfechtung der letztwilligen Verfügung durch den Erblasser selbst. Erkennt er, dass er sich geirrt hat, kann er sich ohne jede Fristbindung jederzeit durch einen Widerruf von der letztwilligen Verfügung lösen. Etwas anderes gilt nur bei wechselbezüglichen Verfügungen in einem gemeinschaftlichen Testament nach dem Tod des erstverstorbenen Ehegatten.

97 Palandt, § 2258 BGB, Rn. 1; das Gleiche gilt, wenn zwei Testamente auf den gleichen Tag datiert sind.

98 BayObLG, FamRZ 2003, 1590 - 1593 = jurisbyhemmer.

99 Palandt, § 2229 BGB, Rn. 11.

100 Vgl. zu diesen Fragen auch unten Rn. 75 ff.

Hier tritt nach § 2271 II S. 1 HS 1 BGB eine dem Erbvertrag vergleichbare Bindungswirkung ein, sodass im Irrtumsfall ein Bedürfnis nach einer Selbstanfechtung analog § 2281 BGB durch den Erblasser besteht.[101]

2. Testierwille

Testierwille stets notwendig

Testierwille ist der Wille, eine erbrechtlich verbindliche Erklärung abzugeben. Er ist zur Gültigkeit eines jeden Testaments erforderlich. Ob er vorliegt, ist gemäß § 133 BGB zu ermitteln. 62

hemmer-Methode: Der Testierwille ist nur in atypischen Fällen zu problematisieren. Ist ein Schriftstück mit „Mein letzter Wille“ überschrieben und in der Dokumentenmappe des Erblassers verwahrt, besteht kein Zweifel am Testierwillen. Etwas anderes gilt, wenn bspw. eine Vollmachtsurkunde als Testament ausgelegt werden soll[102] oder das (vermeintliche) Testament in einem Brief an einen Dritten errichtet wurde.[103]

3. Auslegung

a) Allgemeines

Auslegung: zu erforschen ist das subj. Gewollte, § 133 BGB

Ist der Testierwille des Erblassers erwiesen, so ist durch Auslegung der Inhalt des Testaments zu ermitteln. 63

hemmer-Methode: Die Auslegung setzt ein wirksames Testament voraus. Bei Formmängeln gilt § 125 BGB. Dem Willen des Erblassers kann in diesem Fall nicht zum Erfolg verholfen werden. Prüfen Sie also zunächst, ob überhaupt ein wirksames Testament vorliegt, bevor Sie im Wege der Auslegung den Inhalt des Testaments ermitteln.

Die Auslegung eines einfachen Testaments erfolgt immer aus der Sicht des Erblassers (§ 133 BGB), nie aus der Sicht des Bedachten, da dessen Vertrauen nicht schutzwürdig ist.[104]

hemmer-Methode: Zitieren Sie bei der Auslegung von Testamenten also nur § 133 BGB und nicht auch § 157 BGB. Verschenken Sie nicht unnötig Punkte, indem Sie solche Flüchtigkeitsfehler begehen, denn unter Umständen können bei dem Korrektor Zweifel an Ihrem erbrechtlichen Verständnis aufkommen. Eine Ausnahme ist nur beim gemeinschaftlichen Testament zulässig. Hier kommt es – zumindest bei wechselbezüglichen Verfügungen[105] - nicht allein auf das an, was der eine Erblasser wollte, sondern auch auf das, was der andere verstehen durfte.

Im Wege der Auslegung können auch Umstände berücksichtigt werden, die nicht Inhalt des Testaments geworden sind. Die Auslegung geht der Anfechtung vor, da sie den wirklichen Willen des Erblassers verwirklicht, während die Anfechtung nur zerstört, was der Erblasser nicht wollte.[106]

101 Vgl. unten Rn. 106a f.

102 BayObLG, FamRZ 2001, 1101 - 1102 = **juris**byhemmer.

103 Umfassend zu dem Problem des Testierwillens BayObLG, NJW-RR 1999, 88 - 89 = **juris**byhemmer = **Life&Law 04/1999, 217 ff.**

104 MüKo, § 2084 BGB, Rn. 17.

105 MüKo, § 2084 BGB, Rn. 44.

106 MüKo, § 2084 BGB, Rn. 25 ff.; zur Frage, wieweit die Nachlassbeteiligten durch Vertrag eine bestimmte Testamentsauslegung „vereinbaren“ können, sog. Auslegungsvertrag, vgl. Storz, „Zivilrechtliche Wirkungen des erbrechtlichen Auslegungsvertrags“, ZEV 2008, 308 - 313.

Grenze ist nach h.M. Andeutungstheorie ⇨ Anhaltspunkte im Testament notwendig

I.R.d. Auslegung[107] sind der freien Testamentsauslegung jedoch durch die Andeutungstheorie Grenzen gesetzt.[108] 64

Im Hinblick auf die strengen Formvorschriften des Erbrechts und aus Gründen der Rechtssicherheit wird von Rechtsprechung und h.M. gefordert, dass in der formwirksamen Testamentsurkunde ein Anhaltspunkt für den durch Auslegung ermittelten Willen des Erblassers gegeben sein muss.[109] Die Andeutungstheorie führt nicht zu einer Einschränkung der Auslegung, sondern betrifft vielmehr die Frage, ob der durch die Auslegung ermittelte Wille des Erblassers formgemäß erklärt worden ist.[110] Die Andeutungstheorie verknüpft also die strengen erbrechtlichen Formerfordernisse mit der Prämisse, den Erblasserwillen möglichst umfassend zur Geltung zu bringen.

Eine beachtliche abweichende Lehrmeinung wird insbesondere von Brox vertreten. Nach Brox ist ein Anhaltspunkt im Testament für das Ergebnis der Auslegung nicht erforderlich.[111]

Die Forderung nach einem Verzicht auf das Erfordernis des Anhaltspunkts begründet Brox folgendermaßen:

dagegen: evtl. Zufallsandeutungen

Die Andeutungstheorie der h.M. legt eine sinnvolle Auslegung lahm. Sie führt zu einer Überbewertung zufälliger Andeutungen. Sind zur Ermittlung des Willens des Erblassers auch außerhalb der Urkunde liegende Umstände heranzuziehen (so auch die h.M.), dann kann es nicht darauf ankommen, ob in der Urkunde zufällig größere, kleinere oder gar keine Anhaltspunkte für diesen enthalten sind.

dagegen: nicht zur Beweissicherung notwendig

Auch der Zweck der Formvorschriften hinsichtlich der letztwilligen Verfügungen rechtfertige die Andeutungstheorie nicht. Dies zeige sich deutlich an der – hauptsächlich zur Stützung der Theorie herangezogenen – Beweissicherungsfunktion. Wenn nämlich i.R.d. Anfechtung jeder Motivirrtum zur Vernichtung des Testaments führte (§ 2078 BGB), dann kämen als Anfechtungsgrund auch Motive in Betracht, die in der Urkunde keinen Anklang gefunden haben. Eine entsprechende Beweisaufnahme kann erfolgen. Sie bleibt ohne Bezug zur Urkunde. Der Formzwang kann sie nicht verhindern.

Die Beweissicherungsfunktion der Urkunde sei äußerst gering.[112]

hemmer-Methode: In der Klausur sollten Sie, auch wenn die Argumente der Gegenansicht einiges für sich haben, aber auf jeden Fall der h.M. folgen und die Andeutungstheorie anwenden.

b) Erläuternde Auslegung

Wille geht Wortlaut vor

aa) Auch der eindeutige Wortlaut setzt der Auslegung keine Grenze. Ziel ist die Feststellung des wirklichen Willens des Erblassers. 65

Voraussetzung ist allerdings, dass die Umstände ergeben, dass der Erklärende mit seinen Worten einen anderen Sinn verbunden hat, als er dem allgemeinen Wortlaut entspricht. Zusätzlich muss der durch Auslegung gefundene andere Wille des Erblassers in der Urkunde eine hinreichende Stütze finden, mithin angedeutet sein.[113]

107 Zur ergänzenden Auslegung vgl. BayObLGZ 1997, 197 - 205 = **juris**byhemmer.

108 Vgl. BGH, ZEV 1997, 376 - 377 = **juris**byhemmer.

109 MüKo, § 2084 BGB, Rn. 14; BGH, NJW 1985, 1554 - 1556 (1555) = **juris**byhemmer.

110 BGHZ 80, 246 - 252 (248 ff.) = **juris**byhemmer.

111 Brox, Der Bundesgerichtshof und die Andeutungstheorie, JA 1984, 549 - 557; vgl. Lange-Kuchinke, § 34 III; Flume, Rechtsgeschäft und Privatautonomie, Festschrift zum 43. Deutschen Juristentag (1960), I, S.190.

112 Brox, Der Bundesgerichtshof und die Andeutungstheorie, JA 1984, 549 - 557 (554).

113 Vgl. oben sowie BGHZ 80, 246 - 252 = **juris**byhemmer; vgl. auch BGH, ZEV 1997, 376 - 377 = **juris**byhemmer; hinsichtlich des letzteren Kriteriums

falsa demonstratio

bb) Das Institut der falsa demonstratio ist auch im Erbrecht anwendbar.[114] Unbewusste Falschbezeichnungen schaden also nicht.[115]

hemmer-Methode: Bei einer falsa demonstratio verzichtet auch die h.M. auf eine Andeutung des tatsächlich Gewollten im Testament. Das wirklich Gewollte ist hier ja gerade nicht niedergeschrieben!

Sprachgebrauch des Erblassers beachten

cc) Bei mehrdeutigem Text gilt das Gewollte. Dabei ist bei der Frage, ob überhaupt Mehrdeutigkeit vorliegt, auf den Sprachgebrauch des Erblassers abzustellen. 66

Bsp.: *E, verheiratet und Vater zweier Kinder, nennt seine Ehefrau gerne „Mutter". In seinem Testament ist „Mutter" zur Erbin eingesetzt.*

Es kann damit sowohl die Mutter des E als auch seine Ehefrau gemeint sein. Hier muss dann der wahre Wille des E auch anhand seiner umgangssprachlichen Redewendungen erforscht werden.

c) Ergänzende Auslegung

unvollständige Äußerungen

aa) Bei unvollständigen Erklärungen kommt eine ergänzende Auslegung hinsichtlich des fehlenden Teils in Betracht. 67

ergänzende Auslegung mögl.

bb) Die ergänzende Auslegung kann auch dann helfen, wenn nachträglich Umstände eingetreten sind, die der Erblasser bei Kenntnis im Testament berücksichtigt hätte (z.B. politische und rechtliche Änderungen, die den Nachlass unmittelbar betreffen). Mit der ergänzenden Auslegung wird dann der hypothetische Wille des Erblassers ermittelt, d.h. der Wille, den er bei Kenntnis der Umstände gehabt hätte. Zum Teil wird allerdings vertreten, dass nach dem Erbfall eintretende Ereignisse i.R.d. ergänzenden Auslegung keine Berücksichtigung finden könnten.[116] Nach h.M. muss der durch die ergänzende Auslegung ermittelte Wille wiederum zumindest andeutungsweise im Testament zum Ausdruck gekommen sein (Andeutungstheorie).

str., ob Andeutungstheorie auch hier gilt

cc) Nach e.A.[117] soll die ergänzende Auslegung auch dann eingreifen, wenn ein Irrtum bei der Willensbildung vorliegt. Die ergänzende Auslegung soll dann den Willen ermitteln, den der Erblasser bei Zugrundelegen der richtigen Wertungen und Motive gehabt hätte (ähnlich der Anpassung des Vertrages bei Störung der Geschäftsgrundlage). Nach h.M. kommt jedoch hier nur Anfechtung gemäß § 2078 BGB in Betracht.[118]

für h.M.: sonst kaum Raum für die Anfechtung

Merken Sie sich: Bei der Auslegung besteht ein Spannungsverhältnis zwischen weitestgehender Berücksichtigung des Erblasserwillens und dem Formerfordernis des § 2247 I BGB. Die h.M. löst diesen Konflikt i.d.R. zugunsten des Formbedürfnisses. Der Formbedürftigkeit soll mit Hilfe der Andeutungstheorie Rechnung getragen werden.

Dagegen lehnt die Gegenansicht diese Theorie ab und löst den Konflikt immer zugunsten des Erblasserwillens. Bei ihm ist sogar bei Erklärungs-, Inhalts- und Motivirrtum eine Auslegung i.S.d. Erblasserwillens zulässig. Damit wird aber das Formbedürfnis unterbewertet und es bleibt kein Raum mehr für die Anfechtung. Zu folgen ist deshalb der h.M.

ablehnend Brox, a.a.O.

114 Soergel-Damrau, § 2084 BGB, Rn. 6.

115 BGHZ 80, 246 - 252 (252) = jurisbyhemmer.

116 Zur Berücksichtigung der durch die Vollendung der deutschen Einheit hervorgerufenen Änderungen vgl. Grunewald, NJW 1991, 1208 - 1212 (1209).

117 Brox, Rn. 198, 199.

118 M.w.N. MüKo, § 2084 BGB, Rn. 85.

4. Gesetzliche Auslegungsregeln

hemmer-Methode: Vermeiden Sie „grundlegende Fehler“: Die gesetzlichen Auslegungsregeln greifen nur dann ein, wenn sich der Erblasserwille durch die Auslegung nach § 133 BGB nicht eindeutig ermitteln lässt. Sie betreffen also nur Zweifelsfälle und geben insofern eine Entscheidungshilfe. Wenden Sie deshalb die gesetzlichen Auslegungsregeln niemals vor der allgemeinen Auslegungsregel des § 133 BGB an. Die gesetzlichen Auslegungsregeln sind zumeist in der (amtlichen) Überschrift als solche bezeichnet, Sie erkennen sie (oft) auch an der Formulierung „im Zweifel“. 68

a) „Wohlwollende“ Auslegung, § 2084 BGB

nach § 2084 BGB „wohlwollende Auslegung“

2084: im Zweifel

Eine der wichtigsten gesetzlichen Auslegungsregeln ist § 2084 BGB: 69
Lässt ein Testament verschiedene Auslegungen zu, so ist diejenige zu wählen, bei der die Verfügung Erfolg haben kann. Der Wille des Erblassers soll also so weit wie möglich erfüllt werden.

§ 2084 BGB ist dabei auch anzuwenden, wenn zweifelhaft ist, ob eine letztwillige Verfügung oder ein nichtiges Rechtsgeschäft unter Lebenden vorliegt.

> ***Bsp.:*** *Handschriftliche Schenkung auf den Todesfall (§ 2301 I BGB) oder Vermächtnis.*[119]

die Auslegung, die Erfolg hat

Der Rechtsgedanke des § 2084 BGB ist insbesondere im Rahmen einer Auslegung nach § 133 BGB heranzuziehen: Es ist diejenige Auslegung zu wählen, bei der der Wille des Erblassers Erfolg haben kann. Sind zwei verschiedene Auslegungen möglich und bringt eine von ihnen die Verfügung zu Fall, so ist gemäß § 2084 BGB die andere Auslegung anzunehmen, wenn bei ihr die Verfügung rechtlichen Bestand hat.

Die Vorstellungen der Beteiligten über die rechtliche Einordnung haben nur untergeordnete Bedeutung; vielmehr sollen Zweifel an der rechtlichen Einordnung des Geschäfts möglichst nicht der Verwirklichung des Willens der Beteiligten entgegenstehen.

Ebenso kommt § 2084 BGB bei der Auslegung einer Klausel Bedeutung zu, nach der die Bestimmung der Person, die eine Zuwendung erhalten soll, einem Dritten überlassen wird. Diese ist wegen § 2065 II BGB in einer Verfügung von Todes wegen nicht möglich und könnte nur als Rechtsgeschäft unter Lebenden wirksam sein.[120]

hemmer-Methode: § 2084 BGB greift erst ein, wenn überhaupt ein Testament vorliegt. Geht es hingegen um die Abgrenzung zwischen letztwilliger Verfügung und unverbindlicher Erklärung (z.B. Wunsch, Vorentwurf), findet die Vorschrift keine Anwendung. Dies ist allein eine Frage des Rechtsbindungswillens, genauer des Testierwillens. Denken Sie in der Klausur an dieses Rangverhältnis: Erst Rechtsbindungswille („ob“) durch Auslegung gem. § 133 BGB feststellen, dann § 2084 BGB („wie“).

Abgrenzung zur Umdeutung

Bei einer eindeutig unwirksamen Verfügung kommt nicht mehr Auslegung, sondern nur noch Umdeutung (§ 140 BGB) in Betracht. 70

---

119 BGH, FamRZ 1985, 693 - 696; vgl. auch BGH, NJW 1988, 2731 - 2732 = **juris**byhemmer: Nicht formgerechte Schenkung eines Bankguthabens als lebzeitige Schenkung oder Schenkung von Todes wegen?

120 Vgl. BGH, NJW 1984, 46 - 47 = **juris**byhemmer.

Unwirksamkeit einer von mehreren Verfügungen, § 2085 BGB

Bei Unwirksamkeit einer von mehreren Verfügungen besteht gemäß § 2085 BGB die Vermutung der Rechtswirksamkeit der übrigen Verfügungen (Umkehrung von § 139 BGB).[121]

str.: Teilunwirksamkeit einer Verfügung

Nach seinem Wortlaut kommt § 2085 BGB nicht zur Anwendung, wenn eine einzelne Verfügung teilweise unwirksam ist. Die wohl h.M. wendet in einem solchen Fall § 2085 BGB allerdings analog an.[122]

> ***Bsp.:*** *Ein Vermächtnis ist gegenüber einem Miterben nach § 2306 I S. 1 BGB unwirksam, da seine Erbquote niedriger als seine Pflichtteilsquote ist. Analog § 2085 BGB bleibt das Vermächtnis gegenüber den übrigen Miterben wirksam.*

b) Weitere gesetzliche Auslegungsregeln

Weitere Auslegungsregeln für letztwillige Verfügungen enthalten die 71
§§ 2066 – 2077, 2087, 2097 BGB (lesen!). Die gesetzlichen Auslegungsregeln entsprechen allgemeinen Erfahrungssätzen. Derjenige, der sich auf einen anderen Willen des Erblassers beruft, macht einen Ausnahmetatbestand geltend, wofür er Beweis antreten muss. Gelingt dieser nicht, scheitert also die Ermittlung des wirklichen Erblasserwillens mittels einer Auslegung, so greift die gesetzliche Auslegungsregel ein.

Unwirksamkeit der Verfügung zugunsten eines Ehegatten bei Scheidung, § 2077 BGB

§ 2077 BGB entspricht dabei § 1933 BGB für den Fall, dass der überlebenden Ehegatten testamentarisch (durch Erbeinsetzung oder Vermächtnis) bedacht ist. Diese Verfügung ist unwirksam, wenn die Ehe im Zeitpunkt des Erbfalls geschieden ist oder wenn wenigstens die Voraussetzungen der Scheidung gegeben sind und der Erblasser die Scheidung beantragt oder ihr zugestimmt hat.

Bei § 2077 BGB handelt es sich allerdings nur um eine Zweifelsregel, vgl. § 2077 III BGB. Die Vorschrift kommt also nicht zur Anwendung, wenn der Erblasser die Verfügung zugunsten seines Ehegatten gerade auch für den Fall der Scheidung wollte. Eine spätere Wiederheirat kann Indiz für einen entsprechenden Willen des Erblassers sein.[123]

keine analoge Anwendung

§ 2077 BGB wird nach h.M. nicht analog auf Verfügungen zugunsten von Schwiegerkindern angewendet.[124] Allerdings kann in einem solchen Fall die Scheidung zur Anfechtung nach § 2078 II BGB führen, wenn sich dieses Ergebnis nicht schon aus einer Auslegung des Vermächtnisses ergibt. Auch bei Lebensversicherungsverträgen kommt § 2077 BGB nicht zur Anwendung.[125] Für das gemeinschaftliche Testament wird § 2077 BGB durch § 2268 BGB ergänzt.

Erbeinsetzung oder Vermächtnis, § 2087 BGB

Für die Frage, ob eine Erbeinsetzung oder nur ein Vermächtnis vorliegt, gibt § 2087 BGB eine Auslegungshilfe. Allerdings muss die Zuwendung nur eines einzelnen Gegenstandes nicht unbedingt nur ein Vermächtnis darstellen. Wenn dieser annähernd das gesamte Erbe darstellt, kann auch eine Erbeinsetzung vorliegen. Maßgeblich für die Beurteilung ist der sachliche Inhalt der letztwilligen Verfügung, nicht welche Worte vom Erblasser verwendet wurden (§ 133 BGB), da die Begriffe „erben“ und „vermachen“ im allgemeinen Sprachgebrauch als Synonyme verwendet werden.[126]

---

121 Vgl. dazu auch OLG München, FamRZ 2005, 272 - 273 = **juris**byhemmer = **Life&Law 04/2005, 230 ff.**

122 MüKo, § 2085 BGB, Rn. 10.

123 M.w.N. OLG Hamm, ZEV 2011, 265 - 266 = **juris**byhemmer = **Life&Law 08/2011, 557 ff.**; OLG Hamm, Beschluss vom 28.10.2014, I 15 W 14/14 = **juris**byhemmer.

124 BGH, FamRZ 2003, 870 - 871 = **juris**byhemmer; OLG Celle, ZEV 2003, 328 - 330 (329) = **juris**byhemmer; zur Gegenansicht vgl. m.w.N. Reimann, Das Schicksal letztwilliger Zuwendungen an Schwiegerkinder nach Ehescheidung, ZEV 2011, 636 -639.

125 LG München, FamRZ 2005, 134 -136.

126 Palandt, § 2087 BGB, Rn. 2.; ausführlich im Skript Rn. 126 ff.

III. Unwirksamkeit des Testaments

1. Unwirksamkeit nach § 134 BGB

134: 14 HeimG

§ 134 BGB kommt i.R.d. Erbrechts nur geringe Bedeutung zu. Einzig relevante Vorschrift ist § 14 HeimG, wonach die Erbeinsetzung des Rechtsträgers des Pflegeheims oder des Pflegepersonals durch Heiminsassen unwirksam ist.[127] 71a

hemmer-Methode: Diese Vorschrift darf allerdings nicht auf die häusliche Pflege durch Familienangehörige angewendet werden, da andernfalls ein Verstoß gegen Art. 6 I GG vorläge. Auch eine analoge Anwendung bei Verfügungen zugunsten des Betreuers lehnt die h.M. ab.[128]

2. Unwirksamkeit nach § 138 BGB

hemmer-Methode: Bei der Frage nach der Sittenwidrigkeit einer letztwilligen Verfügung müssen Sie die Wertung des Art. 14 I GG berücksichtigen, da die Testierfreiheit ein wesentliches Element des von Art. 14 I GG gewährleisteten Erbrechts ist (sog. mittelbare Drittwirkung der Grundrechte).

a) Sog. Geliebten- oder Mätressentestament

Geliebtentestament: Problem, ob § 138 BGB greift

Als einseitige Willenserklärung kann eine letztwillige Verfügung auch infolge Sittenwidrigkeit nichtig sein (§ 138 I BGB). Hauptfall ist insoweit das sog. Geliebten- oder Mätressentestament: Der verheiratete Erblasser setzt seine Geliebte zur Alleinerbin ein und schließt gleichzeitig die Ehefrau, seine Kinder oder sonstige Angehörige von der Erbfolge aus. 72

nur bei „Hergabe für die Hingabe“

Hier gilt: Die Enterbung von Frau und Kindern alleine ist nicht sittenwidrig, da diese durch ihren Pflichtteilsanspruch nach §§ 2303 ff. BGB ausreichend geschützt sind. Die Einsetzung der oder des Geliebten durch den verheirateten Erblasser ist dann sittenwidrig, wenn sie allein bezweckt, diese(n) zur Aufnahme oder Fortsetzung des Geschlechtsverkehrs zu bewegen; Stichwort: „Hergabe für die Hingabe“.[129] Hierbei besteht kein Erfahrungssatz des Inhalts, dass außereheliche sexuelle Beziehungen den alleinigen Beweggrund für die letztwillige Verfügung gebildet haben. Die Sittenwidrigkeit muss vielmehr von demjenigen bewiesen werden, der sich auf die Nichtigkeit der letztwilligen Verfügung beruft.[130]

Spielten bei der Erbeinsetzung der Geliebten auch andere, achtenswerte Gesichtspunkte eine Rolle (z.B. Dankbarkeit für die Haushaltsführung oder die Betreuung im Krankheitsfall), so ist die Erbeinsetzung regelmäßig als wirksam zu betrachten.

⇨ nur zurückhaltende Anwendung von § 138 BGB

Insgesamt ist zu beachten: Der Nichtigkeitsgrund des § 138 BGB kann wegen der Weite der Testierfreiheit nur zurückhaltend angewendet werden.[131] Er berechtigt nicht dazu, die Auswirkungen einer letztwilligen Verfügung an den eigenen Gerechtigkeitsvorstellungen (des Richters) zu messen und den Willen des Erblassers danach zu korrigieren.[132] 73

127 Vgl. hierzu m.w.N. BGH, ZEV 2012, 99 = **juris**byhemmer; § 14 HeimG wurde in einigen Bundesländern durch landesrechtliche Vorschriften ersetzt, vgl. für Bayern bspw. Art. 8 V (Bay)PfleWoqG.

128 Dazu Palandt, § 1937 BGB, Rn. 13.

129 BGH, WM 1983, 19 - 21 (20) = **juris**byhemmer.

130 BGHZ 53, 369 - 383 (379) = **juris**byhemmer.

131 BGHZ 111, 36 - 44; BGH, NJW 1994, 248 - 251; beide Entscheidungen = **juris**byhemmer.

132 BGH, NJW 1984, 674 - 675 = **juris**byhemmer.

So handelt der verheiratete Erblasser, der seine Geliebte einsetzt, nicht schon deshalb sittenwidrig, weil er bei bestehender Ehe ein ehebrecherisches Verhältnis unterhält.[133]

str.: maßgeblicher Zeitpunkt für § 138 BGB

Umstritten ist, ob die Sittenwidrigkeit nach den Verhältnissen zur Zeit der Testamentserrichtung oder zur Zeit des Erbfalls zu beurteilen ist. Während die ältere Rechtsprechung noch auf ersteren Zeitpunkt abstellte,[134] sind nach der jetzt herrschenden Meinung die sittlichen Maßstäbe im Zeitpunkt des Erbfalls entscheidend. Dies ist auch überzeugend, da ansonsten ein Geliebtentestament nichtig wäre, auch wenn der Erblasser seine Geliebte später geheiratet hat. Aber beachten Sie: Dies gilt nur für Testamente. Ansonsten ist grundsätzlich der Zeitpunkt der Vornahme des Rechtsgeschäfts ausschlaggebend.[135]

hemmer-Methode: Die Rechtsprechung zu den sog. Mätressentestamenten war schon immer sehr umstritten. Aufgrund der Testierfreiheit konnte jeder beliebige Dritte unter Zurücksetzung von Angehörigen zum Erben eingesetzt werden, nur die Geliebte nicht. Der BGH hat sich der normativen Kraft des Faktischen gebeugt und den gewandelten Moralvorstellungen Rechnung getragen. Da es kaum vorkommt, dass die Zuwendung ausschließlich der geschlechtlichen Hingabe dient, scheidet § 138 I BGB in der Regel aus.
Neuere Ansichten lehnen die Anwendung des § 138 I BGB auf das sog. Mätressentestament vollständig ab. Wenn nach dem ProstG noch nicht einmal mehr „normale" Prostitution sittenwidrig ist, wie kann dann ein Testament zugunsten der „Geliebten" gegen Anstand und Moral verstoßen.[136]

b) Weitere Fälle der Sittenwidrigkeit

Heiratsklauseln

Die Sittenwidrigkeit eines Testaments wird auch dann diskutiert, wenn der Erstgeborene eines adligen Hauses nur unter der Bedingung zum Alleinerben berufen wird, dass er ebenbürtig heiratet. Der BGH lehnt hier eine Sittenwidrigkeit aufgrund berechtigter Interessen des Erblassers ab.[137] Wesentlich strenger ist das BVerfG, das eine Sittenwidrigkeit wegen Verletzung der Eheschließungsfreiheit des Sohnes für zumindest möglich hält, zumal nach Wegfall der Monarchie keine schützenswerte Belange des Erblassers die Verfügung legitimieren.[138] 73a

Behindertentestament

Ein weiterer – allerdings sehr spezieller Fall – in dem die Sittenwidrigkeit einer letztwilligen Verfügung diskutiert wird, ist das sog. „Behindertentestament". Hier geht es den Eltern eines behinderten Kindes darum, diesem nach ihrem Tod finanzielle Sicherheit zu garantieren, ohne aber zugleich dem Sozialamt, das bislang viele Leistungen gegenüber dem Kind finanziert hat, einen Rückgriffsanspruch in den Nachlass zu ermöglichen.[139]

133 BGH, a.a.O.

134 BGHZ 20, 71 - 76 (75) = **juris**byhemmer.

135 OLG Hamm, OLGZ 1979, 425 - 428 (427) = **juris**byhemmer; Palandt, § 138 BGB, Rn. 10 a.E.

136 Vgl. m.w.N. Palandt, § 138 BGB, Rn. 05.

137 BGH, NJW 1999, 566 - 570 = **juris**byhemmer.

138 BVerfG, FamRZ 2004, 765 - 768 = **juris**byhemmer.

139 Dies erreicht man bspw. dadurch, dass man das Kind als bloßen Vorerben einsetzt und Testamentsvollstreckung anordnet, da die Befugnisse der Sozialhilfebehörde nicht so weit gehen, dass diese nach § 2306 I S. 2 BGB die Erbschaft ausschlagen und damit Pflichtteil verlangen kann, vgl. OLG Frankfurt, ZEV 2004, 24 - 26 = **juris**byhemmer, OLG Karlsruhe, ZEV 2004, 26 - 27 = **juris**byhemmer; umfassend zu diesem - für das Erste Staatsexamen sicher zu schweren - Problemkreis, insbesondere auch zu neueren Lösungsansätzen Grziwotz, „Die umgekehrte Vermächtnislösung beim Behindertentestament: der Königsweg?", ZEV 2002, 409, sowie Eberl-Borges/Schüttlöffel, FamRZ 2006, 589.

IV. Wiederholungsfall

Fall: *M schreibt an seine getrennt von ihm lebende Frau folgenden Brief:* 74

„Ich möchte, dass du meine Erbin wirst. Damit unsere drei Töchter gerecht versorgt sind, soll Christine das Haus in der Schillerstraße, Martha das Haus in der Goethestraße erhalten. Meine Aktien soll mein Neffe David erhalten und damit sein Studium finanzieren. Dein Mann Martin."

Zwei Jahre später stirbt M. Wie ist die Rechtslage, wenn M noch ein Haus in der Bachgasse besitzt und die Aktien infolge eines Kurssturzes nichts mehr wert sind? Im Zeitpunkt der Testamentserrichtung waren die Grundstücke jeweils ca. 500.000,- €, die Aktien ca. 120.000,- € wert. Der Gesamtnachlass belief sich auf 5 Mio. €.

a) Liegt überhaupt ein wirksames Testament vor?

Problem: Brieftestament

aa) Testierwille kann auch bei einem Brief vorliegen, wenn sich der Schreibende damit rechtlich binden wollte, was allerdings die zu beweisende Ausnahme ist.[140]

Die Wortwahl des M und die förmliche Unterschrift weisen hier auf einen Rechtsbindungswillen hin (§ 133 BGB). Anhaltspunkte, dass M nur eine unverbindliche Nachricht an seine Ehefrau schicken wollte, liegen hingegen nicht vor.

bb) Testierfähigkeit ist gegeben, § 2229 BGB.

cc) Höchstpersönliche Errichtung, § 2064 BGB.

dd) Die Form muss gewahrt sein. Gemäß § 2247 I BGB ist eigenhändige Abfassung und Unterschrift erforderlich. Beides liegt hier vor. Das Fehlen von Zeit- und Ortsangabe ist unschädlich, wenn sich daraus keine Zweifel über die Gültigkeit ergeben oder die Angaben anderweitig festgestellt werden können (§ 2247 II, V BGB). Hier kommt eine Ermittlung der fehlenden Angaben anhand des Poststempels in Betracht. Im Übrigen ergeben sich aber keine Zweifel hinsichtlich der Gültigkeit. Die fehlende Angabe des Nachnamens war unschädlich, da auch an der Urheberschaft keine Zweifel bestanden, vgl. § 2247 III S. 2 BGB.

Ein gültiges Testament liegt vor.

b) Welchen Inhalt hat das Testament?

aa) Zweifellos ist die Ehefrau wirksam zur Erbin eingesetzt. Hieran ändert auch § 2077 BGB nichts. Zum einen leben die Ehegatten nur getrennt voneinander. Von einem rechtshängigen Scheidungsantrag ist nicht die Rede. Außerdem hat der Erblasser seine bereits von ihm getrennt lebende Ehefrau als Erbin eingesetzt, sodass die Vermutung des § 2077 I BGB nach § 2077 III BGB als widerlegt gelten kann.

bb) Die Zuwendungen an die Kinder stellen Vermächtnisse dar, § 2087 II BGB. Angesichts des Werts der Einzelzuwendungen im Verhältnis zu dem auf die Mutter entfallenden Rest, lässt sich die Vermutung des § 2087 II BGB hier auch nicht durch eine konkrete Auslegung überwinden.[141]

bei offensichtlichem Vergessen: ergänzende Auslegung

(1) M hat hier offensichtlich vergessen, seiner dritten Tochter das Haus in der Bachgasse zu vermachen. Es handelt sich also um eine unvollständige Erklärung, die im Wege der Auslegung ergänzt werden muss. Da die zu ergänzende Verfügung auch im Testament angedeutet wurde („meine drei Töchter sollen gerecht versorgt werden"), steht einer diesbezüglichen ergänzenden Testamentsauslegung nichts im Wege.

140 BayObLGZ 2000, 274 - 279 = **juris**byhemmer.

141 Ausführlich zu dieser Frage Rn. 126.

(2) Die Zuwendung der Aktien an David sollte dessen Studium finanzieren. Dies ist jedoch wegen des Kurssturzes nicht mehr möglich. Da es sich dabei um einen nachträglich eingetretenen Umstand handelt, ist im Wege der ergänzenden Auslegung zu ermitteln, was M verfügt hätte, wenn er den Kurssturz vorausgesehen hätte. M wollte auf jeden Fall das Studium des David finanzieren (Andeutungstheorie); hierzu hat er David die Aktien als Vermächtnis ausgesetzt. Hätte M den Kurssturz vorausgesehen, so hätte er David vermutlich den zur Ausbildung erforderlichen Betrag in bar vermacht. Die ergänzende Testamentsauslegung führt somit zu dem Ergebnis, dass David diesen Betrag als Vermächtnis in bar erhalten soll (vgl. auch die Figur des Zweckvermächtnisses, § 2156 BGB).[142]

V. Widerruf, §§ 2253 – 2258 BGB

Testamentswiderruf grds. jederzeit mögl.

Ein Testament, als einseitige Willenserklärung sowie jede einzelne hierin enthaltene Verfügung kann **vom Erblasser** jederzeit ohne Angabe von Gründen widerrufen werden (§ 2253 BGB). 75

1. Widerrufstestament

Widerrufstestament

Der Widerruf kann zum einen durch ein reines Widerrufstestament nach § 2254 BGB erfolgen; ein solches Testament braucht keine anderen Verfügungen als den Widerruf zu enthalten. Die Anforderungen an ein Widerrufstestament sind die gleichen wie an ein Testament: eigenhändige Errichtung, § 2064 BGB, Testierfähigkeit, § 2229 BGB und Form, §§ 2231 ff. BGB. Dabei kann selbstverständlich ein notarielles Testament durch ein privatschriftliches Widerrufstestament aufgehoben werden. 75a

hemmer-Methode: Ein besonderes Problem tritt auf, wenn der Erblasser mittlerweile testierunfähig wurde, aber unter Betreuung steht. Nach ganz h.M. darf der Betreuer nicht an Stelle des Betreuten den Widerruf erklären. Dem steht die Höchstpersönlichkeit der Erklärung nach § 2064 BGB entgegen.[143]

2. Widerruf durch Vernichtung

Widerruf durch Vernichtung

Der Erblasser kann sein Testament auch durch Vernichtung oder Veränderung der Testamentsurkunde widerrufen, sofern dadurch sein Aufhebungswille in Erscheinung tritt (§ 2255 S. 1 BGB), was gesetzlich (widerlegbar[144]) vermutet wird (§ 2255 S. 2 BGB). Unter einer Veränderung i.S.d. § 2255 S. 1 BGB versteht die h.M. auch sog. Ungültigkeitsvermerke, bei denen der Erblasser die Testamentsurkunde und den Text als solchen unberührt lässt, aber durch einen Zusatz wie „ungültig" o.Ä. zum Ausdruck bringt, dass er dieses Testament nicht mehr gelten lassen will. Die Gegenansicht sieht in einem solchen Vermerk ein Widerrufstestament nach § 2254 BGB, sodass eine gesonderte Unterschrift erforderlich ist![145] 75b

hemmer-Methode: Das Besondere an § 2255 BGB ist gerade die Möglichkeit, ein Testament zu widerrufen, ohne diesen Widerruf unterzeichnen zu müssen!

---

142 Zum Problem der Auslegung und der Eigenhändigkeit: Werner, Der praktische Fall, JuS 1973, 434 ff.

143 Zu diesem Problem und möglichen Lösungen vgl. Lange, „Beseitigung von letztwilligen Verfügungen durch Betreuer", ZEV 2008, 313 ff.

144 Bsp. für die Widerlegung bei OLG Hamm, FamRZ 2002, 163 - 164 = **juris**byhemmer: Der Erblasser geht bei der Vernichtung der Urkunde davon aus, dass das Testament zuvor nach § 2258 BGB widerrufen wurde.

145 M.w.N. Palandt, § 2255 BGB, Rn. 6.

Vernichtung höchstpersönlich

§ 2255 S. 1 BGB setzt schon seinem Wortlaut nach voraus, dass der Erblasser selbst das Testament vernichtet bzw. abändert, ein Dritter darf höchstens Werkzeug sein, das der Erblasser von Anfang gesteuert hat.[146] Damit wird dem Grundsatz der Höchstpersönlichkeit nach § 2064 BGB Rechnung getragen.

2255: 2064

hemmer-Methode: Klausurrelevant ist auch der Fall, dass ein Dritter das Testament zunächst ohne Wissen des Erblassers vernichtet, der Erblasser hiervon später Kenntnis erhält und sich mit der Zerstörung einverstanden erklärt. Auch in diesem Fall liegt kein wirksamer Widerruf vor. Das Vernichten durch den Dritten stellt einen bloßen Realakt dar, die §§ 182 ff. BGB sind daher nicht anwendbar.
Wichtig für die Klausur ist auch der Fall der Unauffindbarkeit des Testaments. Nach ständiger Rspr. begründet dies keine Vermutung für die Vernichtung durch den Erblasser selbst. D.h. die wirksame Errichtung kann auch durch Zeugen, Kopien u.Ä. bewiesen werden, wenngleich hier an den Beweis strenge Anforderungen zu stellen sind.[147]

Soweit die Vernichtung durch Erblasser i.S.d. § 2255 S. 1 BGB feststeht, wird vermutet, dass diese Handlung mit Widerrufswillen erfolgte, § 2255 S. 2 BGB. Diese Vermutung ist widerlegbar, bspw. dann, wenn das Durchstreichen einzelner Passagen des Testaments nur dazu diente, die Erstellung eines neuen, im Wesentlichen gleichlautenden Testaments vorzubereiten.[148] 75c

Problem: mehrere Testamente

Umstritten ist, ob die Vermutung des § 2255 BGB auch dann eingreift, wenn mehrere gleichlautende Testamente bestehen und nur eines vernichtet wird.

> ***Bsp.:*** *Der Erblasser erstellt zwei gleichlautende Testamente und übersendet eines an den von ihm zum Erben eingesetzten F. Das ihm verbliebene Exemplar vernichtet er später.* 76

h.M.: Frage der Beweiswürdigung

Nach h.M. ist dann die Ungültigkeit auch der anderen Testamente eine Frage der Beweiswürdigung. Die Vermutung des § 2255 S. 2 BGB greift nicht ein, allerdings kann im Einzelfall der Wille des Erblassers bewiesen werden, mit der Vernichtung der einen Urkunde auch die anderen Testamente zu widerrufen.[149]

3. Widerruf bei öffentlichem Testament und Nottestament

bei öffentl. Testament Rücknahme möglich

Ein öffentliches Testament oder ein Nottestament können gemäß § 2256 I BGB durch Rücknahme aus der amtlichen Verwahrung widerrufen werden, wobei die zurückgebende Stelle den Erblasser über die Folgen der Rückgabe belehren soll. 76a

2232: 2256

Nach § 2256 III S. 2 BGB gilt dies nicht für privatschriftliche Testamente, die gem. § 2248 BGB in amtliche Verwahrung gegeben wurden. Hier kann zwar jederzeit die Rückgabe verlangt werden, diese hat auf die Wirksamkeit des Testaments keinen Einfluss.

2249: 2256

4. Widerruf durch neues Testament

2256: Urkunde zurückgegeben

auch konkludenter Widerruf durch neues Testament möglich

Ein neues Testament hebt ein altes insoweit auf, als es mit ihm in Widerspruch steht (§ 2258 I BGB). 76b

146 Palandt, § 2255 BGB, Rn. 4; vgl. auch OLG München, FamRZ 2011, 1900 - 1901 = **juris**byhemmer = **Life&Law 08/2011, 557 ff.**: Auch wenn der Dritte Werkzeug in diesem Sinne ist, muss er die Vernichtung noch zu Lebzeiten des Erblassers durchgeführt haben!

147 BayObLG, FamRZ 2001, 944 - 945; so auch BayObLG, FamRZ 2001, 1327 - 1329 sowie FamRZ 2005, 138 - 140; alle Entscheidungen = **juris**byhemmer.

148 BayObLG, FamRZ 2005, 1779 - 1781 = **juris**byhemmer = **Life&Law 12/2005, 822 ff.**

149 Palandt, § 2255 BGB, Rn. 3; vgl. aber KG Berlin, ZEV 1995, 107 - 108 = **juris**byhemmer.

In Abgrenzung zum Widerrufstestament i.S.d. § 2254 BGB wird das frühere Testament hier nicht ausdrücklich, sondern konkludent – durch Widerspruch zum späteren Testament – widerrufen. Hierbei kann der inhaltliche Widerspruch auch dann bestehen, wenn der Erblasser die frühere Verfügung bei der Abfassung der späteren überhaupt nicht mitbedacht hat. Trotz objektiver Vereinbarkeit beider Verfügungen kann zudem dann ein Widerspruch bestehen, wenn nach dem durch Auslegung ermittelten Erblasserwillen die spätere Verfügung ausschließliche und alleinige Geltung haben soll.[150]

5. Widerruf des Widerrufs

Widerruf des Widerrufs

76c Bei Widerruf des Widerrufs gilt die erste Verfügung als von Anfang an wirksam, § 2257 BGB (widerlegbare Vermutung; z.B. wenn der Widerruf mit neuen Anordnungen gepaart ist).[151] § 2257 BGB gilt aber nur für den Fall des § 2254 BGB. Ein vernichtetes oder aus der amtlichen Verwahrung zurückgenommenes Testament muss zur Wiederherstellung neu errichtet werden.[152] Das Zusammenkleben des Schriftstücks genügt nicht, es kann aber bei erneuter Unterschrift ein neues Testament vorliegen.[153]

2257 bei durch Widerruf: 2254

Bei Widerruf des neuen Testaments gilt das alte als von Anfang an wirksam (§ 2258 II BGB, widerlegbare Vermutung).[154]

VI Anfechtung, §§ 2078 – 2083 BGB

1. Allgemeines

Anfechtungsregeln spezieller als §§ 119 ff. BGB

77 Bei der Anfechtung von Verfügungen von Todes wegen liegt eine besondere Interessenlage vor. Es besteht kein schutzwürdiges Interesse des Bedachten an der Aufrechterhaltung der letztwilligen Verfügung. Die speziellen Anfechtungsregeln des Erbrechts §§ 2078, 2079 BGB (für den Erbvertrag §§ 2281 ff. BGB) gehen den allgemeinen Vorschriften der §§ 119 ff. BGB vor. Vor allem findet § 122 BGB keine Anwendung, vgl. § 2078 III BGB.[155]

122: 2078 III

Grund dafür ist, dass kein Anspruch auf testamentarische Zuwendungen besteht und solche Zuwendungen stets unentgeltlich sind, sodass gar kein schutzwürdiges Vertrauen eines Empfängers bestehen kann. Außerdem handelt es sich um einseitige, nicht empfangsbedürftige Willenserklärungen, sodass überhaupt kein Empfänger der Erklärung gegeben ist.

hemmer-Methode: Die Anfechtung darf erst dann geprüft werden, wenn durch Auslegung der Wille des Erblassers festgestellt worden ist. Die Auslegung geht der Anfechtung grundsätzlich vor, da sie den Erblasserwillen verwirklicht, die Anfechtung ihn hingegen vernichtet. Auch hier kommt das Stilmittel der Retardation in Betracht. Verschenken Sie nicht unnötig Punkte, indem Sie nur die Anfechtung prüfen.

150 Erman, § 2258 BGB, Rn. 2 m.w.N. zur Rspr.

151 OLG Köln, FamRZ 2006, 731 - 732 = **juris**byhemmer.

152 Umfassend hierzu Hellfeier, Die Neuerrichtung eines durch schlüssige Handlung nach § 2255 S. 1 BGB widerrufenen Testaments, ZEV 2003, 1.

153 BayObLG, NJW-RR 1996, 1094 - 1095 = **juris**byhemmer.

154 Nach OLG Dresden, NJW-RR 1998, 60 - 62 (61) = **juris**byhemmer genügt es, wenn der Erblasser im ursprünglichen Testament ein neues, von ihm unterschriebenes Datum einfügt, einer erneuten Unterzeichnung der letztwilligen Verfügung bedarf es danach nicht.

155 Str. bei der Anfechtung einer vertragsmäßigen Verfügung, vgl. unten Rn. 94.

2. Anfechtungsberechtigte

Anfechtung: nur berechtigt, wer unmittelbaren Vorteil hat

Anfechtungsberechtigt ist jeder, dem die Aufhebung **unmittelbar** zustattenkommen würde (§ 2080 I BGB), z.B. durch die Erlangung eines Erbrechts, eines Anspruchs oder den Wegfall einer Beschwerung oder Beschränkung, auch durch Anfechtung eines Widerrufs.[156] **Unmittelbar** ist der durch die Aufhebung erlangte Vorteil nur, wenn der Anfechtende ihn allein mit dem Wegfall der angefochtenen Verfügung erlangt. Daran fehlt es, wenn die mit der Anfechtung herbeigeführten Folgen dem Betreffenden nur zugutekommen könnten oder wenn er nach erfolgter Anfechtung als gesetzlicher Miterbe lediglich in Betracht kommt, da weitere Verfügungen von Todes wegen vorliegen.[157] 78

hemmer-Methode: Hier kann von Ihnen in der Klausur die gesetzliche Erbfolge „inzident" abgefragt werden.

Bei einem Irrtum, der sich auf eine bestimmte anfechtungsberechtigte Person bezieht, wie bei § 2079 BGB, steht nur dieser ein Anfechtungsrecht zu (§ 2080 II, III BGB).

bei Erblasser (-), da Widerruf möglich

Der Erblasser selbst ist grundsätzlich nicht anfechtungsberechtigt, da er jederzeit widerrufen kann. 79

3. Anfechtungserklärung

Die Anfechtungserklärung muss innerhalb eines Jahres ab Kenntnis des Anfechtungsgrundes[158] gegenüber dem Nachlassgericht (§ 23a I, II Nr. 2 GVG i.V.m. § 342 FamFG) abgegeben werden (§§ 2081 I, 2082 BGB). 80

2081: Erkl. gegenüber Nachlassgericht

Nur soweit Teilungsanordnungen und Vermächtnisse betroffen sind, bleibt es bei der allgemeinen Norm des § 143 IV S. 1 BGB, wonach entsprechende Anordnungen durch Erklärung gegenüber dem Begünstigten anzufechten sind.

4. Anfechtungsgegner

Anfechtungsgegner ist der zunächst Bedachte, nicht das Nachlassgericht. Diesem gegenüber ist nur in den Fällen des § 2081 I, III BGB die Erklärung abzugeben. 81

5. Anfechtungsgründe

Im Einzelnen sind folgende Anfechtungsgründe zu unterscheiden:

a) § 2078 I BGB: Inhalts- und Erklärungsirrtum (entspricht § 119 I BGB).

Inhalts- und Erklärungsirrtum

Entscheidend ist, dass der Erblasser bei Kenntnis der Sachlage die Erklärung nicht abgegeben hätte. Dabei genügt es, dass der Irrtum wesentlich mitbestimmend war.[159]

156 Palandt, § 2080 BGB, Rn. 1.

157 BGH, NJW 1985, 2025 - 2026 = **juris**byhemmer.

158 Wird das Testament vom Anfechtungsberechtigten für unwirksam gehalten, beginnt die Frist des § 2082 BGB nicht zu laufen; vgl. OLG Hamm, ZEV 1994, 109 - 112 = **juris**byhemmer.

159 Palandt, § 2078 BGB, Rn. 3.

Im Unterschied zu § 119 BGB kommt es nicht auf die allgemeine Verkehrsanschauung an, entscheidend ist allein die subjektive Denk- und Anschauungsweise des Erblassers.

b) § 2078 II BGB: Motivirrtum und Drohung

darüber hinaus auch beachtlicher Motivirrtum

Nach § 2078 II BGB berechtigt abweichend von § 119 II BGB jeder für die Vornahme der Verfügung kausale Motivirrtum zur Anfechtung; insoweit bedurfte auch der Anfechtungsgrund der arglistigen Täuschung (§ 123 I Alt. 1 BGB) keiner Erwähnung. Hinsichtlich des Irrtums ist erforderlich, dass der Erblasser irrige Erwartungen und Vorstellungen bei der Testamentserrichtung tatsächlich gehegt hat und diese Erwartungen ein bestimmendes Motiv für die Testamentserrichtung darstellten.[160]

Die Unkenntnis eines Umstandes ist nur dann Irrtum, wenn der unbekannte Umstand von den Vorstellungen und Erwartungen des Erblassers abweicht. Kein Irrtum liegt hingegen dann vor, wenn der Erblasser die Entwicklung vorhergesehen hat.[161] Das spätere Aufkommen irriger Vorstellungen rechtfertigt keine Anfechtung (z.B.: Vergessen einer früheren Testamentserrichtung).[162]

Allerdings muss der Motivirrtum kausal für die angefochtene Verfügung sein. Dies ist nach h.M. aber dann zu verneinen, wenn der Erblasser zu Lebzeiten seinen Motivirrtum erkennt, aber seine Verfügung nicht widerruft. Ein Anfechtungsrecht widerspräche dann dem Erblasserwillen.[163]

selbstverständliche oder unbewusste Vorstellungen

Die Vorstellungen und Erwartungen müssen allerdings nicht in das aktuelle Bewusstsein des Erblassers aufgenommen worden sein; vielmehr genügen solche, die er seiner Verfügung als selbstverständlich zugrunde gelegt hat, sog. selbstverständliche oder unbewusste Vorstellungen.[164]

> **Bsp.:** *Der Erblasser war Mitglied und Anhänger der X-Partei. Da er keine sonstigen nahen Verwandten hatte, setzt er diese zur Alleinerbin ein. Kurz vor seinem Tode tritt er aus der Partei aus, da er sich mit deren neuer Führung überworfen hat. Er kommt nicht mehr dazu, sein Testament zu ändern.*
>
> Hier können die gesetzlichen Erben (vorhandene entfernte Verwandte) das Testament nach § 2078 II BGB anfechten. Es genügt, dass der Erblasser vom Fortbestand seiner Bindung an die Partei und damit seines Motivs für die Verfügung als selbstverständlich ausging.

Problem: Deutsche Einheit als Anfechtungsgrund?

Der Frage einer Anfechtbarkeit nach § 2078 II BGB kam insbesondere im Zusammenhang mit den politischen Veränderungen aufgrund der Vollendung der deutschen Einheit große Bedeutung zu. Viele Erblasser hatten in einer bestimmten Weise verfügt, weil sie von der selbstverständlich scheinenden Vorstellung ausgegangen sind, dass die politischen und wirtschaftlichen Verhältnisse in der ehemaligen DDR von Dauer sein würden. 82

Hier wird zum Teil (wohl zu Unrecht) bestritten, dass Vorstellungen des Erblassers, die sich erst nach dem Erbfall als falsch erwiesen haben, überhaupt als Anfechtungsgrund herangezogen werden können.[165]

160 KG Berlin, NJW 2001, 903 - 906 = **juris**byhemmer.

161 BayObLG, FamRZ 2001, 873 - 876 = **juris**byhemmer.

162 Palandt, § 2078 BGB, Rn. 4.

163 Vgl. dazu Palandt, § 2078 BGB, Rn. 9 (im Einzelnen ist hier vieles umstritten).

164 BGH, WM 1983, 565; BayObLG, FamRZ 1984, 1270 - 1272 = **juris**byhemmer; OLG Hamm, NJW-RR 1994, 522 - 523 = **juris**byhemmer; wie bereits BayObLG, NJW-RR 1990, 200 - 202 = **juris**byhemmer.

165 Grunewald, Die Auswirkungen eines Irrtums über politische Entwicklungen in der DDR auf Testamente und Erbschaftsausschlagungen, NJW 1991, 1208 - 1212 (1211); vgl. zu dieser Problematik auch BGH, NJW 1994, 582 - 584 = **juris**byhemmer; Meyer, ZEV 1994, 12.

c) § 2079 BGB: 82a

übergangener Pflichtteilsberechtigter i.d.R. (+)

Die Übergehung eines Pflichtteilsberechtigten berechtigt ebenfalls zur Anfechtung, sofern dieser dem Erblasser bei der Errichtung der Verfügung nicht bekannt war oder erst nach der Errichtung der Verfügung geboren oder pflichtteilsberechtigt wurde.[166] Der Pflichtteilsberechtigte ist jedoch immer nur dann übergangen worden, wenn ihn der Erblasser überhaupt nicht bedacht hat. Bei einer ausdrücklichen Enterbung oder der noch so geringen Zuwendung eines Vermächtnisses oder Erbteils kommt § 2079 BGB nicht in Betracht.

Strittig ist der Fall, in dem der Pflichtteilsberechtigte zwar bedacht ist, allerdings die Verfügung zu seinen Gunsten zu einem Zeitpunkt getroffen wurde, als die Pflichtteilsberechtigung noch nicht bestand.

> ***Bsp.:*** *Die schwerreiche, 65-jährige F vermacht in ihrem Testament, in dem sie ihre 35-jährige Tochter T zur Alleinerbin einsetzt, ihrem 30-jährigen Lebensabschnittsgefährten M testamentarisch ein BMW-Cabrio im Wert von 40.000,- €. Wenige Jahre später heiraten F und M. Kurze Zeit darauf stirbt F. Ihr Vermögen beläuft sich auf 10 Mio. €. Weitere Verfügungen von Todes wegen bestehen nicht.*
>
> M steht das Anfechtungsrecht nach § 2079 BGB zu, wenn er als Ehemann und damit als Pflichtteilsberechtigter, § 2303 II BGB, übergangen wurde. Dagegen spricht, dass eine Zuwendung im Wert von 40.000,- € kein unbewusstes Übergehen darstellt. Der Pflichtteilsberechtigte wird ja gerade bedacht. Andererseits wird er gerade nicht als Pflichtteilsberechtigter, sondern nur als momentaner Freund bedacht. Die h.M. gewährt in einem solchen Fall ein Anfechtungsrecht nur dann, wenn die Zuwendung nur geringfügig ist, wovon bei 40.000,- € allerdings nicht ausgegangen werden kann.[167]

6. Beweislast

Beweislastfragen

Da zwischen Anfechtungsgrund und Verfügung Kausalität bestehen muss, ist fraglich, wer diese beweisen muss. 83

a) Bei § 2078 BGB trägt der Anfechtende die Beweislast. Entscheidend ist die subjektive Einstellung des Erblassers. Damit weicht § 2078 BGB von § 119 BGB ab, wo es darauf ankommt, ob die Erklärung bei verständiger Würdigung des Falles unterlassen worden wäre. Im Erbrecht ist auch ein evtl. „launenhafter Eigensinn" des Erblassers zu berücksichtigen: Von Todes wegen darf man unverständig sein.

b) § 2079 BGB vermutet die Kausalität zwischen Irrtum und Verfügung zugunsten des Anfechtenden. Die Vermutung ist gemäß § 2079 S. 2 BGB allerdings widerlegbar.

Schon wegen der verschiedenen Beweislastverteilungen, aber auch wegen der unterschiedlichen Tatbestände[168] sind die Regelungen des Motivirrtums in § 2078 II BGB und § 2079 BGB nebeneinander anwendbar.

166 Vgl. hierzu OLG Karlsruhe, ZEV 1995, 454 - 456 mit Anm. Ebenroth, Koos (a.a.O. S. 456 - 457); BayObLG, ZEV 1994, 106 - 109 und OLG Hamm, NJW-RR 1994, 462 - 464; alle Entscheidungen = **juris**byhemmer.

167 Palandt, § 2079 BGB, Rn. 3; BayObLG, FamRZ 1994, 1062 - 1066 = **juris**byhemmer.

168 Palandt, § 2079 BGB, Rn. 1.

7. Umfang der Anfechtung

Auch für den Umfang der Anfechtung ist die Kausalitätsfrage bedeutsam. Hierbei sind § 2078 BGB und § 2079 BGB wiederum zu unterscheiden: 84

a) § 2078 BGB

§ 2078 BGB ⇨ „Teilbarkeit der Anfechtung"

Die Anfechtung nach § 2078 BGB bewirkt grundsätzlich nicht die Nichtigkeit des gesamten Testaments („soweit"). Vielmehr gilt der Grundsatz der „Teilbarkeit der Anfechtung".[169] Dieser Grundsatz bedeutet im Einzelnen:

⇨ Liegen mehrere Verfügungen vor, so besteht die Vermutung der Restwirksamkeit, § 2085 BGB. Nichtig (§ 142 I BGB) sind nur die angefochtenen Verfügungen bzw. diejenigen, für die der Anfechtungsgrund kausal war.

Bsp.: *E hat A zum Erben eingesetzt, B sein Haus und C seine Münzsammlung vermacht.*

Wenn A das Vermächtnis hinsichtlich des C wirksam anficht, so bleiben dennoch Erbeinsetzung des A und Vermächtnis des B wirksam.

⇨ Die Wirksamkeit von Teilen einer einheitlichen Verfügung beurteilt sich nach h.L. ebenfalls analog § 2085 BGB, wenn die Verfügung teilbar ist.[170] Die Rspr. neigt dagegen zur Anwendung des § 139 BGB und bejaht im Zweifel Gesamtnichtigkeit.[171]

Bsp.: *E hat A 10.000,- € vermachen wollen, schrieb aber eine Null zu viel.*

Da hier keine Erbeinsetzung erfolgt ist, tritt die gesetzliche Erbfolge ein. Die gesetzlichen Erben können dann das Vermächtnis wegen Erklärungsirrtums gemäß §§ 2078 I S. 1 Alt. 2, 2080 I BGB anfechten. Das Vermächtnis wird dadurch aber nicht völlig nichtig, sondern nur in Höhe des fehlerhaften Betrages. A bekommt 10.000,- €.[172]

Anfechtungsberechtigung von mehreren Personen

Sind mehrere Personen anfechtungsberechtigt, so hat jede von ihnen ein selbstständiges Anfechtungsrecht. Fraglich ist hier, ob die von einem Berechtigten abgegebene Anfechtungserklärung auch den anderen Anfechtungsberechtigten zustattenkommt. 85

h.M.: Anfechtung hat Wirkung zugunsten aller

Nach dem BGH und der h.L.[173] wirkt die Anfechtung absolut und kommt somit auch den übrigen Beteiligten zugute. Dies wird damit begründet, dass die Anfechtung nicht nur dem Interesse des Anfechtenden, sondern auch dem des Erblassers zugutekomme, welches gewissermaßen treuhänderisch durch den Anfechtenden wahrgenommen werde. Ferner würden Grundgedanke und Wortlaut des § 2078 I BGB („soweit ... ") auf den Willensmangel des Erblassers und nicht auf die Benachteiligung des Anfechtenden abstellen.

a.A.: Wirkung nur zugunsten des Anfechtenden

Nach a.A.[174] wirkt die Anfechtung nur zugunsten des Anfechtenden. Anderen Anfechtungsberechtigten sei die Entscheidung darüber, ob sie die Verfügung gelten lassen wollen oder nicht, nicht abzunehmen.

---

169 Schlüter, § 19 VII; vgl. auch BayObLG, ZEV 1994, 369 - 371 mit Anm. Winkler = **juris**byhemmer.

170 Palandt, § 2085 BGB, Rn. 5, vgl. oben Rn. 70.

171 BGH, NJW 1962, 912, vgl. m.w.N. Palandt, § 2085 BGB, Rn. 5.

172 Vgl. auch BGH, NJW 1983, 277 - 278 = **juris**byhemmer.

173 BGH, NJW 1985, 2025 - 2026 = **juris**byhemmer.

174 MüKo, § 2080 BGB, Rn. 11.

Dem ist jedoch entgegenzuhalten, dass ein etwaiges gegenläufiges Interesse anderer Anfechtungsberechtigter, es bei der anfechtbaren Verfügung (partiell) zu belassen, geringeres Gewicht hat als das Interesse des Erblassers an einer („absoluten") Korrektur seiner Verfügung und somit der weitestgehenden Realisierung seines (hypothetischen) Willens.

b) § 2079 BGB

§ 2079 BGB ⇨ Gesamtnichtigkeit

Die Anfechtung nach § 2079 BGB bewirkt grundsätzlich Nichtigkeit des ganzen Testaments, da die Einschränkung „soweit" fehlt (aber widerlegbar gem. § 2079 S. 2 BGB). Dann tritt die gesetzliche Erbfolge ein.[175] 86

Bsp.: *E hat in der irrigen Annahme, dass sein einziger Sohn S tot sei, seinen Freund F zum Erben eingesetzt und seiner Haushälterin H sein Haus vermacht.*

Wenn S jetzt das Testament gemäß § 2079 S. 1 BGB anficht, so ist auch das Vermächtnis unwirksam, sofern die Haushälterin nicht beweisen kann, dass E ihr auch bei Kenntnis der wirklichen Lage das Haus vermacht hätte (§ 2079 S. 2 BGB).

Hierbei ist zu beachten, dass die Erbeinsetzung des F gegenüber dem Nachlassgericht anzufechten ist (§ 2081 I BGB), das Vermächtnis aber gegenüber der H (§ 143 I, IV S. 1 BGB).[176] Bei erfolgreicher Anfechtung wird S gesetzlicher Alleinerbe, § 1924 I BGB.

Die Auffassung, wonach die Anfechtung nach § 2079 S. 1 BGB im Regelfall die gesamte Verfügung vernichte, ist allerdings wiederum umstritten. Zum Teil wird vertreten, dass die Anfechtung dem Pflichtteilsberechtigten nur zu seinem gesetzlichen Erbteil verhelfen solle; im Übrigen bleibe es bei der testamentarischen Erbfolge.[177]

keine Fingierung unterbliebener Verfügung

Zu beachten ist, dass die Anfechtung nach § 2079 BGB keine unterbliebene Verfügung fingieren kann. 87

Bsp.: *E setzt in der irrigen Annahme, dass sein Sohn S tot sei, seine Tochter T zur Alleinerbin ein. S ficht das Testament mit der Behauptung an, E hätte ihn zum Alleinerben eingesetzt, hätte er von seiner Existenz gewusst. Dies entspricht auch den Tatsachen.*

Grundsätzlich wird der Anfechtende zu seinem gesetzlichen Erbteil Miterbe. Alleinerbe kann er nur werden, wenn er auch gesetzlicher Alleinerbe wäre. Das gilt auch dann, wenn der Anfechtende vom Erblasser als Alleinerbe eingesetzt worden wäre.[178] S bekommt demnach neben T die Hälfte der Erbschaft, vgl. § 1924 I, IV BGB.

Prüfungsschema: Anfechtung eines einfachen Testaments

1. **Anfechtungsgrund:** §§ 2078, 2079 BGB prüfen; wichtig v.a. § 2079 S. 1 BGB i.V.m. § 2303 II S. 1 BGB.

   Dabei v.a. zunächst klären, ob nicht bereits die vorrangige Testamentsauslegung zum Ziel führt!

2. **Anfechtungsberechtigung:** grds. § 2080 I BGB.

   Hier Folgen der Anfechtung (§ 142 I BGB) prüfen; dabei meist Schachtelprüfung der gesetzlichen Erbfolge oder eines anderen Testaments; bei § 2079 BGB auf § 2080 III BGB i.V.m. § 2303 BGB achten!

175 Palandt, § 2079 BGB, Rn. 7.

176 Palandt, § 2081 BGB, Rn. 1, 5. m.w.N.

177 MüKo, § 2079 BGB, Rn. 22; LG Darmstadt, NJW-RR 1988, 262 - 263 = jurisbyhemmer.

178 Reinicke, NJW 1971, 1961.

3. **Anfechtungsfrist** gemäß § 2082 I BGB: kann nicht vor Tod des Erblassers beginnen
4. **Form** gemäß § 2081 BGB: nicht beurkundungsbedürftige Erklärung ans Nachlassgericht
5. **Rechtsfolge:**

⇨ Nichtigkeit der Verfügung nach § 142 I BGB

⇨ Nichtigkeit der anderen Verfügungen nach Maßstab des § 2085 BGB; daher bei § 2078 BGB oft nur Teilnichtigkeit, bei § 2079 BGB i.d.R. volle Nichtigkeit

⇨ Füllung der Lücken i.d.R. über gesetzliche Erbfolge

VII. Wiederholungsfall

Fall: die kinderlose Witwe

Fall: *Die kinderlose Witwe W errichtet folgendes eigenhändiges Testament:* 88

„Mein Erbe soll R, der Sohn meiner Schwester S, werden. Meine Schwester selbst soll nichts bekommen, da sie mich immer nur beneidet hat. Waltraud Werner."

Später heiratet die Witwe erneut. Nach ihrem Tod ficht ihr Ehemann M das Testament unverzüglich beim Nachlassgericht mit der Begründung an, W habe ihn als Alleinerben einsetzen wollen, was sie auch unter Freunden mehrmals geäußert habe. Die Erbeinsetzung sei nur wegen des unerwartet schnellen Todes der W unterblieben.

Frage: *Wer ist Erbe der W?*

a) Laut Testament (dessen Gültigkeit vorausgesetzt wird) ist R Alleinerbe.

Anfechtung des Testaments?

b) Das Testament könnte aber durch Anfechtung unwirksam geworden sein, § 142 I BGB.

aa) Eine Anfechtungserklärung liegt vor, § 2081 I BGB.

bb) M ist auch anfechtungsberechtigt, § 2080 I BGB.

cc) Die Anfechtungsfrist ist gewahrt, § 2082 BGB.

dd) Es musste ein Anfechtungsgrund vorliegen.

Problem: Anfechtungsgrund

(1) Gemäß § 2079 S. 1 Alt. 3 BGB ist die Übergehung eines Pflichtteilsberechtigten, der erst nach Testamentserrichtung pflichtteilsberechtigt wird, ein Anfechtungsgrund.

M ist durch die Ehe mit W gemäß § 2303 II BGB nachträglich pflichtteilsberechtigt geworden. Er ist auch übergangen worden, da ihm testamentarisch nichts zugewendet wurde.

übergangener Pflichtteilsberechtigter?

Nach h.M. ist ein Pflichtteilsberechtigter nur dann „übergangen" i.S.d. § 2079 BGB, wenn er gar nichts erhalten hat; nach einer Mindermeinung[179] auch dann, wenn ihm ohne Kenntnis des Pflichtteilsrechts etwas zugewandt wurde.

179 MüKo, § 2079 BGB, Rn. 6 ff.

Nach der Mindermeinung wäre M also auch dann übergangen worden, wenn W ihm vor der Heirat etwas vermacht hätte (Übergehung als Pflichtteilsberechtigter). Diese Auslegung dürfte jedoch mit dem Wortlaut des § 2079 BGB nicht mehr vereinbar sein.[180] Im Übrigen kann die Streitfrage hier dahingestellt bleiben.

Nicht zu berücksichtigen i.R.d. § 2079 BGB sind jedenfalls Zuwendungen unter Lebenden, so z.B. wenn W dem M nach der Heirat ihr Haus geschenkt hätte.

unbeabsichtigte Übergehung?

M müsste unbeabsichtigt übergangen worden sein (vgl. §§ 2079 S. 2, 1938 BGB). Auch das ist der Fall, da W zur Zeit der Testamentserrichtung noch gar nicht an eine spätere Heirat dachte. § 2079 BGB vermutet, dass die W, wenn sie die spätere Heirat vorausgesehen hätte, anders verfügt hätte. Diese Vermutung kann S auch nicht gemäß § 2079 S. 2 BGB widerlegen. Der Anfechtungsgrund des § 2079 BGB greift also durch.

§ 2078 BGB, irrige Erwartung?

(2) Daneben könnte § 2078 II BGB als Anfechtungsgrund in Frage kommen. Danach kann ein Testament auch dann angefochten werden, wenn es der Erblasser in der irrigen Erwartung des Nichteintritts eines Umstandes errichtet hat (Motivirrtum).

Dies trifft auf das Nichtvoraussehen eines zukünftigen Pflichtteilsberechtigten zu. § 2078 BGB ist wegen der unterschiedlichen Beweislastregelung bzw. wegen der unterschiedlichen Tatbestände auch neben § 2079 BGB anwendbar.[181]

M kann hier auch beweisen, dass W die Verfügung nicht getroffen hätte, wenn sie von der späteren Heirat gewusst hätte (vgl. § 2078 I BGB a.E.), da sie unter Zeugen geäußert hat, M als Alleinerben einsetzen zu wollen.

Somit ist auch der Anfechtungsgrund des § 2078 II Alt. 3 BGB gegeben.

ee) Rechtsfolgen der Anfechtung:

unterschiedliche Rechtsfolgen

Hier ist wiederum zwischen den beiden Anfechtungsgründen § 2078 BGB und § 2079 BGB zu unterscheiden.

Während § 2078 BGB die Vermutung der Restwirksamkeit enthält, vermutet § 2079 BGB Totalnichtigkeit. Jedoch bleibt wegen § 2079 S. 2 BGB auch derjenige Teil eines Testaments wirksam, von dem feststeht, dass ihn der Erblasser auch bei Kenntnis der Sachlage nicht anders geregelt hätte. Insoweit besteht kein Unterschied zwischen den beiden Anfechtungsgründen.

Hier liegt eine Enterbung (§ 1938 BGB) der S vor, die zweifellos auch bei Kenntnis der späteren Ehe vorgenommen worden wäre, da sie davon völlig unabhängig ist. Die Enterbung der S bleibt also sowohl nach § 2078 BGB als auch nach § 2079 BGB wirksam. Unwirksam gemäß § 142 I BGB wird jedoch die Einsetzung des R zum Alleinerben, da diese nachweisbar bei Voraussicht der späteren Ehe nicht erfolgt wäre.

Das heißt aber nicht, dass jetzt M Alleinerbe ist, denn die Anfechtung kann nicht eine unterbliebene Verfügung (hier die Einsetzung des M zum Alleinerben) fingieren, sondern beseitigt eine Verfügung nur insoweit, als sie dem (gesetzlichen) Erbrecht des Anfechtenden entgegensteht. Hier wird also weder die testamentarische Einsetzung des M als Alleinerbe fingiert noch die Einsetzung des R total beseitigt. Nichtig ist nur die Einsetzung des R als Alleinerbe. M wird in Höhe seines gesetzlichen Erbteils Miterbe neben R. M erhält gemäß §§ 1925 I, 1931 I S. 1 BGB die Hälfte der Erbschaft, falls er mit W in Zugewinngemeinschaft gelebt hat $^3/_4$ (§§ 1931 III, 1371 I BGB).

180 Vgl. Rn. 82a.

181 Palandt, § 2079 BGB, Rn. 1; vgl. auch oben Rn. 83 a.E.

VIII. Gemeinschaftliches Testament

gemeinschaftliches Testament

89 Auf die Sonderform des gemeinschaftlichen Testaments wird unten (Rn. 101 ff.) eingegangen, da zuerst die Regelungen über den Erbvertrag verstanden werden müssen.

C) Erbvertrag, §§ 2274 ff. BGB

I. Begriff

Erbvertrag

90 Der Erbvertrag ist eine vertragliche Verfügung von Todes wegen, er hat also Doppelnatur (Vertrag und Verfügung von Todes wegen). Aus dem vertraglichen Charakter ergeben sich eine Bindungswirkung und damit eine Einschränkung der Testierfreiheit.[182]

Jedoch hindert der Erbvertrag den Erblasser nicht, über sein Vermögen unter Lebenden zu verfügen, § 2286 BGB. Der Erbvertrag begründet als Verfügung von Todes wegen keine schuldrechtlichen Verpflichtungen. Die Rechtswirkungen treten erst mit dem Tod des Erblassers ein.[183]

II. Abschluss

Voraussetzungen

2275: unbeschränkt

2275 II: Ehegatte

2274: persönlich

2276: 140, 2247

91 Erforderlich sind:

- ⇨ Unbeschränkte Geschäftsfähigkeit des Erblassers, § 2275 I BGB.[184] Ausnahmen gelten insoweit lediglich für Erbverträge unter Ehegatten und Verlobten, § 2275 II, III BGB i.V.m. § 1303 BGB). Die allgemeinen Vorschriften über Verträge gelten für den Vertragspartner, der nicht selbst Erblasser ist.[185]
- ⇨ Höchstpersönlicher Abschluss durch den Erblasser (keine Stellvertretung), § 2274 BGB.[186] Jedoch kann sich der Vertragsgegner (der nicht ebenfalls Erblasser ist) vertreten lassen.[187]
- ⇨ Form: Zur Niederschrift beim Notar bei gleichzeitiger Anwesenheit beider Vertragsteile (§ 2276 I BGB; aber nur der Erblasser persönlich!). Bei Formmangel ist eine Umdeutung nach § 140 BGB in ein einseitiges Testament grundsätzlich möglich, wenn dessen Anforderungen (§ 2247 BGB) gewahrt sind. Bei einem Ehegattenerbvertrag kommt auch die Umdeutung in ein Ehegattentestament nach § 2265 BGB in Betracht.

hemmer-Methode: Da viele Ehegatten bei Errichtung eines Ehevertrages gleich auch einen Erbvertrag schließen – meist um Notarkosten zu sparen –, kann sich das Problem ergeben, dass der Ehevertrag aufgrund Sittenwidrigkeit unwirksam ist.[188] Fraglich ist dann, wieweit dies nach § 139 BGB auf den Erbvertrag durchschlägt.[189]

---

182 MüKo, § 2079 BGB, Rn. 3.

183 Näheres dazu unten Rn. 96.

184 BayObLG, FamRZ 2002, 62 - 64 (63) = **juris**byhemmer.

185 Palandt, § 2275 BGB, Rn. 3.

186 Gleiches gilt für die Bestätigung (§ 2284 BGB), die Aufhebung (§ 2290 BGB) und den Rücktritt (§ 2296 BGB).

187 Palandt, § 2274 BGB, Rn. 3.

188 Vgl. hierzu m.w.N. **Hemmer/Wüst, Familienrecht, Rn. 133a ff.**

189 Vgl. hierzu LG Ravensburg, FamRZ 2008, 1289 - 1291 = **juris**byhemmer, vernichtende Kritik von Bergschneider, FamRZ 2008, 1291 - 1292.

III. Inhalt

nur Erbeinsetzung, Vermächtnis, Auflage und Wahl d. anzuwendenden Rechts möglich

1. Der Erbvertrag muss zumindest eine vertragsmäßige Verfügung enthalten. Vertragsmäßig ist eine Verfügung dann, wenn der Erblasser sich bereits zu Lebzeiten bindet, seine Verfügungen also nicht mehr einseitig widerrufen kann. 92

hemmer-Methode: Die Vertragsmäßigkeit einer Verfügung wird deutlich an § 2289 I S. 2 BGB. Eine vertragsmäßige Verfügung wird abweichend von § 2258 BGB nicht von einer späteren Verfügung von Todes wegen aufgehoben, sondern hindert umgekehrt die Wirksamkeit dieser Verfügung!

Vertragsmäßige Verfügungen können nur Erbeinsetzungen, Vermächtnisse, Auflagen und die Wahl des anzuwendenden Rechts sein, § 2278 II BGB. Diese können mit Bedingungen verknüpft werden. Der Erbvertrag ist ebenso wie die testamentarische Verfügung kein bedingungsfeindliches Rechtsgeschäft.

hemmer-Methode: Die in § 2278 II BGB erwähnte Wahl des anzuwendenden Rechts hat ihren Hintergrund in der EuErbVO. Diese findet auf Erbfälle ab dem 17.08.2015 Anwendung. Die EuErbVO gilt für alle Mitgliedstaaten der Europäischen Union mit Ausnahme des vereinigten Königreichs, Irlands und Dänemarks. Als europäische Verordnung findet sie in der Bundesrepublik Deutschland unmittelbare Anwendung und verdrängt mithin innerhalb ihres Anwendungsbereichs das bislang geltende nationale Recht, Art. 288 II AEUV. Die neue EU-Verordnung legt einheitliche Regeln darüber fest, welches Erbrecht auf einen internationalen Erbfall anzuwenden ist (Vereinheitlichung des internationalen Privatrechts). Ein „internationaler Erbfall" liegt grundsätzlich immer dann vor, wenn der Staatsbürger eines Landes in einem anderen Land verstirbt und in diesem Land bewegliches oder unbewegliches Vermögen hat. In einem solchen Fall ist nach Art. 21 I der Verordnung grundsätzlich das Recht des Staates anzuwenden, in dem der Erblasser seinen letzten gewöhnlichen Aufenthalt hatte. Durch eine letztwillige Verfügung (Testament oder Erbvertrag) kann allerdings das Recht des Staates, dem der Erblasser angehört, gewählt werden, Art. 22 EuErbVO.

Andere Verfügungen können zwar ebenfalls Inhalt des Erbvertrages sein, entfalten aber keine vertragliche Bindungswirkung. Sie sind wie jede einseitige Verfügung von Todes wegen zu behandeln (vgl. § 2299 BGB), also insbesondere frei widerruflich.

Erbvertrag nur bei entspr. Rechtsbindungswillen

2. Auch Erbeinsetzung, Vermächtnis, Auflage und die Wahl des anzuwendenden Rechts können nur einseitiger Natur sein, da gemäß § 2299 I BGB jede Verfügung, die auch durch Testament erfolgen kann, als einseitige Verfügung in einen Erbvertrag aufgenommen werden kann.

Ob Erbeinsetzung, Vermächtnis und Auflage als **vertragsmäßige Verfügung gewollt ist** oder nicht, ist durch Auslegung im Hinblick auf den **Bindungswillen des Erblassers** zu ermitteln. Eine regelmäßige Vermutung für die Annahme einer Bindungswirkung besteht nicht. I.R.d. Auslegung ist insbesondere der „Empfängerhorizont" (§§ 133, 157 BGB) zu berücksichtigen, d.h. ein erkennbares Interesse des Vertragspartners an der Aufrechterhaltung der Verfügung. So spricht bspw. dessen Vorleistungspflicht zu Lebzeiten des Erblassers für die Annahme einer vertraglichen Bindung.[190] Zu beachten ist aber, dass ein Erbvertrag nur dann vorliegt, wenn der Vertrag mindestens eine vertragsmäßige Verfügung enthält.[191]

190 MüKo, § 2278 BGB, Rn. 3.

191 MüKo, § 2278 BGB, Rn. 2.

hemmer-Methode: Beim Erbvertrag sind bei der Auslegung nun doch wieder §§ 133, 157 BGB heranzuziehen. Ein „guter" Notar wird in seiner Urkunde allerdings ausdrücklich festhalten, ob eine Erklärung als vertragsmäßig oder einseitig gewollt ist. Eine Auslegung wird meist nicht erforderlich sein. Eine Klausur lebt aber von Fehlern der Beteiligten. Sie werden deshalb regelmäßig nicht den idealen Erbvertrag vorfinden, sondern einen, in dem die Verfügungen nicht ausdrücklich als vertragsmäßig oder einseitig bezeichnet sind.

Prüfungsschema: Erbvertrag

- ⇨ Höchstpersönlichkeit, § 2274 BGB
- ⇨ Geschäftsfähigkeit, § 2275 BGB
- ⇨ Form des § 2276 BGB
- ⇨ Mindestens eine vertragsmäßige Verfügung, § 2278 II BGB, d.h. Bindungswille des Erblassers i.S.d. § 2289 I S. 2 BGB

IV. Arten von Erbverträgen

1. Einseitiger Erbvertrag

einseitiger Erbvertrag

Hier trifft nur ein Vertragspartner (Erblasser) in der Urkunde vertragsmäßige Verfügungen; der Vertragspartner verpflichtet sich entweder nur zu einer Leistung unter Lebenden (z.B. Versorgung des Erblassers) oder nimmt auch nur die Erklärung des Erblassers entgegen. 93

2. Gegenseitiger Erbvertrag

zweiseitiger Erbvertrag

Hier liegen zwei Vertragserblasser vor, d.h. beide Parteien treffen bindende Verfügungen von Todes wegen (z.B. Eheleute bedenken sich gegenseitig), § 2298 BGB.

3. Entgeltlicher Erbvertrag

entgeltlicher Erbvertrag

Hier besteht eine Abhängigkeit zwischen der Verfügung des Erblassers und einer vom Vertragspartner übernommenen Verpflichtung (z.B. der Verpflichtung zur Versorgung des Erblassers). Wird die vertragliche Verpflichtung noch zu Lebzeiten des Erblassers aufgehoben (etwa durch Vereinbarung oder die Ausübung eines vertraglichen Rücktrittsrechts oder durch Kündigung nach § 314 BGB), steht dem Erblasser gemäß § 2295 BGB das Recht zu, von seiner Verfügung zurückzutreten. Schlechterfüllung, Verzug oder Nichterfüllung der vertraglich übernommenen Pflicht, die den Erfüllungsanspruch bestehen lassen, berechtigen den Erblasser hingegen nicht zum Rücktritt nach § 2295 BGB.

Da die §§ 320 ff. BGB nicht anwendbar sind, kommt nach e.A. nur eine Anfechtung durch den Erblasser wegen Motivirrtums in Betracht (§ 2078 II BGB i.V.m. § 2281 BGB),[192] sofern die Gültigkeit des Erbvertrags nicht durch die korrekte Erfüllung der Leistungspflicht auflösend bedingt wurde, § 158 II BGB, oder sich der Erblasser den Rücktritt vorbehalten hat, § 2293 BGB.

192 Hier ist im Einzelnen Vieles umstritten; teilweise wird ein Rücktritt nach § 323 BGB favorisiert, so Stürzebecher, „Zur Anwendbarkeit der §§ 320 ff. BGB auf den entgeltlichen Erbvertrag", NJW 1988, 2717 - 2719; nach anderer Meinung kommt Kondiktionsrecht (§ 812 I S. 2 Alt. 2 BGB) zur Anwendung, so RGRK, § 2295 BGB, Rn. 3.

hemmer-Methode: Eine besondere Situation liegt vor, wenn mit dem Erbvertrag, durch den der Erblasser den Bedachten zum Erben bestimmt, ein gegenseitiger Vertrag unter Lebenden verbunden ist, in dem der Bedachte sich zum Erbringen von Pflegeleistungen verpflichtet und der Erblasser weitere Verpflichtungen übernimmt, bspw. sein Grundstück zu Lebzeiten nicht zu veräußern oder zu belasten. Werden in diesem Sonderfall zweier verbundener Verträge die Verpflichtungen durch den Bedachten nicht erfüllt, kann der Erblasser zunächst von dem Verpflichtungsvertrag nach § 323 BGB und dann auch von dem Erbvertrag nach § 2295 BGB zurücktreten.[193]

V. Anfechtbarkeit

Erblasser kann vertragsmäßige Verfügungen anfechten

Vertragsmäßige Verfügungen können gemäß § 2281 BGB auch 94
durch den Erblasser selbst angefochten werden (er kann die vertragsmäßigen Verfügungen ja nicht widerrufen).[194]

Die Anfechtung muss binnen Jahresfrist ab dem Zeitpunkt erklärt werden, in dem der Erblasser von dem Anfechtungsgrund Kenntnis erlangt, § 2283 II BGB.[195]

§ 2078 III BGB gilt nach e.A. in diesem Fall nicht, da der Haftungsausschluss nur für Dritte gilt, die ihrerseits nicht für die Folgen eines Irrtums des Erblassers haften sollen.[196] Der Erblasser haftet folglich im Falle der Anfechtung auf Ersatz des Vertrauensschadens nach § 122 BGB. Dies ist allerdings nicht unumstritten, da § 2281 BGB eigentlich auch auf den Ausschluss des § 122 BGB nach § 2078 III BGB verweist. Die wohl h.M. sieht hierin allerdings nur ein redaktionelles Versehen des Gesetzgebers.[197] Nach der Gegenansicht sind nur verschuldensabhängige Schadensersatzansprüche nach §§ 280, 311a II, 241 II (c.i.c.) BGB denkbar.[198]

Einseitige Verfügungen kann der Erblasser nach §§ 2253 ff. BGB 95
widerrufen (§ 2299 II BGB), ein Bedürfnis nach einer Selbstanfechtung besteht hier nicht.

Anfechtung durch Dritte

Dritte können nach dem Erbfall die Verfügungen des Erbvertrags unter den Voraussetzungen der §§ 2279 I, 2078, 2079 BGB anfechten, soweit das Anfechtungsrecht des Erblassers selbst nicht durch Fristablauf, § 2283 BGB, oder durch Bestätigung des Rechtsgeschäfts, § 2284 BGB, erloschen ist, § 2285 BGB.

Die Anfechtungserklärung bedarf der notariellen Beurkundung nach § 2282 III BGB.

VI. Bindungswirkung der vertragsmäßigen Verfügungen, §§ 2278 II, 2289 I BGB

1. Unwirksamkeit anderer Verfügungen

Bindungswirkung

Frühere und spätere Verfügungen von Todes wegen sind gemäß 96
§ 2289 I BGB unwirksam, soweit sie das Recht des Vertragspartners beeinträchtigen.

193 BGH, NJW 2011, 224 - 226 = **juris**byhemmer.

194 Vgl. hierzu BayObLG, NJW-RR 1999, 86 - 88 = **juris**byhemmer; ausführlich dargestellt in **Life&Law 07/1999,417 ff.**

195 Vgl. hierzu BGH, ZEV 2011, 422 - 424 = **juris**byhemmer sowie zu der Frage, wieweit der Beginn der Jahresfrist durch Rechtsirrtümer gehemmt wird.

196 Staudinger, § 2281 BGB, Rn. 10, str.

197 Palandt, § 2281 BGB, Rn. 10.

198 M.w.N. MüKo, § 2281 BGB, Rn. 20 a.E.

Die Bindungswirkung ergibt sich aber bereits aus der vertraglichen Natur des Rechtsgeschäfts und nicht aus § 2289 BGB, der nur die Rechtsfolgen regelt. Infolge der Bindungswirkung hat der Vertragserbe zu Lebzeiten des Erblassers ein Anwartschaftsrecht.

nach h.M. genügt wirtschaftliche Beeinträchtigung

Umstritten ist i.R.d. § 2289 I BGB, ob bereits eine wirtschaftliche Beeinträchtigung genügt oder ob auf eine rein rechtliche Betrachtungsweise[199] abzustellen ist. Nach der h.M.[200] genügt bereits eine wirtschaftliche Beeinträchtigung. Hierfür spricht, dass mit einer wirtschaftlichen Beeinträchtigung auch stets eine veränderte Gestaltung der Rechtsstellung des Betroffenen einhergeht.[201]

§ 2289 I BGB gilt aber nur, solange der Erbvertrag gültig ist. Wird er z.B. angefochten, so entfaltet wegen § 142 I BGB ein früheres oder späteres Testament wieder Wirksamkeit.

2. Keine Wirksamkeit durch formlose Zustimmung

Fraglich ist, ob eine formlose Einwilligung des Vertragspartners in eine ihn beeinträchtigende Verfügung geeignet ist, die erbvertragliche Bindungswirkung (mit der Rechtsfolge der Unwirksamkeit der Verfügung nach § 2289 I BGB) aufzuheben. *96a*

Bedenken hiergegen ergeben sich unter dem Gesichtspunkt der Rechtsklarheit und dem Schutzbedürfnis vor unüberlegten Äußerungen des Vertragspartners. Zudem würden die Formvorschriften für den Aufhebungsvertrag und den Rücktritt (vgl. § 2296 BGB) unterlaufen.

Deswegen wird von der h.M. vertreten, dass eine solche Einwilligung der notariellen Form entsprechend § 2348 BGB bedarf.[202]

Nach dem Erbfall kann eine formlose Zustimmung unter den Voraussetzungen des § 1945 BGB aber u.U. als (Teil-)Ausschlagung auszulegen sein.[203]

hemmer-Methode: Im Einzelfall ist hier Vieles umstritten. Entscheidend in der Klausur ist nicht „die richtige Lösung", sondern dass Sie das Problem erkennen und vertretbar lösen. Entscheiden Sie sich klausurtaktisch, denken Sie an den roten Faden in der Klausur.

3. Uneingeschränkte Verfügungsbefugnis unter Lebenden

rein erbrechtliche Bindung

2286: 2287

a) Der Erbvertrag beschränkt nicht das Recht des Erblassers, über sein Vermögen durch Rechtsgeschäft unter Lebenden zu verfügen (§ 2286 BGB), da es sich um eine rein erbrechtliche Bindung handelt. Der Vertragspartner wird aber durch § 2287 BGB geschützt, wenn der Erblasser sein lebzeitiges Verfügungsrecht missbraucht.[204] § 2287 BGB setzt aber als ungeschriebenes Tatbestandsmerkmal voraus, dass hinsichtlich des verschenkten Gegenstandes die Bindungswirkung des § 2289 I BGB eingetreten ist! *97*

199 So MüKo, § 2289 BGB, Rn. 10.

200 M.w.N. Palandt, § 2289 BGB, Rn. 2.

201 Vgl. hierzu auch BGH, NJW 2011, 1733 - 1736 = **juris**byhemmer.

202 BGHZ 108, 252 - 255 = **juris**byhemmer; MüKo, § 2289 BGB, Rn. 18; Palandt, § 2289 BGB, Rn. 7.

203 Umfassend zu diesem Problem Ivo, Die Zustimmung zur erbvertragswidrigen Verfügung von Todes wegen, ZEV 2003, 58 ff.

204 Vgl. Hohmann, ZEV 1994, 133.

Bsp.: *Erblasser E hat sich erbvertraglich seinem Sohn S gegenüber verpflichtet, ihm sein ganzes Vermögen zu „vermachen". Noch vor seinem Tod überträgt er sein Haus, das den wesentlichen Teil seines Vermögens ausmacht, schenkweise auf seine Tochter T.*

Frage: *Wie ist die Rechtslage?*

(1) Die Schenkung könnte wegen des Erbvertrags unwirksam sein. Gemäß § 2286 BGB kann der Erblasser aber über sein Vermögen unter Lebenden trotz erbvertraglicher Bindungen frei verfügen. Eine solche Verfügung ist grundsätzlich wirksam.[205]

(2) Die Verfügung könnte aber wegen Verstoßes gegen § 138 BGB unwirksam sein. Der BGH wandte früher § 138 BGB großzügig an, um eine Aushöhlung erbvertraglicher Bindungen zu verhindern („Aushöhlungsnichtigkeit", teilweise auch auf der Grundlage von § 134 BGB i.V.m. § 2289 I S. 2 BGB wegen Umgehung des Verbots nachträglicher abweichender Verfügungen von Todes wegen).

Die Rspr. zur Aushöhlungsnichtigkeit ist inzwischen jedoch aufgegeben worden, da sie das Regel-Ausnahme-Prinzip der §§ 2286, 2287 BGB ins Gegenteil verkehrt hat.[206] § 2286 BGB wurde so zum Nachteil des Erblassers umgangen. Selbst bei feststehender Benachteiligungsabsicht gewährt § 2287 I BGB nur einen Rückgewähranspruch, während die vorgenommene Verfügung rechtsbeständig bleibt. Dem widerspricht es, wenn solche Rechtsgeschäfte unter dem Gesichtspunkt der Umgehung gemäß § 138 BGB bzw. § 134 BGB für nichtig erklärt werden.

Vielmehr darf § 138 BGB nur eingreifen, wenn der Erblasser und der Beschenkte anstößig zusammenwirken, um die erbvertraglichen Bindungen zu umgehen.[207] Dafür liegen hier jedoch keine Anhaltspunkte vor.

Zwischenergebnis: Die Schenkung ist wirksam.

(3) S könnte gemäß §§ 2287 I, 812 BGB gegen T einen Anspruch auf Rückübereignung haben. Dann müsste aber E die Schenkung vorgenommen haben, um den S zu benachteiligen.

Nach der früheren Rspr. musste die Benachteiligungsabsicht tragendes Motiv der Schenkung gewesen sein.[208] Wegen der damit verbundenen Beweisschwierigkeiten verlor § 2287 BGB erheblich an Bedeutung, was wiederum durch die Rspr. zur Aushöhlungsnichtigkeit überbrückt werden sollte.

Stichwort: „Lebzeitiges Eigeninteresse"

Dieser Umweg wird heute vermieden, indem man eine Benachteiligungsabsicht schon dann annimmt, wenn es der Schenker ohne beachtliches lebzeitiges Eigeninteresse darauf anlegt, dass anstelle des Vertragserben ein anderer das wesentliche Vermögen des Erblassers ohne eine angemessene Gegenleistung (also auch bei gemischter Schenkung!) erhält.[209]

Ein lebzeitiges Eigeninteresse ist dann zu bejahen, wenn der Vertragserbe die Beweggründe des Erblassers ihrer Art nach anerkennen und die Beeinträchtigung daher hinnehmen muss. I.R.d. Abwägung sind die erbvertragliche Bindung des Erblassers und seine Gründe für die Benachteiligung zueinander in Beziehung zu setzen und dabei abzuwägen, ob die Schenkung als billigenswert und gerechtfertigt erscheint. Dies ist hier nicht der Fall, da entsprechende achtenswerte Interessen des Erblassers nicht zu erkennen sind.

205 Vgl. OLG Köln, FamRZ 1996, 251 - 253 = **juris**byhemmer.

206 BGHZ 59, 343 - 353 (346) = **juris**byhemmer.

207 Vgl. BGH, NJW 1991, 1952 - 1953 = **juris**byhemmer.

208 BGH, FamRZ 1963, 429 - 431 = **juris**byhemmer.

209 Vgl. die Grundsatzentscheidung aus dem Jahr 1970 BGH, NJW 1973, 240 - 243; sowie BGHZ 97, 188 - 196; BGH, WM 1986, 977 - 978; BGH, WM 1977, 201 - 202; OLG Oldenburg, FamRZ 1994, 1423 - 1424; alle Entscheidungen = **juris**byhemmer.

Dazu weitere Bspe.:

- *Nicht ausreichend ist ein bloßer Sinneswandel des Erblassers bei unveränderten Umständen.*[210]

- *Es ist dagegen nicht erforderlich, dass das die Schenkung rechtfertigende Interesse des Erblassers erst nach Abschluss des Erbvertrags entstanden ist. Eigeninteresse ist z.B. zu bejahen, wenn der Erblasser seine Altersversorgung sichern bzw. verbessern will oder eine entsprechende Schenkung aus Sorge um den Erhalt eines Unternehmens vornimmt.*[211] *Die Zuwendung darf nicht als Entgelt für ein bestimmtes Verhalten gewährt werden, da sonst keine Schenkung vorliegt.*[212]

- *Ein anerkanntes Eigeninteresse stellt auch die Erfüllung einer sittlichen Verpflichtung dar.*[213]

- *Ausreichend ist die Erwartung, der Beschenkte werde den Erblasser versorgen und pflegen.*[214]

Strittig ist, ob der vertragsmäßig Bedachte den Schutz des § 2287 BGB verliert, wenn er in die beeinträchtigende Verfügung des Erblassers einwilligt. Die Rspr.[215] nimmt dies nur an, wenn die Einwilligung in der für den Erbverzicht erforderlichen Form (§ 2348 BGB) erklärt wurde; die nicht notariell beurkundete Einwilligung könne nur unter dem Gesichtspunkt des Arglisteinwands (§ 242 BGB) berücksichtigt werden.[216]

Ergebnis: T muss dem S das Haus gemäß §§ 2287 I, 812 BGB übereignen. Ob die Beschenkte T von dem Bestehen des Erbvertrags oder der Benachteiligungsabsicht Kenntnis hatte, spielt keine Rolle. Die Kenntnis des Beschenkten führt jedoch zur verschärften Haftung nach §§ 2287 I, 819 I, 818 IV, 292, 987 ff. BGB.

Rechtsfolge

Liegt eine Schenkung des Erblassers ohne lebzeitiges Eigeninteresse vor, kann der Beschenkte nach § 818 BGB die Herausgabe des Erlangten bzw. der Surrogate verlangen. § 2287 BGB enthält insoweit eine Rechtsfolgenverweisung in das Bereicherungsrecht. Der Anspruch aus § 2287 BGB stellt einen rein persönlichen Anspruch des Vertrags- bzw. Schlusserben dar und fällt nicht in den Nachlass. Jeder Miterbe kann die Forderung nur in Höhe seines Anteils stellen bzw. bei einem unteilbaren Anspruch nach § 432 BGB vorgehen.[217]

hemmer-Methode: Wegen der Bindungswirkung wechselbezüglicher Verfügungen (vgl. § 2271 BGB) ist § 2287 BGB auch bei gemeinschaftlichen Testamenten analog anwendbar.[218]

Schutz des Vermächtnisnehmers

b) Der erbvertragliche Vermächtnisnehmer wird gegen Beeinträchtigungen gemäß § 2288 BGB geschützt. 98

Ein lebzeitiges Eigeninteresse des Erblassers an einer Veräußerung kann – wie bei § 2287 BGB – der Anwendung des § 2288 BGB entgegenstehen. Jedoch muss sich das Interesse gerade auf die Veräußerung des Vermächtnisgegenstandes beziehen. Schuldner des Anspruchs sind im Gegensatz zu § 2287 BGB die Erben; ein beschenkter Dritter haftet nur subsidiär (§ 2288 II S. 2 BGB).

---

210 BGH, NJW-RR 2005, 1462 - 1463 = **juris**byhemmer = **Life&Law 11/2005, 743 ff.**

211 BGH, FamRZ 2012, 28 - 30 = **juris**byhemmer.

212 Bsp. bei Palandt, § 2287 BGB, Rn. 5; OLG Oldenburg, FamRZ 1994, 1423 - 1424 = **juris**byhemmer.

213 Vgl. BGH, NJW 1982, 1100 - 1102 = **juris**byhemmer.

214 BGH, ZEV 2012, 37 - 39 = **juris**byhemmer = **Life&Law 05/2012**.

215 Vgl. BGHZ 108, 252 - 255 (255) = **juris**byhemmer.

216 Kritisch Kanzleiter, DNotZ 1990, 776; umfassend hierzu Ivo, Die Zustimmung zur erbvertragswidrigen lebzeitigen Verfügung, ZEV 2003, 101 ff.

217 BGH, ZEV 2012, 37 - 39 = **juris**byhemmer = **Life&Law 05/2012**.

218 BGH, ZEV 2012, 37 - 39 = **Life&Law 05/2012**; siehe Beispiel Rn. 109.

Daneben ist § 826 BGB nicht anwendbar, § 2288 BGB (ebenso § 2287 BGB) stellt diesbezüglich eine Sonderregelung dar. Der Erblasser kann im Erbvertrag die Wirkung des § 2288 BGB abbedingen.[219]

c) Zur Sicherung der Ansprüche aus §§ 2287, 2288 BGB kann der vertragsmäßig Bedachte einen Auskunftsanspruch gegen den Beschenkten haben. Dieses Auskunftsrecht wird mangels gesetzlicher Normierung aus den Grundsätzen von Treu und Glauben, § 242 BGB, gefolgert.[220] *98a*

Voraussetzungen eines solchen Auskunftsanspruchs sind:[221]

⇨ Das Bestehen einer rechtlichen Sonderverbindung; hierzu genügen auch erbrechtliche Beziehungen wie der Anspruch aus § 2287 BGB.

⇨ Der Vertragserbe darf sich die erforderlichen Informationen nicht ohne Mithilfe des Beschenkten verschaffen können.

⇨ Schlüssige Darlegung des Hauptanspruchs – hier § 2287 BGB – durch den Vertragserben, d.h. Darlegung des mangelnden lebzeitigen Eigeninteresses des Erblassers an der Schenkung.[222]

§ 2287 BGB ⇔ Pflichtteilsanspruch

d) Der Vertragserbe ist von vornherein schon tatbestandlich nicht i.S.d. § 2287 BGB beeinträchtigt, soweit ein Geschenk des Erblassers an den Pflichtteilsberechtigten geeignet ist, dessen Pflichtteil zu decken, da Pflichtteilsansprüche vorab zu erfüllen sind. Der Pflichtteil ist hier von vornherein dem Beschenkten als Pflichtteilsberechtigten zu belassen, sodass der Bereicherungsanspruch aus § 2287 BGB auf dasjenige beschränkt ist, was nach Begleichung des Pflichtteils übrig bleibt.[223] *99*

Ist der Anspruch nicht auf Geldrückzahlung, sondern auf Herausgabe einer Sache gerichtet, so kann die Herausgabe nur Zug um Zug gegen Zahlung des Pflichtteilsbetrages begehrt werden bzw. sogar nur gegen Zahlung des dem Teilwert der Schenkung entsprechenden Betrages, sofern in der Verfügung nur zu einem geringen Teil eine beeinträchtigende Zuwendung liegt.[224]

4. Durchbrechung der erbvertraglichen Bindungswirkung

a) Eine Durchbrechung der erbvertraglichen Bindungswirkung ist in folgenden Fällen möglich: *100*

⇨ § 2289 II BGB zugunsten des pflichtteilsberechtigten Abkömmlings (jedoch nur hinsichtlich der in § 2338 BGB genannten Anordnungen).

⇨ Abschluss eines formgültigen Aufhebungsvertrags nach § 2290 BGB.

219 OLG Köln, ZEV 2003, 76 - 78 = **juris**byhemmer.

220 So BGHZ 97, 188 - 196 (192) = **juris**byhemmer; allerdings besteht grundsätzlich kein Anspruch auf Wertermittlung, vgl. OLG Düsseldorf, ZEV 2012, 156 = **juris**byhemmer.

221 Vgl. BGHZ 97, 188 - 196 = **juris**byhemmer.

222 Vgl. unten Beispiel Rn. 97.

223 Nicht unstrittig; es erscheint durchaus überzeugend, § 2287 BGB nur dann auszuschließen, wenn die Zuwendung nach § 2315 BGB auch tatsächlich auf den Pflichtteilsanspruch anzurechnen ist.

224 Vgl. BGH, NJW 1984, 121 - 122 = **juris**byhemmer.

- Durch Abschluss eines neuen, formwirksamen Erbvertrages mit abweichendem, i.S.d. § 2258 I BGB widersprechendem Inhalt.[225]

- Formwirksame Einwilligung des bedachten Vertragspartners.[226]

- Aufhebungstestament mit Zustimmung des Vertragspartners nach § 2291 BGB (ist aber nur hinsichtlich vertragsmäßiger Vermächtnisse und Auflagen möglich).

- gemeinschaftliches Aufhebungstestament nach § 2292 BGB (lesen! – nur bei Ehegatten möglich).

- Anfechtung, §§ 2281 – 2285 BGB i.V.m. §§ 2078 f. BGB.[227]

z.B. Rücktrittsvorbehalt und Änderungsvorbehalt

- Rücktritt, §§ 2293 – 2297 BGB. Hat sich der Erblasser den Rücktritt im Vertrag vorbehalten, so kann er sich nach § 2293 BGB durch einseitige Erklärung von seinen vertragsmäßigen Verfügungen lösen.[228] Der Rücktrittsvorbehalt nach § 2293 BGB ist streng vom Vorbehalt anderweitiger Verfügung zu trennen, sog. Änderungsvorbehalt.

  Während der Rücktritt nur durch notariell zu beurkundende Erklärung gegenüber dem anderen Vertragsteil erfolgen kann (§ 2296 BGB), berechtigt der Vorbehalt anderweitiger Verfügung den Erblasser, durch Testament eine abweichende Regelung zu treffen, wobei dies auch hinter dem Rücken des Vertragspartners geschehen kann.

  Vor der Ausübung eines vertraglich vorbehaltenen Rücktrittsrechts kann eine Abmahnung gemäß § 242 BGB erforderlich sein. Dies ist der Fall, wenn der Umfang von übernommenen Verpflichtungen, deren Nichteinhaltung das Rücktrittsrecht begründet, nur sehr ungenau festgelegt wurde. Hier gebietet der Grundsatz von Treu und Glauben, dass der Rücktritt nur beim Vorliegen ganz klarer Verstöße und deshalb ggf. nicht ohne vorangegangene Abmahnung erfolgt. Einer besonderen Abmahnung bedarf es bei der Nichteinhaltung völlig klarer Verpflichtungen hingegen nicht.[229]

- Ein Änderungsvorbehalt ist im Erbvertrag nicht grenzenlos zulässig, da sonst von der Bindungswirkung des Erbvertrages dann nichts übrig bliebe. Strittig ist allerdings, welches Mindestmaß an nicht abänderbaren Verfügungen zu fordern ist, wieweit der Änderungsvorbehalt also gehen darf. Während z.T. gefordert wird, dass wenigstens eine vertragsmäßige Verfügung unabänderbar ist, lässt die Gegenansicht einen weitergehenden Änderungsvorbehalt zu, wenn nur die Voraussetzungen für die Abänderung hinreichend konkret im Erbvertrag bestimmt sind.[230]

b) Wird bei gegenseitigen Erbverträgen, in denen auch der Vertragspartner vertragsmäßige Verfügungen getroffen hat, die Bindungswirkung durchbrochen, so hat dies im Zweifel auch die Unwirksamkeit der vertragsmäßigen Verfügungen des Vertragspartners zur Folge, vgl. § 2298 I, III BGB. *100a*

225 Vgl. BayObLG, FamRZ 1994, 190 - 191 = **juris**byhemmer.

226 Vgl. hierzu Rn. 96a.

227 Vgl. hierzu Rn. 94.

228 Vgl. OLG München, ZEV 2009, 345 - 348 = **juris**byhemmer = **Life&Law 10/2009, 669 ff.**

229 BGH, NJW 1981, 2299 - 2300 = **juris**byhemmer.

230 Vgl. OLG München, FamRZ 2008, 547 - 550 m.w.N. = **juris**byhemmer; Palandt, § 2289 BGB, Rn. 8.

D) Gemeinschaftliches Testament, §§ 2265 ff. BGB

I. Begriff

gemeinschaftliches Testament, §§ 2265 ff. BGB

Das gemeinschaftliche Testament ist die Zusammenfassung von 101
gemeinschaftlich getroffenen, letztwilligen Verfügungen von Eheleuten.

Bei einem gemeinschaftlichen Testament liegen immer zwei Verfügungen von Todes wegen vor, da die Eheleute zwar gemeinschaftlich verfügen, hierbei aber jeder für sich über sein Vermögen.

Im Gegensatz zum Erbvertrag, der sowohl Verfügung von Todes wegen als auch Vertrag ist, fehlt dem gemeinschaftlichen Testament der vertragliche Charakter.

Das gemeinschaftliche Testament kann sowohl in einer einzigen gemeinsamen Urkunde als auch in mehreren getrennten Urkunden errichtet werden, § 2267 BGB. In dem Fall des getrennten Testierens muss sich aber der Wille beider Ehegatten zum gemeinschaftlichen Testieren zumindest andeutungsweise aus beiden Urkunden ergeben.

hemmer-Methode: Das Vorliegen eines gemeinschaftlichen Testamentes ist auch dann problematisch, wenn ein Ehegatte das Testament zunächst in der „Ich-Form" geschrieben hat und der andere Ehegatte sich dieser Erklärung dann nur anschließt. Hier ist durch Auslegung zu ermitteln, ob überhaupt ein gemeinschaftliches Testament gewollt war.[231]

gegenseitige Kenntnis notwendig

Der Wille kann auch zeitlich später gefasst werden, muss aber deutlich zum Ausdruck kommen. Ein Teil kann also sein Testament zeitlich nach dem anderen Teil erstellen, Umkehrschluss aus § 2267 S. 2 BGB. Voraussetzung ist jedenfalls, dass jeder Ehegatte die Verfügung des anderen kennt.[232]

II. Bedeutung des gemeinschaftlichen Testaments

Formerleichterung

Die Bedeutung des gemeinschaftlichen Testaments liegt in einer 102
Formerleichterung gegenüber § 2247 BGB (vgl. § 2267 BGB), sowie bei wechselseitigen Verfügungen (§ 2270 BGB) in einer beschränkten Bindungswirkung und der gegenseitigen Abhängigkeit.

III. Errichtung

Errichtung nur durch Ehegatten, bei NLG (-)

Ein gemeinschaftliches Testament kann nur von Ehegatten bzw. 103
Lebenspartnern errichtet werden (§ 2265 BGB, § 10 IV LPartG). Verlobte und Partner einer nichtehelichen Lebensgemeinschaft können folglich nur getrennte Einzeltestamente errichten oder einen notariellen Erbvertrag, § 2276 BGB, abschließen. Diese Ungleichbehandlung – insbesondere bzgl. der Formerleichterung des § 2267 BGB – gegenüber Verlobten und nichtehelichen Lebensgefährten ist nicht verfassungswidrig. Sie ist u.a. durch die Besonderheiten des ehelichen Güterrechts (§§ 1363 ff. BGB) gerechtfertigt, die die Möglichkeit einer erleichterten erbrechtlichen Regelung durch Ehegatten nahe legt.[233]

231 BayObLG, FamRZ 2004, 1237 - 1239 = **juris**byhemmer.

232 OLG Zweibrücken, ZEV 2002, 414 = **juris**byhemmer; vgl. auch OLG München, ZEV 2012, 153 = **juris**byhemmer.

233 BVerfG, NJW 1989, 1986.

auch bei späterer Heirat (-), aber Umdeutung mögl.

Ein gleichwohl errichtetes gemeinschaftliches Testament zweier Nicht-Ehegatten ist als solches nichtig und kann auch nicht durch spätere Heirat wirksam werden.

Ob und in welchem Umfang eine Umdeutung nach § 140 BGB in Einzeltestamente erfolgen kann, ist umstritten.

h.M.: wechselseitige Verfügungen sind stets nichtig

Eine Ansicht differenziert zwischen wechselbezüglichen und anderen Verfügungen. Erstere können danach nicht durch Umdeutung aufrechterhalten werden, da sie gerade nicht isoliert gelten sollen; sie sind daher unheilbar nichtig.

Allerdings gilt bei Nicht-Ehegatten die Vermutung des § 2270 II BGB nicht ohne weiteres.[234] Einseitige Verfügungen könnten weiter gelten, soweit die Formvorschriften, vgl. insbesondere § 2247 BGB, erfüllt sind.

a.A.: auch wechselseitige Verfügungen bei Form und Wille umdeutbar

Nach der Gegenansicht sind auch wechselbezügliche Verfügungen 104
grundsätzlich umdeutbar, da auch sie selbstständige Rechtsgeschäfte seien, denen nur das gleiche Motiv zugrunde liege.[235]

Voraussetzung für eine erfolgreiche Umdeutung sind die Wahrung der für Einzeltestamente vorgeschriebenen Form sowie die Feststellung eines entsprechenden Willens beider Testierender. Dies erfordert, dass bei Kenntnis der Unwirksamkeit eine gleich lautende einseitige letztwillige Verfügung getroffen worden wäre, woran bei wechselbezüglichen Verfügungen regelmäßig, aber nicht immer, die Umdeutung scheitern wird.[236]

Weiter ist zu beachten, dass die Form des Einzeltestamentes gemäß § 2247 BGB nur für einen der Testierenden gewahrt ist, wenn der Weg des § 2267 BGB gewählt wurde.

hemmer-Methode: Eine Umdeutung in einen Erbvertrag ist aber selbst bei Einhaltung der notariellen Form nicht möglich, da sich bei vertragsmäßigen Verfügungen die Bindungswirkung gem. § 2289 I BGB bereits zu Lebzeiten entfaltet und damit stärker ist als die Bindungswirkung bei wechselseitigen Verfügungen in einem gemeinschaftlichen Testament (vgl. §§ 2270, 2271 BGB).
Ein „Weniger“ darf aber nie in ein „Mehr“ umgedeutet werden.

IV. Inhalt

In einem gemeinschaftlichen Testament können die Ehegatten alle 105
Verfügungen treffen, die sie sonst in Einzeltestamenten treffen würden.

wechselseitige Verfügungen

Die Besonderheit des gemeinschaftlichen Testaments liegt in der 106
Möglichkeit, wechselseitige Verfügungen (§ 2270 BGB) zu treffen. Darunter sind solche Verfügungen zu verstehen, die der Ehegatte nur im Hinblick auf die Verfügung des anderen Ehegatten vorgenommen hat. Entscheidend ist also die gegenseitige innere Abhängigkeit der beiderseitigen Verfügungen.[237] Wechselbezüglich können nach § 2270 III BGB aber nur Erbeinsetzung, Vermächtnis, Auflage und die Wahl des anzuwendenden Rechts sein.

234 OLG Zweibrücken, FamRZ 1989, 790 - 791 = **juris**byhemmer.

235 So OLG München, ZEV 2010, 471, sowie Beschluss vom 23.04.2014, 31 Wx 22/14 = **juris**byhemmer; ; BayObLG, FamRZ 2001, 518 - 519 = **juris**byhemmer; BayObLG, FamRZ 2004, 224 - 226 = **juris**byhemmer.

236 So auch Palandt, § 2265 BGB, Rn. 3; BayObLG, FamRZ 2001, 518 - 519; BayObLG, ZErb 2003, 237 - 239; alle Entscheidungen = **juris**byhemmer.

237 Palandt, § 2270 BGB, Rn. 1; vgl. m.w.N. OLG Düsseldorf, FamRZ 2008, 307 - 310 = **juris**byhemmer = **Life&Law 07/2008, 449 ff.**

Wegen dieser gewollten inneren Abhängigkeit hat gemäß § 2270 I BGB die Nichtigkeit (gleichgültig, auf welchem Grund sie beruht) der einen Verfügung die Unwirksamkeit der anderen zur Folge.

Daher ist – und das ist sowohl in der Praxis als auch in der Klausur die größte Schwierigkeit – diese Wechselbezüglichkeit durch Auslegung des Willens der Ehegatten zu ermitteln, wobei es hier (wie beim Erbvertrag) auf den jeweiligen objektiven Empfängerhorizont gem. §§ 133, 157 BGB ankommt![238] Lässt sich ein solcher Wille nicht ermitteln, so kommt die Auslegungsregel des § 2270 II BGB (lesen!) zur Anwendung.

Bsp.: *Die Ehegatten verteilen ihr komplettes Vermögen auf ihre Kinder, ohne sich gegenseitig zu bedenken.*

Hier kann im Zweifelsfall nicht von einer Wechselbezüglichkeit ausgegangen werden, da jeder seine Kinder auch dann bedacht hätte, wenn der andere Ehegatte nicht ebenso verfügt hätte.[239]

Anders ist dies, wenn die Ehegatten sich zunächst gegenseitig als Alleinerben einsetzen und die Kinder nur Schlusserben sind.[240] Zwar kann im Zweifelsfall davon ausgegangen werden, dass die Einsetzung der Kinder unabhängig von der Verfügung des anderen Ehegatten vorgenommen worden wäre.

Allerdings hätte wohl jeder Ehegatte die Kinder direkt und nicht nur als Schlusserben eingesetzt, wenn nicht auch der andere Ehegatte entsprechend testiert hätte. Die Einsetzung der Kinder durch den einen Ehegatten und die Einsetzung dieses Ehegatten durch den anderen sind damit wechselbezügliche Verfügungen, vgl. auch § 2270 II BGB.

Bsp.: *Die Ehegatten haben sich in einem gemeinschaftlichen Testament gegenseitig als Erben eingesetzt. Mehr als zwei Jahre später errichteten sie ein weiteres Testament, in dem sie die Brüder der Ehefrau zu Erben einsetzten, ohne auf das frühere gemeinschaftliche Testament Bezug zu nehmen.*

Das BayObLG bejahte in diesem Fall die Wechselbezüglichkeit.[241]

hemmer-Methode: Die Vorschrift des § 2270 II BGB kommt nach h.M. nicht zur Anwendung, wenn die eingesetzten Kinder vorverstorben und deren Abkömmlinge über § 2069 BGB als Ersatzerben berufen sind. Die doppelte Vermutung der §§ 2069, 2270 II BGB geht nach h.M. zu weit, da hier ein Bindungswille zugunsten einer Person fingiert wird, die der Erblasser u.U. noch nicht einmal kannte.[242] Etwas anderes kann aber selbstverständlich wieder dann gelten, wenn sich die Ersatzerbenstellung bereits durch eine Auslegung ermitteln lässt, es also gar nicht zu einer „doppelten Vermutung" kommt.[243]

eingeschränkte Widerrufsmöglichkeit

Gleiches gilt gemäß § 2270 I BGB für den Widerruf einer der beiden Verfügungen.

V. Der Widerruf wechselbezüglicher Verfügungen

Widerruf wechselbezüglicher Verfügungen

Der Widerruf wechselbezüglicher Verfügungen ist wegen der in § 2271 II S. 1 BGB angeordneten Bindungswirkung nicht uneingeschränkt möglich. 106a

---

238 Palandt, vor § 2265 BGB, Rn. 10.

239 LG München, FamRZ 2000, 705 - 708.

240 Vgl. auch unten Rn. 107 ff.

241 BayObLG, NJW-RR 1999, 878 - 880 = **juris**byhemmer; ausführlich dargestellt in **Life&Law 10/1999, 636 ff.**; ein weiteres interessantes Bsp. bei BayObLG, FamRZ 2001, 1734 - 1736 = **juris**byhemmer.

242 BGH, NJW 2002, 1126 - 1127 = **juris**byhemmer; BayObLG, ZErb 2002, 57 - 59 = **juris**byhemmer.

243 BayObLG, FamRZ 2004, 1671 - 1672 = **juris**byhemmer.

2271 I:
2270 unterstreichen

hemmer-Methode: I.R.d. Widerrufs ist es wichtig, genau festzulegen, welche Verfügungen zueinander wechselbezüglich sind. So ist die gegenseitige Erbeinsetzung regelmäßig wechselbezüglich. Dies bedeutet aber nicht zwingend, dass auch die Schlusserbeneinsetzung wechselbezüglich zu der Erbeinsetzung des überlebenden Ehegatten sein muss.
Achtung! Nicht wechselbezügliche, einseitige Verfügungen sind jederzeit ohne Grund gem. §§ 2253 ff. BGB widerruflich.

Folgende Fallkonstellationen sind zu unterscheiden:

Widerruf zu Lebzeiten beider Ehegatten

1. Zu Lebzeiten seines Ehegatten kann der Erblasser seine wech- 106b
selseitigen Verfügungen frei widerrufen. Für den Widerruf ist eine notariell beurkundete Erklärung gegenüber dem Ehegatten entsprechend der Vorschriften für den Rücktritt vom Erbvertrag (§§ 2271 I S. 1, 2296 II BGB) erforderlich, damit sich dieser bezüglich seiner eigenen Verfügungen auf die neue Situation einrichten kann.

Ein Widerruf durch eine neue, einseitige Verfügung von Todes wegen ist unzulässig, § 2271 I S. 2 BGB. Ein Widerruf durch ein neues gemeinschaftliches Testament bleibt aber selbstverständlich möglich.[244]

Die Wirksamkeit des Widerrufs wird nicht dadurch in Frage gestellt, dass der Widerrufende zwischen Abgabe und Zugang der Erklärung verstirbt, § 130 II BGB.[245] Anders ist dies, wenn der Adressat vor Zugang der Widerrufserklärung stirbt.[246]

Widerruf nach dem Tod des ersten Ehegatten grds. ausgeschlossen

2. Das Widerrufsrecht erlischt mit dem Tod des anderen Ehegatten, 106c
§ 2271 II S. 1 HS 1 BGB. Der Grund für diese Bindungswirkung ist darin zu sehen, dass der Verstorbene auf den Bestand der wechselseitigen Verfügung vertraut hat und sich der Überlebende daher von den wechselseitigen Verfügungen nicht mehr lösen können soll, nachdem er deren Vorteile in Anspruch genommen hat.[247]

Ausschlagung

Von der Bindungswirkung kann sich der Überlebende jedoch befreien, indem er das ihm vom Erstverstorbenen Zugewendete ausschlägt, § 2271 II S. 1 HS 2 BGB. Folge der Ausschlagung ist, dass der Überlebende nunmehr nach §§ 2253 ff. BGB seine eigenen Verfügungen widerrufen kann und dadurch die entsprechenden Verfügungen des Erstverstorbenen nach § 2270 I BGB ebenfalls unwirksam werden.[248]

Nach § 2271 II S. 2 BGB kann der überlebende Ehegatte eine Erbeinsetzung der Kinder aufheben, soweit auch eine Pflichtteilsentziehung möglich wäre, §§ 2294, 2333 BGB.

Beschränkung in guter Absicht

Gem. § 2271 III BGB i.V.m. §§ 2289 II, 2338 BGB kann ein Ehegatte zudem das Erbrecht des überschuldeten Abkömmlings beschränken, um so einen Zugriff der Gläubiger auf das Vermögen zu verhindern.

244 Dies auch dann, wenn es zwei getrennte Urkunden sind, wenn ein Wille zur Einheitlichkeit durch Auslegung ermittelt werden kann, vgl. OLG Braunschweig, ZEV 2007, 178 - 179 = **juris**byhemmer.

245 MüKo, § 2271 BGB, Rn. 9.

246 Palandt, § 2271 BGB, Rn. 7; problematisch ist der Fall, in dem der Empfänger geschäftsunfähig geworden ist. Nach dem BayObLG scheidet hier ein Widerruf aus; BayObLG, FamRZ 2003, 1509 - 1511 = **juris**byhemmer, während die wohl h.M. der Auffassung ist, dass ein Widerruf hier gegenüber einem Betreuer erfolgen kann, vgl. OLG Nürnberg, ZEV 2013, 450 = **juris**byhemmer; vgl. hierzu auch Zimmer, Der Widerruf wechselbezüglicher Verfügungen bei Geschäftsunfähigkeit des Widerrufsgegners, ZEV 2007, 159 sowie Palandt, § 2271 BGB, Rn. 6.

247 Palandt, § 2271 BGB, Rn. 9.

248 Palandt, § 2271 BGB, Rn. 17.

Selbstanfechtung des überlebenden Ehegatten

Weiterhin besteht nach dem Tod des Ehegatten für den Überlebenden ein Anfechtungsrecht analog § 2281 BGB i.V.m. §§ 2078, 2079 BGB bezüglich seiner eigenen wechselseitigen Verfügungen, da die Bindungswirkung des § 2271 II S. 1 BGB nicht weiter reichen soll als bei einem Erbvertrag.[249] 106d

hemmer-Methode: Die Verfügungen des verstorbenen Ehegatten kann der Überlebende theoretisch nach den allgemeinen Regelungen der §§ 2078 ff. BGB anfechten, was nach § 2270 I BGB auch zur Unwirksamkeit seiner wechselbezüglichen Verfügung und damit zur Wiedererlangung seiner Testierfreiheit führen würde. Regelmäßig wird die Anfechtung der Verfügungen des Verstorbenen aber an der Anfechtungsberechtigung nach § 2080 BGB scheitern.
Dritte können die Verfügungen beider Ehegatten direkt nach §§ 2078 ff. BGB anfechten. Strittig ist dabei der Fall, dass der überlebende Ehegatte seinen Irrtum erkannt, aber dennoch nicht angefochten hat. Die wohl h.M. wendet hier § 2285 BGB analog an, sodass ein Anfechtungsrecht des Dritten ausgeschlossen sein kann.[250]

Rechtsfolge der Selbstanfechtung ⇨ gesetzliche Erbfolge nach Vorverstorbenem!

Die wirksame Anfechtung der eigenen wechselseitigen Verfügung bzw. der des Erstverstorbenen hat nach § 2270 I BGB grundsätzlich die Unwirksamkeit der jeweils anderen Verfügung zur Folge.[251]

Folge der Selbstanfechtung ist damit die gesetzliche Erbfolge nach dem Erstverstorbenen. Diese gesetzliche Erbfolge kann der überlebende Ehegatte ausschlagen und für die güterrechtliche Lösung optieren, § 1371 III BGB.

Die bereits erklärte Annahme steht einer Ausschlagung trotz § 1943 BGB nicht entgegen: Angenommen wurde eine Erbschaft infolge gewillkürter und nicht infolge gesetzlicher Erbfolge, sodass die Annahme nach § 1949 BGB automatisch unwirksam ist.

Hat der überlebende Ehegatte den Nachlass in Besitz genommen, so ist er bei einer Selbstanfechtung (im Regelfall) von Anfang an als Erbschaftsbesitzer zu behandeln,[252] da er sich eine Erbenstellung angemaßt hat, die er tatsächlich nicht hat.

> **Bsp.:** *Nach dem gemeinschaftlichen Testament sollte der überlebende Ehegatte Alleinerbe, das einzige Kind Schlusserbe sein. Die Selbstanfechtung des überlebenden Ehegatten führt nach § 2270 I BGB zur gesetzlichen Erbfolge nach dem vorverstorbenen Ehegatten.*
>
> Damit sind überlebender Ehegatte und Kind Erbe zu je $^1/_2$, §§ 1931, 1371 I, 1924 BGB.
>
> Da der überlebende Ehegatte sich aber zunächst für den gewillkürten Alleinerben gehalten hat, hat er sich eine Erbenstellung angemaßt, die er tatsächlich nicht hatte, ist also im Verhältnis zu dem Miterben als Erbschaftsbesitzer nach § 2018 BGB zu behandeln.

hemmer-Methode: Das gemeinschaftliche, wechselbezügliche Testament eröffnet dem Ersteller der Klausur Möglichkeiten der Notendifferenzierung. Ein Problem mehr ist die entsprechende Anwendung des § 2281 BGB (bei nicht wechselbezüglichen Verfügungen gelten die §§ 2078 ff. BGB). „Ein Problem mehr" ist die Wirkung des § 2270 BGB: Die Anfechtung eigener wechselbezüglicher Verfügungen ist möglich.

249 Sehr interessant ist dabei die Frage, inwieweit ein Irrtum über die Bindungswirkung des § 2271 II BGB eine Anfechtung nach § 2078 I, II BGB i.V.m. § 2281 BGB rechtfertigt; verneint von OLG München, NJW-RR 2011, 1020 - 1023 = **juris**byhemmer.

250 BayObLG, FamRZ 2003, 1509 - 1511 m.w.N. = **juris**byhemmer; MüKo, § 2271 BGB, Rn. 41.

251 Palandt, § 2271 BGB, Rn. 33.

252 BGH, FamRZ 1985, 1019 - 1021 = **juris**byhemmer.

Schließlich können die Ehegatten die Bindungswirkung beschränken oder ausschließen und dem Überlebenden entgegen der gesetzlichen Regelung sogar ein freies Widerrufsrecht einräumen.[253]

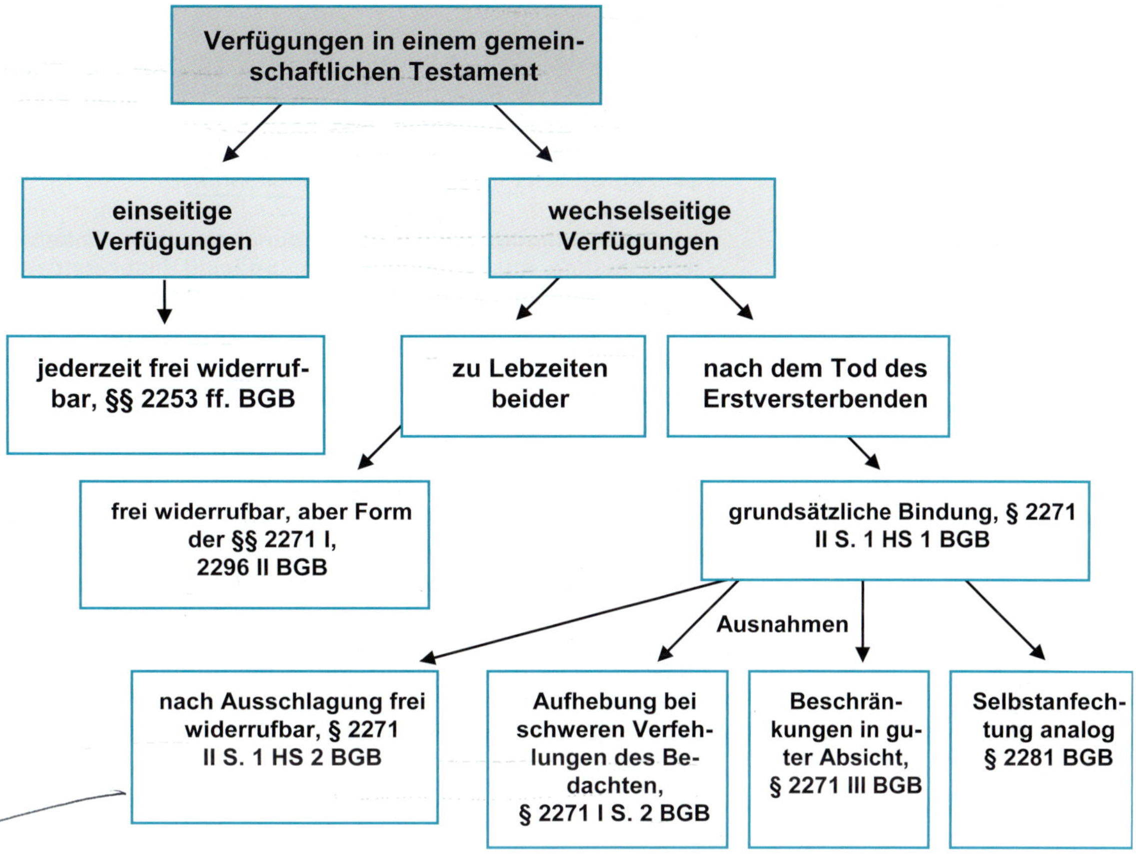

VI. Auswirkungen der Scheidung, § 2268 BGB

Scheidung ⇨ Testament unwirksam, § 2268 I BGB

Die Scheidung der Eheleute führt nach § 2268 I BGB zur Unwirksamkeit des gemeinschaftlichen Testaments im Ganzen. Der Scheidung steht es gleich, wenn im Zeitpunkt des Erbfalls die Voraussetzungen der Scheidung vorlagen und der Erblasser die Scheidung beantragt oder ihr zumindest zugestimmt hat, §§ 2268 I, 2077 BGB. 106e

hemmer-Methode: Das Besondere an § 2268 BGB ist, dass anders als bei § 2077 BGB nicht nur die Verfügung zugunsten des Ehegatten, sondern das komplette Testament unwirksam ist.

§ 2268 I BGB ist wie § 2077 I BGB nicht zwingend, ein anderweitiger Wille des Erblassers hat Vorrang, § 2268 II BGB.[254]

> ***Bsp.:*** *Die Eheleute, die bereits in Trennung leben, gehen zum Rechtsanwalt und lassen sich über die Errichtung eines gemeinschaftlichen Testaments beraten. Ein halbes Jahr später wird die Ehe geschieden.*
>
> Da die Ehegatten hier bereits in Trennung leben, ist nicht davon auszugehen, dass sie ein Testament errichten wollen, das wenige Monate später automatisch seine Wirksamkeit wieder verliert. Für die Eheleute im Beispielsfall ist die Scheidung kein überraschendes Ereignis mehr, sondern im Zeitpunkt der Testamentserrichtung bereits absehbar. Dass sie trotz der anstehenden Scheidung noch ein gemeinschaftliches Testament errichtet haben, spricht eindeutig gegen eine Unwirksamkeit nach § 2268 I BGB.

253 BGHZ 2, 35 - 37; OLG München, NJW-RR 2011, 1020 - 1023 = **juris**byhemmer.

254 Str. ist, ob über § 2268 II BGB fortgeltende Verfügungen automatisch ihre Wechselbezüglichkeit verlieren, dagegen BGH, ZEV 2004, 423 - 425 m. Anm. Keim = **juris**byhemmer = **Life&Law 03/2005, 166 ff.**; sehr kritisch hierzu Kanzleiter, ZEV 2005, 181.

VII. „Berliner Testament“, § 2269 BGB

1. Begriff

Berliner Testament

Das sog. „Berliner Testament“ ist ein gemeinschaftliches Testament, in dem sich die Ehegatten gegenseitig und einen Dritten (meist die Kinder) zu Erben des Überlebenden einsetzen. Zur Verwirklichung dieses Ziels stehen den Eheleuten regelmäßig zwei Möglichkeiten zur Auswahl: Trennungs- und Einheitsprinzip.[255] 107

hemmer-Methode: Die Unterscheidung zwischen Einheits- und Trennungslösung muss bekannt sein. So sind insbesondere die unterschiedlichen Konsequenzen beim Pflichtteilsrecht klausurtypisch.

Trennungsprinzip: beide Vermögensmassen getrennt

Einheitsprinzip: Verschmelzen der Vermögensmassen

Merken Sie sich die Begriffspaare:

aa) Trennungsprinzip	bb) Einheitsprinzip
Stirbt z.B. der Mann, so wird die Frau Vorerbin, die Kinder Nacherben des Mannes, d.h. sie erben das Vermögen des Mannes erst, wenn die Frau verstirbt. Dann erben sie aber gleichzeitig das Vermögen der Frau als Vollerben. Die beiden Vermögensmassen bleiben also getrennt.[256] Dies hat Konsequenzen für die Verfügungsbefugnis des überlebenden Ehegatten. Da er hinsichtlich des Nachlasses des verstorbenen Gatten lediglich Vorerbe ist, unterliegt er den Verfügungsbeschränkungen eines Vorerben nach § 2113 BGB,[257] hinsichtlich seines eigenen Vermögens kann er frei verfügen.	Stirbt z.B. der Mann, so wird die Frau Vollerbin. Hier verschmelzen die Vermögensmassen von Mann und Frau. Die Frau wird Vollerbin ihres Mannes und kann hinsichtlich des Nachlasses grundsätzlich frei verfügen. Mit dem Tod der Frau werden die Kinder Schlusserben.[258]
Vor- und Nacherbfolge	Voll- und Schlusserbfolge
Welche von beiden Möglichkeiten gewollt ist, muss im Wege der Auslegung (gem. §§ 133, 157 BGB) ermittelt werden. Kein Verhaften am Wortlaut, das Gewollte ist zu berücksichtigen, wobei aber die Andeutungstheorie zu berücksichtigen ist.	

255 Der Begriff des „Berliner Testaments“ wird heute zum Teil als Oberbegriff für Einheits- und Trennungslösung, zum Teil nur für die Einheitslösung gebraucht, während historisch darunter eigentlich die Trennungslösung verstanden wurde. Der Begriff hat keine rechtliche Bedeutung und wird hier nur als „Überschrift“ verwendet.

256 Palandt, § 2269 BGB, Rn. 2.

257 Näheres zu Vor- und Nacherbschaft Rn. 117 ff.

258 Palandt, § 2269 BGB, Rn. 3.

2269 I: im Zweifel

Vor- und Nacherbschaft (und damit **Trennungslösung**) ist anzunehmen, wenn das Auseinanderfallen des Vermögens in seine ursprünglichen Bestandteile gewollt war, z.B. Verwandte des Mannes für seinen Nachlass, die der Frau als Erben ihres Nachlasses bezeichnet werden, oder wenn sichergestellt werden soll, dass der überlebende Ehegatte das Vermögen nicht verschwendet.	Schlusserbeneinsetzung (und damit **Einheitslösung**) ist gewollt, wenn beide Ehegatten das beiderseitige Vermögen ersichtlich als eine Einheit ansehen. Hinzukommen muss, dass die Eheleute eine verschiedene Rechtsstellung des Überlebenden zu den beiden ursprünglichen Vermögensmassen und die Möglichkeit der Trennung der Massen beim Tod des Längstlebenden haben ausschließen wollen.

Auslegungsregel für Einheitsprinzip, § 2269 I BGB

Kommt man durch Auslegung zu keinem eindeutigen Ergebnis, so spricht die **Auslegungsregel des § 2269 I BGB für** das **Einheitsprinzip**.

Trennungsprinzip und Einheitsprinzip im Vergleich

Bsp.: *Mutter und Vater sind miteinander verheiratet und haben ein gemeinsames Kind.*

Trennungsprinzip		**Einheitsprinzip**	
Mutter stirbt: Vorerbfall		Mutter stirbt: Erbfall 1	
Vermögen des Vaters bestehend aus:		Vermögen des Vaters bestehend aus:	
Nachlass Mutter (Vater insoweit Vorerbe; beachte § 2112 BGB)	Eigenvermögen Vater	Eigenvermögen Vater bestehend aus Vermögen Vater und Mutter	
Vater stirbt:		Vater stirbt: Erbfall 2	
Nacherbfall bzgl. Nachlass der Mutter	Erbfall bzgl. Eigenvermögen d. Vaters (= Nachlass des Vaters)	Erbfall bzgl. des Vermögens des Vaters	
Vermögen des Kindes = bisheriges Eigenvermögen des Kindes + Nachlass der Mutter (soweit noch vorhanden) + Nachlass des Vaters		Vermögen des Kindes = bisheriges Eigenvermögen des Kindes + Nachlass des Vaters	
Kind ist Nacherbe bzgl. der Mutter und Erbe bzgl. des Vaters		Kind ist Schlusserbe, d.h. Erbe bzgl. des Vaters	

2. Auswirkungen auf den Pflichtteil, §§ 2303 ff. BGB

a) Die Unterscheidung zwischen Einheits- und Trennungslösung hat im Bereich des Pflichtteilsrechts Auswirkungen. 108

Pflichtteil bei Einheitslösung

Ist nämlich der Dritte gemäß § 2303 BGB pflichtteilsberechtigt (z.B. als Kind der Eheleute), so kann er bei der Einheitslösung nach dem Tod des Erstverstorbenen den Pflichtteil fordern, da es sich um zwei Erblasser handelt und der Dritte beim ersten Erbfall übergangen worden ist. Eine Ausschlagung nach § 2306 BGB ist in diesem Fall nicht erforderlich, da ihm beim Tod des erstversterbenden Ehegatten gerade nichts zugewendet wird.

Häufig wird aber, um den Nachlass zunächst dem Überlebenden ungeschmälert zukommen zu lassen, eine Klausel (sog. Verwirkungs- oder Strafklausel) mit dem Inhalt vereinbart, dass ein Kind, das beim Tod des erstversterbenden Elternteils seinen Pflichtteil fordert, auch beim Tod des längerlebenden Elternteils nur noch den Pflichtteil erhalten soll.[259] Folge des Forderns (nicht notwendig des erfolgreichen Durchsetzens)[260] des Pflichtteils ist dann, dass der Überlebende endgültig Vollerbe wird und an die Einsetzung des Kindes als Schlusserbe nicht mehr gebunden ist, also neu testieren kann.[261] Der Wirksamkeit einer solchen Pflichtteilsstrafklausel steht weder § 138 I BGB entgegen noch führt die Rückzahlung des Pflichtteils zu einem Wiederaufleben der Erbeinsetzung.[262]

hemmer-Methode: Eine interessante Frage ist, ob in einem Fall, in dem sich im Testament nur die gegenseitige Erbeinsetzung der Ehegatten und eine Pflichtteilsstrafklausel finden, letzterer die Schlusserbeneinsetzung der Kinder konkludent zu entnehmen ist. Dies wird relevant, wenn der längerlebende Ehegatte ausdrücklich durch Testament einen Schlusserben einsetzen will. Sieht man in der Pflichtteilsstrafklausel die konkludente Einsetzung der Kinder, könnte der längerlebende Ehegatte durch § 2271 II BGB hieran gehindert sein![263]

Pflichtteilsansprüche bei Trennungslösung

b) Im Fall der Trennungslösung kann der Dritte den Pflichtteil nur dann verlangen, wenn er die Nacherbschaft ausschlägt, § 2306 II, I BGB, da er als Nacherbe eigentlich gerade nicht, wie es § 2303 BGB verlangt, von der Erbfolge ausgeschlossen worden ist.[264] Die Ausschlagung der Nacherbschaft ist dabei schon ab dem Erbfall, also vor dem Eintritt des Nacherbfalls möglich, vgl. § 2142 BGB.

hemmer-Methode: Die Auswirkungen zwischen beiden Lösungen bzgl. der Pflichtteilsansprüche der Kinder nach dem Tod des erstversterbenden Ehegatten sind damit in der Praxis gar nicht so groß.
Bei der Einheits- bzw. Schlusserbenlösung sind die Kinder enterbt, sodass sie ohne weiteres Pflichtteilsansprüche geltend machen können, § 2303 I BGB.
Bei der Trennungslösung sind die Kinder zwar nicht enterbt, da sie Nacherben des Erstversterbenden werden. Allerdings könnte der Erblasser durch die Einsetzung eines Abkömmlings als Nacherben zu einfach dessen Pflichtteilsansprüche leer laufen lassen (Bsp.: 50jährige Ehefrau als Nacherbin nach neugeborenem Enkelkind), sodass § 2306 II BGB auch dem Nacherben Pflichtteilsrechte gibt, soweit er die Nacherbschaft ausschlägt.

---

259 Zu Alternativen wie der sog. Jastrow´schen Klausel vgl. Palandt, § 2269 BGB, Rn. 13 ff. .m.w.N.

260 Vgl. OLG Düsseldorf, NJW-RR 2011, 1515 - 1516 = **juris**byhemmer.

261 Vgl. dazu BayObLZG 1990, 58 - 63; BayObLGZ 1994, 164 - 169 = **juris**byhemmer; Saarländisches OLG, NJW-RR 1994, 844 - 847 = **juris**byhemmer.

262 BayObLG, ZEV 2004, 202 - 205 = **juris**byhemmer; zur Reichweite dieser Klauseln siehe OLG München, NJW-RR 2011, 1164 - 1165 = **juris**byhemmer; sowie OLG Düsseldorf, NJW-RR 2011, 1515 - 1516 = **juris**byhemmer, beide Entscheidungen auch **Life&Law 02/2012, 101 ff.**

263 Zu dieser Frage: OLG München, Beschluss vom 19.01.2015, 31 Wx 370/14 = **juris**byhemmer, sowie Fischer, Die Pflichtteilsstrafklausel beim gemeinschaftlichen Testament bei Fehlen einer ausdrücklichen Schlusserbeneinsetzung der gemeinsamen Kinder, ZEV 2005, 189.

264 MüKo, § 2269 BGB, Rn. 63.

3. Beeinträchtigende Schenkung

Verfügungsbeschränkungen, §§ 2113, 2115 BGB

Probleme ergeben sich, wenn der überlebende Ehegatte das Vermögen verschenkt und die Kinder somit leer ausgehen. Beim Trennungsprinzip wird dies hinsichtlich des Vermögen des Vorverstorbenen durch die Verfügungsbeschränkungen der §§ 2113 II, 2115 BGB verhindert. 109

Fraglich ist die Lösung des Problems beim Einheitsprinzip bzw. beim Trennungsprinzip hinsichtlich des Eigenvermögens des überlebenden Ehegatten. Hier wendet die ganz h.M. zum Schutz des Letztbedachten § 2287 BGB analog an.[265]

Bsp.: *Ehemann M und Ehefrau F errichten ein Berliner Testament mit Einheitslösung. Schlusserbe sollte Sohn S sein. Nach dem Tod des M übereignete F das von M geerbte Haus, das dessen einziges Vermögen darstellte, an ihren Freund A. Sie selbst besaß kein Vermögen.*

Frage: *Was kann S unternehmen?*

In Betracht käme eine analoge Anwendung des § 2287 BGB. Dann müsste aber die Interessenlage derjenigen beim Erbvertrag entsprechen. Hier ist in erster Linie das der Ehe innewohnende Vertrauensverhältnis zu berücksichtigen: Jeder Ehegatte vertraut bei Errichtung des Berliner Testaments darauf, dass der damit bezweckte Erfolg auch eintritt und nicht etwa vom anderen Ehegatten vereitelt wird.

Die Kinder werden nur im Vertrauen darauf zunächst enterbt, dass sie am Schluss alles erhalten werden.

Sie sollen m.a.W. beim Tod des vorverstorbenen Ehegatten stillhalten, also auch keine Pflichtteilsansprüche geltend machen, im Vertrauen darauf, beim Tod des längerlebenden Ehegatte alles zu erben. Wenn aber das Gesetz schon eine Regelung wie das Berliner Testament vorsieht, so muss auch dafür gesorgt sein, dass der damit bezweckte Erfolg nicht beliebig vereitelt werden kann.

Dies ist aber nur durch eine analoge Anwendung des § 2287 BGB möglich. Dafür spricht auch, dass durch § 2271 BGB nach dem Tod des einen Ehegatten eine ähnliche Bindungswirkung wie beim Erbvertrag eintritt und die Ehepartner letztendlich auch eine Bindung bezweckt haben. Die Interessenlage entspricht daher der des Erbvertrags, § 2287 BGB ist entsprechend anwendbar.[266]

Da die Voraussetzungen des § 2287 BGB hier auch vorliegen, kann S von A die Herausgabe des Geschenkes, also die Übereignung des Hauses verlangen.

hemmer-Methode: Die Problematik der beeinträchtigenden Schenkungen ist im Bereich des Ehegattentestaments gesetzlich nicht geregelt, insoweit besteht also eine Regelungslücke. Nach allgemeiner Meinung sind daher die §§ 2286, 2287 und 2288 BGB analog anwendbar, da insofern die Interessenlage derjenigen des Erbvertrags entspricht. Folglich sind Rechtsgeschäfte zu Lebzeiten des überlebenden Ehegatten, welche Nachlassgegenstände auf Dritte übertragen, nicht grundsätzlich nichtig, wenn dadurch dem Schlusserben das Erbgut entzogen wird. Allerdings kommt eine Haftung nach den §§ 2287, 2288 BGB analog in Betracht. Eine Haftung nach § 826 BGB ist grundsätzlich ausgeschlossen.

265 BGH, NJW 1973, 240 - 243 (241) = jurisbyhemmer; BGH, FamRZ 1983, 1219 - 1220 = jurisbyhemmer; MüKo, § 2269 BGB, Rn. 36.

266 BGH, NJW 1973, 240 - 243 (241) = jurisbyhemmer; BGH, FamRZ 1983, 1219 - 1220 = jurisbyhemmer.

4. Wiederverheiratungsklausel

Wiederverheiratungsklausel

Bsp.: *Ein Berliner Testament enthält folgende Klausel: „Heiratet der Überlebende wieder, so fällt der Nachlass des Verstorbenen an die Kinder."* 110

Trennungsprinzip
⇨ Nacherbfall mit Eheschließung

- *Sind die Ehegatten nach dem Trennungsprinzip vorgegangen, so bedeutet die Wiederverheiratungsklausel, dass der Nacherbfall mit der erneuten Eheschließung eintritt. Die Kinder werden dann also nicht erst mit dem Tod des zweiten Ehegatten Erben, sondern bereits mit dessen erneuter Eheschließung. Nach bislang h.M. steht der Wirksamkeit einer solchen Klausel nichts entgegen.*[267]

Einheitsprinzip
⇨ bedingte Vor- und Nacherbschaft

- *Sind die Ehegatten nach dem Einheitsprinzip vorgegangen, so stellt die Wiederverheiratungsklausel eine bedingte Anordnung von Vor- und Nacherbschaft dar. Bedingung ist die Wiederverheiratung.*

Nach h.L.[268] und BGH ist der Längerlebende zugleich auflösend bedingter Vollerbe und aufschiebend bedingter Vorerbe, wobei seine Vollerbenstellung erst mit seinem Tod ohne vorherige Wiederheirat endgültig wird.[269] Nach a.A. handelt es sich um die Verbindung einer auflösend bedingten Vorerbschaft mit einer aufschiebend bedingten Vollerbschaft.[270] Hiernach wird bei nicht erfolgter Wiederheirat (Ausfall der auflösenden Bedingung) die Vorerbschaft zur Vollerbschaft.

Praktische Auswirkungen haben die unterschiedlichen Konstruktionen nicht. Der Überlebende unterliegt stets zunächst den Einschränkungen der §§ 2113 ff. BGB, sofern er nicht als befreit anzusehen ist. Dies ist i.d.R. der Fall.[271]

Wegen der anschaulicheren Begrifflichkeit ist dem BGH zu folgen.[272]

hemmer-Methode: Die Wiederheirat führt zu einem neuen Pflichtteilsberechtigten, vgl. § 2303 II BGB. Damit kann der überlebende Ehegatte, der eine neue Ehe eingeht, binnen Jahresfrist nach der Eheschließung seine wechselbezügliche Verfügung analog §§ 2281, 2079 BGB anfechten. Grund: Der neue Ehegatte als Pflichtteilsberechtigter würde übergangen. § 2079 S. 1 BGB gibt dann ein Anfechtungsrecht. Die Ursächlichkeit zwischen Irrtum und Verfügung wird vom Gesetz vermutet. § 2079 BGB geht davon aus, dass im Zweifel die Unkenntnis auch künftiger Pflichtteilsberechtigter bestimmendes Motiv des Erblassers war und er bei Kenntnis der Sachlage den Pflichtteilsberechtigten nicht übergangen hätte.
Es bedarf deswegen der Anfechtung, da durch den Tod des Partners der Widerruf ausgeschlossen ist (vgl. § 2271 II S. 2 BGB). Auch die Ausschlagung des Zugewendeten würde zur Möglichkeit der Aufhebung seiner eigenen Verfügung führen (vgl. § 2271 II S. 1 HS 2 BGB). Meistens scheitert die Ausschlagung aber an der Frist von sechs Wochen (§ 1944 BGB). Durch die Rückwirkung der Anfechtung wird nach § 2270 I BGB auch die Unwirksamkeit der wechselbezüglichen Verfügung des vorverstorbenen Ehegatten erreicht. Durch die Wiederverheiratungsklausel im gemeinschaftlichen Testament wird jedoch die Vermutung des § 2079 BGB (s.o.) widerlegt, weil eine spätere mögliche Eheschließung bereits in die Überlegungen einbezogen wurde.

267 Im Anschluss an BVerfG, FamRZ 2004, 765 - 768 = **juris**byhemmer (sog. Hohenzollern-Entscheidung, Wirksamkeit von Ebenbürtigkeitsklauseln) wird aber z.T. vertreten, dass eine Wiederverheiratungsklausel sittenwidrig nach § 138 I BGB sei, da auf den überlebenden Ehegatten unzulässiger Druck ausgeübt werde, keine neue Ehe einzugehen, so bspw. Scheuren-Brandes, „Wiederverheiratungsklauseln nach der Gestaltungspraxis?", ZEV 2005, 185 - 188. Der Unterschied zu der Hohenzollern-Entscheidung des BVerfG liegt aber darin, dass es sich bei den Wiederverheiratungsklauseln um den beiderseitigen Willen der Eheleute und damit nicht um einseitig ausgeübten Druck handelt!

268 Meier-Kraut, „Zur Wiederverheiratungsklausel in gemeinschaftlichen Testamenten mit Einheitslösung", NJW 1992, 143 - 148.

269 BGHZ 96, 198 - 205 = **juris**byhemmer.

270 MüKo, § 2269 BGB, Rn. 52.

271 Palandt, § 2269 BGB, Rn. 20; bei Wiederheirat wird seine Vorerbenstellung endgültig, d.h. Verfügungen, die entgegen § 2113 BGB getroffen wurden, werden unwirksam (sofern nicht § 2136 BGB eingreift).

272 Vgl. OLG Hamm, NJW-RR 1994, 1355 - 1356 = **juris**byhemmer.

Eine Anfechtung scheidet dann aus. Wenn im Fall der Wiederheirat des Längerlebenden die oben dargestellten strengen Folgen – Entfallen des Erbrechts des Längerlebenden – nicht gewollt sind, kann eine Wiederverheiratungsklausel auch nur den Ausschluss der Anfechtung nach § 2079 BGB sicherstellen. Der Längerlebende bleibt so trotz seiner Heirat Erbe, kann aber nicht mehr seine Erbeinsetzung der gemeinsamen Kinder durch eine Anfechtung vernichten.
Ein Problem mehr: Aus der neuen Ehe gehen Kinder als Pflichtteilsberechtigte hervor. Auch hier greifen §§ 2281, 2079 S. 1 BGB grundsätzlich ein. Allerdings ist die Anfechtung gem. § 2079 S. 2 BGB ausgeschlossen. Denn wie die Wiederverheiratungsklausel zeigt, wurde auch an mögliche Kinder aus der neuen Ehe gedacht. Die letztwillige Verfügung wurde dann in Kenntnis der Sachlage i.S.d. § 2079 S. 2 BGB getroffen.

VIII. Stillschweigender Erbverzicht beim gemeinschaftlichen notariellen Testament

stillschweigender Erbverzicht beim gemeinschaftlichen Testament?

Bsp.: *Die Erblasser setzten in einem gemeinschaftlichen notariellen Testament jeweils ihre Kinder aus erster Ehe als Erben ein. Gegenseitig vermachten sie sich den Hausrat.* *111*

Frage: *Hat der Mann nach dem Tod der Frau einen Pflichtteilsanspruch?*

nach BGH diesbezügliche Auslegung möglich

Das wäre nicht der Fall, wenn ein stillschweigender Erb- bzw. Pflichtteilsverzicht von Seiten des Mannes vorläge. Dieser bedürfte aber gemäß § 2348 BGB der notariellen Beurkundung. Nach Ansicht des BGH[273] ist ein stillschweigender Verzicht im Zusammenhang mit anderen notariell beurkundeten Erklärungen möglich. Die Entscheidung nimmt Bezug auf eine frühere BGH-Entscheidung,[274] wo ein Berliner Testament in Form des Erbvertrages errichtet wurde. Hier sollte in der Annahme des Vertrages durch die Schlusserben ein stillschweigender Verzicht auf Pflichtteilsansprüche bei Tod des erstversterbenden Ehegatten liegen. Ähnliches müsse für das gemeinschaftliche notarielle Testament gelten: Die Eheleute seien sich hier bei Errichtung eines solchen Testaments stillschweigend einig, gegenseitig auf ihre Pflichtteilsrechte zu verzichten. Da die Erklärungen der Ehegatten aus einem gemeinsamen Entschluss hervorgingen und als solche auch beurkundet wurden, könne die Auslegung dieser Erklärungen auch einen stillschweigenden Erb- bzw. Pflichtteilsverzicht ergeben.

dagegen: für Erbverzicht ist Vertrag notwendig, § 2346 BGB

Diese Rechtsprechung ist zu Recht auf fast einhellige Ablehnung gestoßen.[275] Gegen die Annahme des stillschweigenden Verzichtes beim Erbvertrag wird vorgebracht, dass es nahe liegt, den Verzichtswillen des Dritten ausdrücklich festzulegen, wenn die Erblasser schon vom Verzichtswillen des Dritten ausgehen. Der bloße einfache Wille reicht nicht (Warnfunktion der notariellen Beurkundung).

Für den vorliegenden Fall ist aber vor allem die Situation beim gemeinschaftlichen Testament entscheidend. Das gemeinschaftliche Testament ist (selbst bei wechselseitigen Verfügungen) kein Vertrag, sondern nur eine doppelt einseitige Verfügung von Todes wegen. Für den Erbverzicht bedarf es aber gemäß § 2346 BGB ausdrücklich eines Vertrages. Der BGH will hier durch Auslegung einen „Quasi-Vertrag" herbeiführen; dies ist dogmatisch unhaltbar. Der gemeinsame Entschluss der Ehegatten ist nur Motiv für die Errichtung eines gemeinschaftlichen Testamentes, kann aber nicht die Erklärung eines weiteren Rechtsgeschäfts, nämlich des Erbverzichts, beinhalten. Außerdem könnte dann das Formerfordernis des § 2348 BGB, dessen Sinn in der Beweisfunktion liegt, durch Auslegung überbrückt und damit umgangen werden.

273 BGH, NJW 1977, 1728 - 1729 = **juris**byhemmer.

274 BGHZ 22, 364 - 369 = **juris**byhemmer.

275 Vgl. zur Diskussion Habermann, „Stillschweigender Erbteilsverzicht und Pflichtteilsverzicht im notariellen gemeinschaftlichen Testament" - BGH, NJW 1977, 1728, JuS 1979, 169 - 174 = **juris**byhemmer.

ansonsten auch Erbverzicht frei widerruflich

Schließlich spielt noch folgende praktische Konsequenz der Auffassung des BGH eine Rolle: Da das gemeinschaftliche Testament grundsätzlich einfach widerruflich ist (Ausnahme § 2271 BGB), würde damit gleichzeitig der stillschweigende Erbverzicht frei widerruflich, obwohl dazu die Form des § 2351 BGB erforderlich ist.

Aus all diesen Gründen ist die Annahme eines stillschweigenden Erbverzichts beim gemeinschaftlichen Testament abzulehnen.

Ergebnis: M hat neben dem Anspruch aus Vermächtnis auf den Hausrat einen Pflichtteilsanspruch gegen die Erben.

E) Besondere Anordnungen des Erblassers

I. Bestimmung von Ersatzerben

1. Begriff

Ersatzerbe ⇨ ursprüngl. Erbe fällt weg

Ersatzerbe[276] ist, wer vom Erblasser für den Fall zum Erben eingesetzt ist, dass ein anderer Erbe vor oder nach dem Eintritt des Erbfalls wegfällt (§ 2096 BGB). Der Ersatzerbe ist also nur unter der aufschiebenden Bedingung[277] zum Erben eingesetzt, dass der zuerst Berufene nicht Erbe wird. 112

Bsp.: *In einem Testament ist A zum Erben eingesetzt. Für den Fall, dass A nicht Erbe wird, ist B zum Erben eingesetzt.*

B wird hier nur dann Erbe, wenn A als Erbe wegfällt. Wegfallgründe sind Vorversterben (vgl. § 1923 I BGB), Erbverzicht (§ 2352 BGB), Erbunwürdigkeit (§ 2344 BGB), Erbausschlagung (§ 1953 BGB), Nichterleben einer aufschiebenden Bedingung (§ 2074 BGB) und Anfechtung.[278] Wegfall liegt auch vor, wenn ein zum Erben eingesetzter nasciturus tot geboren wird (§ 1923 II BGB) sowie bei Nichtigkeit der Erbeinsetzung des Erstberufenen.[279] Kein Wegfall ist hingegen der Tod des Erben nach dem Erbfall. Hier ist er Erbe geworden. Der Anfall an ihn entfällt auch nicht rückwirkend durch seinen Tod. Folge ist, dass sein Erbteil auf seine eigenen Erben übergeht, so genannte „Erbeserben".

Von der Ersatzerbschaft ist die Nacherbschaft zu unterscheiden. Der Nacherbe wird erst dann Erbe, wenn vorher ein anderer (Vorerbe) Erbe des Erblassers geworden ist. Bei der Nacherbschaft tritt im Gegensatz zur Ersatzerbschaft zweimal eine Rechtsnachfolge ein.

Anwachsung als Alternative

Soweit kein Ersatzerbe eingesetzt wurde, ist an eine Anwachsung nach § 2094 BGB zu denken, wenn einer der eingesetzten Erben vor oder nach dem Eintritt des Erbfalls wegfällt.

2. Anordnung des Erblassers

kein gesetzlicher Ersatzerbe

Der Ersatzerbe muss vom Erblasser eingesetzt sein, einen gesetzlichen Ersatzerben gibt es nicht. 113

Wurde kein Ersatzerbe eingesetzt, so ist bei Wegfall eines Erben zu unterscheiden: Sind mehrere Erben eingesetzt, so fällt der Anteil des weggefallenen Erben den übrigen Erben im Wege der Anwachsung zu (§ 2094 BGB; vgl. auch § 2099 BGB). Ist nur ein Erbe eingesetzt und fällt dieser weg, so tritt die gesetzliche Erbfolge ein.

276 Zur Ersatzberufung vgl. Nieder, „Die ausdrücklichen oder mutmaßlichen Ersatzbedachten im deutschen Erbrecht", ZEV 1996, 241.

277 Hierbei handelt es sich jedoch nicht um eine bedingte Verfügung i.S.d. § 161 BGB.

278 §§ 2078 f. BGB; so Palandt, § 2094 BGB, Rn. 2; str.!

279 Palandt, § 2096 BGB, Rn. 6.

hemmer-Methode: Um dies zu verhindern (vor allem das Erbrecht des Fiskus, § 1936 BGB) muss der Erblasser einen Ersatzerben bestimmen.

Der Erblasser kann einen Ersatzerben auch nur für bestimmte Fälle des Wegfalls (z.B. Vorversterben) einsetzen.

3. Gesetzliche Auslegungsregel des § 2069 BGB

Auslegungsregel des § 2069 BGB ⇨ i. Zw. Abkömmlinge d. Erben

§ 2069 BGB ist Auslegungsregel und keine gesetzliche Vermutung, d.h. er greift nur ein, wenn der Wille des Erblassers nicht zweifelsfrei (§ 133 BGB) zu ermitteln ist.[280] § 2069 BGB stellt dann die Regel auf, dass bei Wegfall eines zum Erben eingesetzten Abkömmlings dessen Abkömmlinge Ersatzerben sein sollen. 114

Bei Wegfall wegen Erbverzichts gilt § 2069 BGB aber nur, wenn zugunsten der Abkömmlinge verzichtet wurde und nicht der Ausschluss des ganzen Stammes von der Erbfolge gewollt war.[281] Dabei besteht nach Ansicht des BGH[282] bei Verzicht gegen vollständige Abfindung die Vermutung, dass die Abkömmlinge des Verzichtenden nicht Ersatzerben sein sollen.[283] Ansonsten käme der Stamm in den Genuss eines (nicht gerechtfertigten) doppelten Vorteils, nämlich Abfindung **und** Ersatzerbenbestellung!

BGH: § 2069 BGB (-) bei Anspruch auf Pflichtteil

Nach Ansicht des BGH[284] gilt die Vermutung des § 2069 BGB auch dann nicht, wenn der Ausschlagende ausnahmsweise den Pflichtteil verlangen kann (§ 2306 I BGB). Dann gehe nämlich der Stamm nicht leer aus, der Schutz des § 2069 BGB sei deshalb nicht erforderlich. Vielmehr dürfe der Stamm nicht durch die Ersatzerbfolge doppelt begünstigt werden. Der BGH übersieht aber, dass gemäß § 2320 BGB ein Nebeneinander von Pflichtteil und Ersatzerbfolge ausdrücklich möglich ist. Da gemäß § 2320 BGB im Innenverhältnis der Ersatzerbe die Pflichtteilslast trägt, erlangt der Stamm insgesamt keine höhere Nachlassbeteiligung als allein nach Pflichtteilsrecht. Die Ansicht des BGH ist deshalb abzulehnen.[285]

Vererblichkeit des Nacherbenanwartschaftsrechts

Bedacht i.S.d. § 2069 BGB ist auch der Nacherbe.[286] Stirbt der Nacherbe aber erst zwischen Erbfall und Nacherbfall, greift auch § 2108 II BGB ein. Das Nacherbenrecht vererbt sich danach grundsätzlich auf seine Erben, soweit nicht ein anderer Wille des Erblassers anzunehmen ist. Dieser kann für diesen Fall bspw. einen Ersatznacherben bestimmen oder die Nacherbschaft entfallen lassen, sodass der Vorerbe mit dem Tod des Vorerben Vollerbe wird.

Findet sich keine ausdrückliche Anordnung des Erblassers bzw. lässt sich eine solche auch nicht durch Auslegung ermitteln, hat im Verhältnis der beiden Auslegungsregeln der §§ 2069, 2108 II BGB letztere den Vorrang. Primär heranzuziehen ist aber selbstverständlich die konkrete Auslegung, sodass sich im Einzelfall auch andere Ergebnisse ergeben können.[287]

280 Palandt, § 2069 BGB, Rn. 1.

281 Palandt, § 2069 BGB, Rn. 4.

282 BGHZ 33, 60 - 63.

283 Zustimmend MüKo, § 2069 BGB, Rn. 11.

284 BGHZ 33, 60 - 63 (63).

285 Palandt, § 2069 BGB, Rn. 4; MüKo, § 2069 BGB, Rn. 13; vgl. auch OLG München, MDR 2007, 36 = **juris**byhemmer = **Life&Law 07/2007, 465 ff.**

286 Palandt, § 2069 BGB, Rn. 6.

287 Vgl. Muscheler, Zum Verhältnis von § 2069 BGB und Ersatznacherbeneinsetzung, JR 1995, 309 - 313 mit kritischer Stellungnahme zu BayObLG, NJW-RR 1994, 460 - 462 = **juris**byhemmer; interessant auch BayObLG, FamRZ 2001, 1561 - 1563 = **juris**byhemmer.

hemmer-Methode: Der Unterschied zwischen den beiden Vorschriften ist der, dass beim Nachrücken der Erben des Nacherben gem. § 2108 II BGB diese gerade nicht dessen Abkömmlinge sein müssen, wie das § 2069 BGB fordert.
Die Begriffe Nacherbe und Ersatzerbe schließen sich, wie gerade gesehen nicht aus, sondern können auch kombiniert verwendet werden: An die Stelle des vorverstorbenen Nacherben treten eben die Ersatznacherben, wenn der Erblasser dies angeordnet hat.

keine analoge Anwendung auf Nichtabkömmlinge

Im Übrigen ist § 2069 BGB auf andere Personen als Abkömmlinge nicht entsprechend anwendbar.[288] Eine durch Wegfall entstandene Lücke in der letztwilligen Verfügung ist aber unter Umständen durch ergänzende Testamentsauslegung zu schließen. Die Ersatzberufung (§ 2096 BGB) eines Abkömmlings des Weggefallenen muss allerdings in dem Testament angedeutet sein (Andeutungstheorie). Dabei ist in Folge der Wertung des § 2069 BGB möglicherweise schon die Einsetzung eines nahen Verwandten (z.B. Schwester, Stief- oder Geschwisterkind, Ehegatten oder sonstige Personen, zu denen er besonders enge Beziehungen unterhält) hinreichender Anhaltspunkt dafür, dass eine Ersatzerbenstellung seiner Abkömmlinge gewollt war.[289]

4. Weitere Auslegungsregeln zum Ersatzerben

weitere Auslegungsregeln

⇨ § 2099 BGB: Ersatzerbenrecht geht Anwachsungsrecht vor.

⇨ § 2102 I BGB: Im Zweifel ist Nacherbe auch Ersatzerbe.

⇨ § 2097 BGB: Ersatzerbe im Zweifel sowohl bei Nichtkönnen als auch Nichtwollen des zuerst Berufenen.

⇨ § 2098 BGB: Gegenseitige Einsetzung zum Ersatzerben.

5. Wiederholungsfall

Fall: *Erblasser E ist mit F verheiratet. Aus der Ehe gingen zwei Söhne, S 1 und S 2, hervor. F brachte außerdem noch eine Tochter T mit in die Ehe. T hat ihrerseits noch ein Kind K. E setzt S 1, S 2 und T als seine Erben ein. T stirbt jedoch noch vor E.* 115

Frage: *Wer erbt nach dem Tod des E?*

a) Als Erben eingesetzt sind S 1, S 2 und T. S 1 und S 2 erben zweifellos. T ist durch Vorversterben weggefallen. Möglicherweise tritt dann hinsichtlich des frei gewordenen Erbteils die gesetzliche Erbfolge ein. Das wäre jedoch ausgeschlossen, wenn Anwachsung stattfinden würde. § 2094 BGB ist Auslegungsregel: Hat der Erblasser den gesamten Nachlass unter die eingesetzten Erben verteilt, so wird gemäß § 2094 BGB vermutet, dass er die gesetzliche Erbfolge ausschließen wollte und zwar auch für den Wegfall eines eingesetzten Erben. Rechtsfolge ist dann die Anwachsung. Die Anwachsung bei der gewillkürten Erbfolge entspricht der Erhöhung des gesetzlichen Erbteils (§§ 1935, 2007 S. 2 BGB) bei der gesetzlichen Erbfolge.[290] Da die Anwachsung jedoch nur auf dem vermuteten Willen des Erblassers beruht, tritt sie nicht ein, wenn feststeht, dass der Erblasser keine Anwachsung wollte.

288 BGH, NJW 1973, 240 - 243; BayObLG, FamRZ 2000, 1186 - 1187; BayObLG, FamRZ 2001, 516 - 517; OLG München, Beschluss v. 11.12.2014, 31 Wx 379/14; **alle Entscheidungen = juris**byhemmer.

289 BayObLG, FamRZ 2000, 1186 - 1187; BayObLG, FamRZ 2001, 516 - 517; ZEV 2004, 463 - 464; **alle Entscheidungen = juris**byhemmer; Palandt, § 2069 BGB, Rn. 8 ff.

290 Palandt, § 2094 BGB, Rn. 6.

So kann der Erblasser die Anwachsung ausdrücklich ausschließen (§ 2094 III BGB). Dies ist hier nicht geschehen. Darüber hinaus ist die Anwachsung immer ausgeschlossen, wenn Ersatzerben eingesetzt wurden, denn das Ersatzerbenrecht geht gemäß § 2099 BGB dem Anwachsungsrecht vor.

b) Ausdrücklich hat E keinen Ersatzerben eingesetzt.

c) Die Einsetzung eines Ersatzerben könnte sich aber im Wege ergänzender Testamentsauslegung (§ 133 BGB) ergeben. Ein dahingehender Wille des E lässt sich aber nicht eindeutig feststellen.

Deshalb ist auf die Auslegungsregel des § 2069 BGB zurückzugreifen. § 2069 BGB vermutet, dass bei Wegfall eines Abkömmlings dessen Abkömmlinge Ersatzerben sein sollen. § 2069 BGB enthält also eine Auslegungsregel für den tatsächlichen Erblasserwillen.

Abkömmlinge i.S.d. § 2069 BGB sind auch angenommene Kinder des weggefallenen Abkömmlings, sofern sie mit dem Erblasser verwandt sind,[291] nicht aber von dem anderen Ehepartner mit in die Ehe gebrachte Kinder. § 2069 BGB greift also direkt nicht ein und ist nach h.M. auch nicht entsprechend anwendbar. Allerdings kann insoweit eine ergänzende Auslegung des Testaments dahin erfolgen, dass die Abkömmlinge naher Angehöriger ebenfalls als Ersatzerben eingesetzt sein sollen (unter Berücksichtigung der Wertung des § 2069 BGB).[292]

Ergebnis: Erben sind S 1, S 2 und K (als Ersatzerbe der T).

6. Prüfungsschema bei Wegfall eines vom Erblasser eingesetzten Erben

Prüfungsschema

116

Die Frage ist, wem der frei gewordene Erbteil zufällt:

a) Anwachsung (§ 2094 BGB)

b) Anwachsungsrecht subsidiär gegenüber Ersatzerbenrecht (§ 2099 BGB)

c) Ersatzerbschaft

- **aa)** Ersatzerbe eingesetzt (§ 2096 BGB)?
- **bb)** Ersatzerbe durch Auslegung zu ermitteln (§§ 133, 2084 BGB)?
- **cc)** Ersatzerbe vermutet (§ 2069 BGB)?

d) Anwachsung

- **aa)** Mehrere Erben eingesetzt? (Bei Wegfall des Alleinerben ⇨ gesetzliche Erbfolge)
- **bb)** Liegt Wegfall i.S.d. § 2094 BGB vor? (Kein Wegfall bei Nichtigkeit der Erbeinsetzung oder bei § 2077 BGB, da bei der Anwachsung wirksame Erbeinsetzung erforderlich, str.[293] Begriff des Wegfalls hier also enger als bei Ersatzerbschaft.[294])
- **cc)** Liegt Ausschluss der Anwachsung vor? (§ 2094 III BGB) (evtl. durch Auslegung zu ermitteln)

e) Gesetzliche Erbfolge

291 Wegen § 1770 BGB nicht im Fall der Erwachsenenadoption.

292 Palandt, § 2069 BGB, Rn. 8.

293 Wie hier Palandt, § 2094 BGB, Rn. 2; a. A. Soergel-Damrau, § 2094 BGB, Rn. 4; MüKo, § 2094 BGB, Rn. 3; Staudinger, § 2094 BGB, Rn. 2.

294 Vgl. Palandt, § 2096 BGB, Rn. 6.

II. Anordnung von Vor- und Nacherbschaft, §§ 2100 ff. BGB

1. Begriff

beide Rechtsnachfolger des Erblassers

Der Nacherbe wird nach dem Willen des Erblassers erst dann dessen Erbe, nachdem ein anderer (Vorerbe) dessen Erbe geworden ist (§ 2100 BGB). Vor- und Nacherbe sind beide Rechtsnachfolger des Erblassers, aber nicht nebeneinander, sondern hintereinander. Möglich ist auch eine mehrfache Nacherbeneinsetzung (sog. gestaffelte Nacherbfolge), so wenn für die Nacherben weitere Nacherben bestimmt werden.[295] 117

Für den Nacherben sind zwei Zeitpunkte maßgeblich:

a) Erbfall

mit Erbfall nur Entstehung von AWR für Nacherbe

Mit dem Erbfall erwirbt der Nacherbe ein Anwartschaftsrecht am Nachlass. Dieses ist veräußerlich und vererblich (vgl. § 2108 II S. 1 BGB).[296] 117a

Die Vererblichkeit entfällt, wenn der Erblasser etwas anderes angeordnet hat, § 2108 II S. 1 HS 2 BGB. Er kann für den Fall, dass der Nacherbe nach dem Erbfall aber vor dem Vorerben verstirbt, die Nacherbschaft ersatzlos entfallen lassen, sodass der Vorerbe mit Tod des Nacherben Vollerbe wird. Er kann für diesen Fall aber auch einen Ersatznacherben benennen.

b) Nacherbfall

erst mit Nacherbfall wird Nacherbe selbst Erbe

Nacherbfall ist im Zweifel der Tod des Vorerben (§ 2106 I BGB). Es kann aber auch ein anderer Zeitpunkt bestimmt sein (z.B. eine Wiederverheiratung des Vorerben[297]). Mit Eintritt des Nacherbfalles erwirbt der Nacherbe die Erbschaft als Gesamtnachfolger des Erblassers mit dinglicher Wirkung, § 1922 BGB. 117b

oft: Ehefrau als Vorerbin, Kinder als Nacherben

Durch Vor- und Nacherbfolge kann der Erblasser auf längere Zeit die Zuordnung seines Vermögens bestimmen. So werden oft die Ehefrau als Vorerbin und die Kinder als Nacherben eingesetzt, um das Familienvermögen zu erhalten, sog Trennungslösung.[298]

2. Vor- und Nacherbschaft bei bedingter Erbeinsetzung

Bsp. 1: *Ein Arzt verfügt, dass derjenige seiner drei Söhne sein Erbe werden soll, der zuerst ein abgeschlossenes Medizinstudium vorweisen kann.* 118

Bsp. 2: *Erblasser E setzt seine Frau unter der Bedingung als Erbin ein, dass sie sich nicht wieder verheiratet.*

Erbeinsetzung unter aufschiebender Bedingung

Zu Bsp. 1: In diesem Fall liegt eine Erbeinsetzung unter einer aufschiebenden Bedingung (= abgeschlossenes Medizinstudium) vor. Eine bedingte Erbeinsetzung ist zulässig, §§ 158, 2074 BGB. Unproblematisch ist der Fall, wenn einer der Söhne den Abschluss beibringt, noch bevor der Vater stirbt. Dieser Sohn wird dann Erbe.

295 Palandt, § 2100 BGB, Rn. 1.

296 Vgl. auch Rn. 114.

297 Vgl. auch Rn. 110.

298 Vgl. hierzu Rn. 107 ff.

Schwieriger ist die Situation, wenn die Bedingung im Zeitpunkt des Erbfalles noch nicht eingetreten ist. In diesem Fall ordnet § 2105 I BGB an, dass bis zum Eintritt der Bedingung die gesetzlichen Erben Vorerben sind. Der Bedachte ist Nacherbe. Der Eintritt der Bedingung entspricht dann dem Nacherbfall. § 2105 BGB ist eine ergänzende Anordnung des Gesetzes, soweit der Erblasserwille nicht ausdrücklich feststeht oder durch Auslegung zu ermitteln ist. Sie soll bei einer unvollständigen letztwilligen Verfügung vermeiden, dass die Erbschaft herrenlos wird. Zu beachten ist auch, dass das Anwartschaftsrecht des Nacherben, der unter einer aufschiebenden Bedingung zum Erben eingesetzt wurde, im Zweifel nicht vererblich ist (§§ 2108 II S. 2, 2074 BGB).

Im Übrigen kann der Nacherbe schon nach dem Tod des Erblassers, also noch vor dem Nacherbfall die Erbschaft ausschlagen.[299]

Erbeinsetzung unter auflösender Bedingung

Zu Bsp. 2: Hier liegt eine Erbeinsetzung unter einer auflösenden Bedingung (= Wiederheirat) vor. Dabei handelt es sich um den umgekehrten Fall als bei § 2105 BGB; gemäß § 2104 BGB werden die gesetzlichen Erben mit Eintritt der Bedingung Nacherben.[300]

hemmer-Methode: § 2105 BGB kommt auch dann zur Anwendung, wenn der in einem Testament Bedachte im Zeitpunkt des Erbfalls noch nicht einmal gezeugt ist. Hier ist nach § 2101 I BGB im Zweifel anzunehmen, dass der Bedachte nur Nacherbe ist, nach § 2105 II BGB ist Vorerbe der gesetzliche Erbe. Der Nacherbfall tritt nach § 2106 II BGB allerdings nicht erst mit dem Tod des Vorerben, sondern bereits mit der Geburt des Vorerben ein.[301]

3. Abgrenzung Nacherbe – Ersatzerbe

ob Nach- oder Ersatzerbe ist abhängig vom Erblasserwillen

Ob jemand Ersatzerbe oder Nacherbe ist, hängt vom Erblasserwillen ab, der durch Auslegung zu ermitteln ist. Kommt man hierbei zu keinem Ergebnis, so greift die Auslegungsregel des § 2102 II BGB ein, d.h. die Person gilt als Ersatzerbe. Bedeutsam ist auch § 2102 I BGB, wonach der als Nacherbe eingesetzte Erbe im Zweifel auch als Ersatzerbe eingesetzt sein soll. Dies wird relevant, wenn der eigentlich eingesetzte Vorerbe vor dem Erblasser verstirbt. Der Nacherbe ist dann im Zweifel zugleich auch Vorerbe und damit i.d.R. Vollerbe. 119

⇨ Auslegung, aber grds. Vermutung für Ersatzerben, § 2102 II BGB

Benennt ein Erblasser neben seinem Erben eine weitere Person, an die der Nachlass fallen soll, falls die zunächst eingesetzte Person verstirbt, so kann hierin die Anordnung einer Vor- und Nacherbschaft, aber auch die Bestimmung eines Ersatzerben liegen.[302] Verstirbt der zunächst Berufene nach dem Erbfall, ist er also zunächst Erbe geworden, mithin nicht „weggefallen" i.S.d. § 2096 BGB. Es kommt dann nur Nacherbschaft in Betracht. Es muss dann durch Auslegung eindeutig (wegen § 2102 II BGB) ermittelt werden können, dass der Erblasser auch Nacherbschaft (und nicht nur Ersatzerbschaft) gewollt hat. Dabei ist nur der Wille beachtlich, zwei Erben hintereinander einzusetzen – auf die Bezeichnung kommt es nicht an. Stirbt der zunächst Bedachte jedoch vor dem Erbfall, so kommt nur Ersatzerbschaft in Betracht.

Im Gegensatz zur Nacherbschaft kann hier die Einsetzung als Ersatzerbe auch dann angenommen werden, wenn dies nicht zweifelsfrei durch Auslegung ermittelt werden konnte. Gemäß § 2102 II BGB spricht nämlich eine Vermutung für die Einsetzung als Ersatzerbe.

299 Palandt, § 1946 BGB, Rn. 2.

300 Siehe auch oben, Rn. 112.

301 Zu diesen und vergleichbaren Konstellationen vgl. Damrau, ZEV 2004, 19 ff.

302 MüKo, § 2102 BGB, Rn. 5.

hemmer-Methode: Der Grund hierfür ist darin zu sehen, dass bei einem Ersatzerben der zunächst Bedachte weniger beschwert ist. Denn während einem Nacherben die Erbschaft sicher zufällt, kommt der Ersatzerbe nur zum Zuge, wenn der eigentlich Bedachte noch vor dem Erbfall wegfällt, § 2096 BGB. Allerdings schließen sich die Begriffe Ersatzerbe und Nacherbe nicht gegenseitig aus. So ist es auch möglich, einen Ersatznacherben zu benennen. Dies wird bspw. relevant, wenn der Nacherbe nach dem Erbfall aber vor dem Eintritt des Nacherbfalls verstirbt. Hier gilt im Zweifel die Vererblichkeit des Nachanwartschaftsrechts, § 2108 II BGB. Will der Erblasser für diesen Fall selbst über das Schicksal seines Vermögens entscheiden und dies nicht dem Nacherben überlassen, muss er einen Ersatznacherben benennen und damit § 2108 II BGB ausschließen.[303]
Die Formulierung in § 2069 BGB (Wegfall vor oder nach Eintritt des Erbfalls) ist also missverständlich. Ein „Wegfall" i.S.d. § 2096 BGB liegt regelmäßig vor, wenn ein Erbe vorher wegfällt. Ein nachträglicher Wegfall i.d.S. liegt nur dann vor, wenn dieser wie die Ausschlagung Rückwirkung hat. Stirbt allerdings der Erstberufene nach dem Erbfall, so ist dies kein Wegfall i.S.d. § 2096 BGB, sodass die Erbschaft auf dessen Erben übergeht.[304]

4. Rechtsstellung des Vorerben

a) Verfügungsbeschränkungen

Verfügungsbeschränkung für Vorerben möglich

Gemäß § 2112 BGB kann der Vorerbe nach dem Erbfall und vor dem Nacherbfall grundsätzlich über die zur Erbschaft gehörenden Gegenstände verfügen. Zum Schutz des Nacherben erfährt dieser Grundsatz durch die §§ 2113 – 2115 BGB jedoch erhebliche Einschränkungen. 120

2112: 2113-2115 unterscheiden

Verfügungen, die entgegen der §§ 2113 – 2115 BGB vorgenommen werden, führen bei Anfall der Nacherbschaft zu einer gegenüber jedermann wirkenden (absoluten) Unwirksamkeit, soweit sie das Recht des Nacherben beeinträchtigen oder vereiteln würden.

2113: insoweit

hemmer-Methode: Bis zum Nacherbfall sind diese Verfügungen wirksam (schwebende Wirksamkeit). Zum Schutz des Rechtsverkehrs ordnet § 2113 III BGB aber die Möglichkeit eines gutgläubigen Erwerbs an. Ein solcher ist möglich, wenn der Erwerber von einem „normalen" Erben oder zumindest einem befreiten Vorerben ausgeht.
Hiermit im Zusammenhang steht der Nacherbenvermerk im Grundbuch gemäß § 51 GBO sowie § 2363 BGB, wonach die Vorerbschaft ausdrücklich im Erbschein erwähnt werden muss. Beides schließt ggf. einen gutgläubigen Erwerb durch Dritte aus. Ist die Vorerbschaft im Erbschein nicht erwähnt, schließt auch bei beweglichen Sachen nur positive Kenntnis i.S.d. § 2366 BGB und nicht schon grobe Fahrlässigkeit nach § 932 II BGB den gutgläubigen Erwerb aus.[305]

aa) Verfügung über ein zur Erbschaft gehörendes Grundstück, Grundstücksrechte oder Schiff, § 2113 I BGB[306]

Die in § 2113 BGB angeordnete Unwirksamkeit für den Fall der Beeinträchtigung oder Vereitelung des Rechts des Nacherben umfasst nur die dingliche Verfügung, nicht auch das schuldrechtliche Geschäft. 120a

303 S. oben Rn. 117b.

304 Vgl. Palandt, § 2096 BGB, Rn. 6 a.E.; vgl. auch schon oben Rn. 112.

305 Palandt, § 2113 BGB, Rn. 16.

306 Vgl. Heider, „Die Befugnis des Vorerben zu unentgeltlichen Verfügung über Nachlassgegenstände", ZEV 1995, 1 ff.

Eine Beeinträchtigung i.S.d. § 2113 I BGB liegt auch dann vor, wenn für die Verfügung ein entsprechendes Entgelt in den Nachlass fällt, da es bei Abs. 1 nur auf eine rechtliche und nicht auf eine wirtschaftliche Betrachtungsweise ankommt.[307]

Von dem Verfügungsverbot nach § 2113 I BGB kann der Erblasser den Vorerben befreien, § 2136 BGB.

bb) Unentgeltliche Verfügungen über Erbschaftsgegenstände, § 2113 II BGB

Eine unentgeltliche Verfügung liegt vor, wenn nach wirtschaftlichen Gesichtspunkten objektiv eine in den Nachlass zu erbringende Gegenleistung fehlt.[308] *120b*

Darüber hinaus muss aber auch ein subjektives Moment der Unentgeltlichkeit vorliegen. Hierunter ist die Kenntnis oder zumindest ein zumutbares Kennenmüssen zu verstehen, dass eine dem veräußerten Wert entsprechende Gegenleistung nicht in den Nachlass gelangt.[309]

Die Gegenleistung muss grundsätzlich dem Nachlass selbst zugutekommen und nicht dem freien Vermögen des Vorerben.[310]

Ein Missverhältnis zwischen Leistung und Gegenleistung stellt eine teilweise Unentgeltlichkeit dar, die als gemischte Schenkung wie bei § 516 BGB ebenfalls unter § 2113 BGB fällt. Nacherben müssen Verfügungen gemäß § 2113 II BGB nicht gegen sich gelten lassen, wenn kein adäquater Gegenwert in den Nachlass fließt.[311]

hemmer-Methode: Von diesem Verbot kann der Vorerbe nicht befreit werden, vgl. § 2136 BGB. Eine unentgeltliche Verfügung ist somit nur wirksam, wenn sie der Nacherbe genehmigt, vgl. § 2120 BGB.
§ 2113 II BGB greift aber nach h.M.[312] dann nicht ein, wenn der Erblasser durch Vermächtnis den Nacherben beschwert hat, bestimmten unentgeltlichen Verfügungen des Vorerben zuzustimmen, oder wenn er den Vorerben mit einem auf die Schenkung bedingten Vorausvermächtnis bedacht hat, da der verschenkte Gegenstand dann nach § 2110 II BGB nicht in die Nacherbschaft fällt.[313]

b) Schutzwürdigkeit des Nacherben

⇨ Schutz des Nacherben

Die Unwirksamkeit dieser Verfügungen wird also vom Gesetz zum Schutze des Nacherben festgelegt. Es lassen sich aber Fälle denken, in denen der Nacherbe nicht schutzwürdig und deshalb die Verfügung wirksam ist. *120c*

Ausnahmen: befreiter Vorerbe, Zustimmung oder gutgl. Erwerb

So kann der Erblasser bestimmen, dass die Beschränkung des § 2113 I BGB nicht gelten soll (§ 2136 BGB: befreiter Vorerbe). Zum anderen kann der Nacherbe der Verfügung des Vorerben zustimmen.[314] Darüber hinaus ist die Verfügung gegenüber einem gutgläubigen Dritten wirksam (§ 2113 III BGB).

307 Palandt, § 2113 BGB, Rn. 5.

308 Palandt, § 2113 BGB, Rn. 10.

309 BGHZ 7, 274 - 280 (279) = **juris**byhemmer; BayObLG, DNotZ 1989, 182 - 184 = **juris**byhemmer; Palandt, § 2113 BGB, Rn. 10.

310 BGH, NJW 1953, 219; Palandt, § 2113 BGB, Rn. 9.

311 BGH, NJW 1985, 382 - 384 (383) = **juris**byhemmer; Palandt, § 2113 BGB, Rn. 12.

312 OLG Düsseldorf, FamRZ 2000, 571 - 573 = **juris**byhemmer; Palandt, § 2113 BGB, Rn. 12.

313 Palandt, § 2136 BGB, Rn. 1.

314 § 185 BGB gilt entsprechend; BGHZ 40, 115 - 126 = **juris**byhemmer; Palandt, § 2113 BGB, Rn. 6.

Gutgläubig ist der Dritte, wenn er die Verfügungsbeschränkung nicht kannte, §§ 2113 III, 892 BGB (auch irrige Annahme von einer Befreiung, § 2136 BGB) bzw. nicht wusste, dass der Verfügende nur Vorerbe war oder dass es sich um einen Nachlassgegenstand handelte. Er wird dann zum Nachteil des Nacherben geschützt.

Dem Schutz des Nacherben gegenüber dem gutgläubigen Dritten dient wiederum § 51 GBO. Danach sind das Recht des Vorerben sowie das Recht des Nacherben einzutragen, womit ein gutgläubiger Erwerb des Dritten verhindert werden kann.

hemmer-Methode: § 2113 I, II BGB stellen absolute Veräußerungsverbote dar, da die entsprechenden Verfügungen gegenüber jedermann und nicht nur gegenüber dem Nacherben unwirksam sind. Dennoch ist nach § 2113 III BGB ein gutgläubiger Erwerb möglich. Gutgläubiger Erwerb und absolutes Veräußerungsverbot schließen sich – entgegen einem weit verbreiteten Irrtum – also keineswegs aus. Anders als bei nur relativen Veräußerungsverboten, bei denen nach § 135 II BGB grundsätzlich ein gutgläubiger Erwerb möglich ist, muss dies bei einem absoluten Veräußerungsverbot aber ausdrücklich angeordnet sein.[315]

Der Vollzug des Erblasserwillens stellt keine Beeinträchtigung i.S.d. § 2113 BGB dar. So ist anerkannt, dass die Erfüllung einer gültigen Vermächtnis- oder Teilungsanordnung des Erblassers oder die Erfüllung einer bereits vom Erblasser eingegangenen Verpflichtung durch den Vorerben keine Beeinträchtigung des Nacherben darstellt und damit wirksam ist.[316]

Einwilligung des Nacherben

Eine nach § 2113 BGB eigentlich unwirksame Verfügung kann vom Nacherben genehmigt werden.[317]

hemmer-Methode: Dem Vorerben können auch bestimmte Gegenstände als Vorausvermächtnis (vgl. § 2150 BGB) zugewendet werden, über die der Vorerbe dann trotz § 2113 II BGB wegen § 2110 II BGB uneingeschränkt verfügen kann.

c) Veräußerung unter Vorerben

Veräußerung von Nachlassgegenständen unter Vorerben

Die Veräußerung eines Nachlassgegenstandes unter mehreren Vorerben, deren ererbtes Vermögen auf den gleichen Nacherben übergehen soll, ist sowohl Beeinträchtigung i.S.d. § 2113 I BGB als auch Vermögensminderung i.S.d. § 2113 II BGB, da dieser Gegenstand dadurch dem Nachlass entzogen wird.[318] Zum Nachlass gehören nämlich nur ererbte, nicht aber rechtsgeschäftlich erworbene Gegenstände. 121

5. Folgen des Nacherbfalls

Folgen des Nacherbfalls

a) Folge des Nacherbfalls ist gemäß § 2139 BGB, dass der Vorerbe aufhört, Erbe zu sein. Nach § 857 BGB geht der Besitz auf den Erben über. Für den Nacherben gilt dies jedoch nur insoweit, als der Vorerbe selbst nur Besitzer in Sinne von § 857 BGB war, ihn also noch nicht tatsächlich erlangt hat. 122

315 Vgl. zu diesen Begriff auch Tyroller, Grundzüge zum Erwerb vom Berechtigten und Nichtberechtigten gemäß §§ 929, 932 ff., **Life&Law 11/2007,773 ff.**

316 BayObLG, DNotZ 1975, 417; BayObLG, FamRZ 1992, 728 - 729 = **juris**byhemmer; Palandt, § 2113 BGB, Rn. 5; vgl. auch OLG Hamm, FamRZ 1995, 961 - 962 = **juris**byhemmer.

317 Die Zustimmung eines Ersatznacherben ist hierzu nicht Voraussetzung, vgl. BayObLG, NJW-RR 2005, 956 - 957 = **juris**byhemmer = **Life&Law 09/2005, 600**.

318 BayObLG, DNotZ 1975, 418.

Hat der Vorerbe bereits unmittelbar den Besitz ausgeübt, so verbleibt er beim Vorerben solange, als er ihn wirklich hat.

Bei seinem Tod geht er gemäß § 857 BGB auf seine Erben über. Der Besitz muss also in diesen Fällen erst dem Nacherben übertragen werden. Dies ergibt sich aus der Herausgabepflicht der §§ 2130 ff. BGB.

b) Unmittelbar mit dem Eintritt des Nacherbfalls erwirbt der Nacherbe das Recht, vom Vorerben die Herausgabe der Erbschaft zu verlangen, § 2130 I BGB.

hemmer-Methode: § 2130 BGB ist insoweit lex specialis gegenüber § 2018 BGB! Neben dem schuldrechtlichen Anspruch aus § 2130 BGB hat der Nacherbe noch den dinglichen Anspruch aus § 985 BGB, da er mit dem Nacherbfall Eigentümer wurde und der Vorerbe ab diesem Zeitpunkt rechtsgrundloser Besitzer ist.

Herausgabepflicht im Umfang von ordnungsgem. Verwaltung; Haftung gem. §§ 280, 2131, 277 BGB

Die Herausgabepflicht des Vorerben erstreckt sich auf alle Nachlassgegenstände, die bei ordnungsgemäßer Verwaltung im Zeitpunkt des Nacherbfalles noch vorhanden wären, § 2130 I S. 1 BGB. Dazu gehören auch Surrogate gemäß § 2111 BGB, die in den Nachlass gefallen sind.

Sind diese Gegenstände nicht mehr vorhanden, so richtet sich die Haftung des Vorerben nach §§ 280 I, III, 283, 2131, 277 BGB (Schadensersatz wegen der (zum Teil) unmöglich gewordenen Herausgabepflicht). Daneben haftet der Vorerbe aus § 823 I BGB wegen Verletzung des Anwartschaftsrechts am Nachlass. Der Vorerbe hat Gegenansprüche aus § 2124 II S. 2 BGB, wenn er außergewöhnliche Erhaltungskosten aus seinem eigenen Vermögen gedeckt hat, sowie aus § 2125 BGB auf Ersatz der sonstigen Verwendungen, d.h. der Verwendungen, die nicht Erhaltungskosten sind (z.B. Luxusaufwendungen). Letztere werden nach den Vorschriften über die Geschäftsführung ohne Auftrag ersetzt (§§ 2125 I, 683, 684 BGB).

hemmer-Methode: Der Erblasser kann den Nacherben auch auf dasjenige einsetzen, was im Nacherbfall von seinem Vermögen noch übrig ist, § 2137 BGB. In diesem Fall sind alle möglichen Befreiungen i.S.d. § 2136 BGB anzunehmen und die Herausgabepflicht beschränkt sich auf die noch vorhandenen Gegenstände, § 2138 BGB.

c) Mit dem Eintritt des Nacherbfalls hört der Vorerbe gemäß § 2139 BGB auf, Erbe zu sein und sein Verfügungsrecht über die Nachlassgegenstände erlischt. Da der Vorerbe aber nicht immer sogleich Kenntnis vom Eintritt des Nacherbfalls erhält, wird er gemäß § 2140 BGB bei späteren Verfügungen noch als verfügungsberechtigt behandelt, wenn er den Eintritt des Nacherbenfalls nicht kannte bzw. kennen musste. Ein Schutz des Dritten ist im Falle des § 2140 S. 2 BGB ausgeschlossen.

hemmer-Methode: Ist der Dritte gutgläubig, der Vorerbe aber bösgläubig, so kommt ein gutgläubiger Erwerb des Dritten nach allgemeinen Vorschriften in Betracht!

6. Wiederholungsfall

Fall: Der Erblasser E hinterließ folgendes Testament: „Meine Erben sollen mein Sohn S und meine Töchter T 1 und T 2 sein. S soll meine Münzsammlung und meine Fotoausrüstung bekommen, T 1 und T 2 sollen je zur Hälfte das Grundstück in der Sonnenstraße erhalten. Dieses darf nur verkauft werden, wenn sowohl T 1 als auch T 2 damit einverstanden sind. Nach dem Tod eines meiner Kinder sollen die anderen Geschwister Erben sein.“ 123

Außer den genannten Gegenständen hatte E kein nennenswertes Vermögen. S, T 1 und T 2 schlossen einen notariell beurkundeten Auseinandersetzungsvertrag, in dem sie S die Münzsammlung und die Fotoausrüstung übereigneten und das Grundstück an T 1 und T 2 als Miteigentümerinnen zu je 1/2 aufließen. Kurz darauf erfolgte auch die Grundbucheintragung. Eine Verfügungsbeschränkung wurde jedoch nicht eingetragen.

Zwei Jahre später übertrug T 1 ihren Miteigentumsanteil formgerecht an T 2, die daraufhin als Alleineigentümerin eingetragen wurde. Als Gegenleistung übernahm T 2 die auf dem Grundstück lastende Hypothek. Die Hypothek machte 1/4 des Grundstückswertes aus.

Wenig später verstarb T 1. Daraufhin ließ S mit Hilfe einer einstweiligen Verfügung einen Widerspruch gegen die Eintragung der T 2 als Alleineigentümerin des Grundstücks ins Grundbuch eintragen.

***Frage 1:** T 2 verlangt von S Beseitigung des Widerspruchs. Zu Recht?*

***Frage 2:** Wie wäre die Rechtslage, wenn der Neffe des E nach zwei Jahren Nacherbe des S hätte werden sollen, dem S aber die Fotoausrüstung während eines Italienurlaubs aus dem unverschlossenen Wagen gestohlen worden wäre, wobei S seinen Wagen nie abzuschließen pflegte?*

Anspruch aus § 894 BGB analog?

Lösung Frage 1:

a) Anspruch auf Grundbuchberichtigung analog § 894 BGB

aa) Hier kommt nur eine analoge Anwendung des § 894 BGB in Betracht, da der Widerspruch weder ein dingliches Recht an einem Grundstück ist, noch eine Belastung oder eine Verfügungsbeschränkung darstellt. Eine analoge Anwendung ist jedoch gerechtfertigt, da der Gedanke des § 894 BGB – Schutz des Berechtigten vor rechtlichen Beeinträchtigungen – auch auf tatsächliche Beeinträchtigungen wie den Widerspruch zutrifft (beachten Sie aber § 22 GBO).

unrichtiger Widerspruch?

bb) Die Eintragung des Widerspruchs müsste unrichtig sein. Das wäre der Fall, wenn T 2 tatsächlich Alleineigentümerin des Grundstücks wäre.

(1) Zunächst haben S, T 1 und T 2 gemäß §§ 1937, 1922 BGB im Wege der Gesamtrechtsnachfolge als Miterbengemeinschaft (§ 2032 BGB) den gesamten Nachlass, also auch das Grundstück geerbt.

gemeinschaftliche Erklärung des Miterben

(2) Das Eigentum an dem Grundstück wurde aber formgerecht auf T 1 und T 2 übertragen. Die erforderliche gemeinschaftliche Erklärung der Auflassung durch alle Miterben (§ 2040 I BGB) liegt vor.

§ 2113 BGB?

(a) Einer wirksamen Auflassung könnte aber die Verfügungsbeschränkung des § 2113 I BGB entgegenstehen. Dann ist aber Voraussetzung, dass überhaupt Vor- und Nacherbschaft vorliegen. In der Anordnung des E, bei Versterben eines Kindes soll dessen Anteil den anderen zufallen, kann sowohl die Anordnung einer Nacherbschaft als auch einer Ersatzerbschaft liegen.

⇨ Auslegung, ob Vor- u. Nacherbschaft gewollt

Nacherbschaft liegt aber im Hinblick auf § 2102 II BGB nur dann vor, wenn durch Auslegung zweifellos zu ermitteln ist, dass der Erblasser mehrere hintereinander erben lassen wollte. Hier kam es dem E generell darauf an, dass bei Tod eines Kindes die anderen seine Rechtsnachfolger werden sollten und zwar zeitlich nacheinander.

Die Anordnung des E hatte also keine Ersatzerbschaft zum Inhalt, da eine solche nur dann in Betracht kommen würde, wenn das erstversterbende Kind zu keiner Zeit Erbe geworden wäre. Die Erbschaft sollte aber ausschließlich den Kindern erhalten bleiben und nicht innerhalb der einzelnen Stämme der Abkömmlinge weitergereicht werden. Deswegen ist vorliegend anzunehmen, dass E für den Fall des Versterbens eines Kindes Vor- und Nacherbschaft anordnen wollte. Hier sind also alle drei Kinder zueinander zugleich als Vor- und Nacherben eingesetzt. Der Nacherbfall (Tod eines Kindes) ist eingetreten, S und T 2 sind somit beide Nacherben.

Beeinträchtigung v. Recht des Nacherben?

(b) § 2113 I BGB müsste auch seinen Voraussetzungen nach eingreifen. Das ist der Fall, wenn durch die Auflassung an T 1 und T 2 ein Recht der Nacherben beeinträchtigt oder vereitelt worden wäre. Beeinträchtigung i.S.d. § 2113 I BGB ist nicht bereits der Vollzug des Erblasserwillens, so wenn z.B. wie hier eine wirksame Teilungsanordnung des Erblassers vollzogen wird.

Die Auflassung war somit wirksam.

befreite Vorerben

(3) Fraglich ist, ob die Übertragung des Miteigentumsanteils der T 1 auf T 2 gemäß § 2113 BGB unwirksam war.

(a) E hatte die Veräußerung des Grundstücks – wenn auch unter der Bedingung gegenseitigen Einvernehmens, welches hier vorliegt – ausdrücklich erlaubt, T 1 und T 2 sind also befreite Vorerben (§ 2136 BGB), für die die Verfügungsbeschränkung des § 2113 I BGB nicht gilt. Die Veräußerung des Miteigentumsanteils ist wirksam.

unentgeltlich i.S.d. § 2113 II BGB?

(b) Die Veräußerung könnte aber gemäß § 2113 II BGB unwirksam sein, wenn sie unentgeltlich erfolgt wäre. Objektive Unentgeltlichkeit liegt immer dann vor, wenn dem Nachlass kein angemessener Gegenwert zufließt, d.h. auch bei gemischten Schenkungen. Die Übernahme der Hypothek war keine angemessene Gegenleistung.

Der Grundstücksanteil musste aber dem Nachlass überhaupt entzogen worden sein. Das könnte zweifelhaft sein, weil er nun wiederum in der Hand eines Vorerben ist. Zum Nachlass gehören aber nur die Gegenstände, die aufgrund der Erbschaft erlangt wurden. Rechtsgeschäftlich erlangte Gegenstände, auch wenn sie unter mehreren Vorerben veräußert wurden, fallen nicht darunter.

subjektives Element?

Weiter ist in subjektiver Hinsicht erforderlich, dass T 1 in dem Bewusstsein (kennen oder kennen müssen) der Unentgeltlichkeit gehandelt hat. T 1 hätte bei ordnungsgemäßer Verwaltung erkennen müssen, dass es sich nicht um eine vollwertige Gegenleistung handelte. Teilweise Unentgeltlichkeit liegt also vor.

Zustimmung von Nacherben?

(c) Eine entgegen § 2113 II BGB vorgenommene Verfügung ist dennoch wirksam, wenn der Nacherbe zustimmt. Die Zustimmung der T 2 liegt in ihrer Beteiligung am Rechtsgeschäft. Die Verfügung ist also nur S gegenüber unwirksam.

gutgläubiger Erwerb?

(4) Die Verfügungsbeschränkungen des § 2113 I, II BGB zeigen jedoch keine Wirkung, wenn der Geschäftspartner (hier T 2) gutgläubig war (§ 2113 III BGB). Gutgläubigkeit liegt gemäß §§ 2113 III, 892, 893 BGB vor, wenn der Erwerber keine Kenntnis von der Nacherbfolge hatte, den Verfügungsgegenstand als nicht zum Nachlass gehörig betrachtete oder irrtümlich von einer Befreiung (§ 2136 BGB) des Vorerben (bzgl. § 2113 I BGB) ausging. Eine Befreiung von § 2113 II BGB ist nach § 2136 BGB nicht möglich. Die Nacherbschaft war hier zwar nicht (wie eigentlich gemäß § 51 GBO erforderlich) im Grundbuch eingetragen. Dem guten Glauben der T 2 an die Richtigkeit des Grundbuchs steht jedoch ihre positive Kenntnis von der angeordneten Nacherbschaft entgegen. Sie konnte den Grundstücksanteil deshalb nicht gemäß §§ 2113 III, 892 BGB gutgläubig erwerben.

⇨ Widerspruch rechtmäßig

Ergebnis:

Die Übertragung des Miteigentumsanteils der T 1 auf T 2 war wegen § 2113 II BGB dem S gegenüber unwirksam. Der Widerspruch besteht damit zu Recht. T 2 kann deshalb nicht seine Beseitigung gemäß § 894 BGB analog verlangen. Vielmehr muss T 2 gemäß § 888 II BGB ihre Zustimmung zur Eintragung des S als (Mit-)Nacherben erteilen.

bei Unmöglichkeit § 280 BGB

Lösung Frage 2:

Wenn S die Fotoausrüstung noch hätte, müsste er sie gemäß § 2130 I S. 1 BGB an N herausgeben. Die Herausgabe ist ihm jedoch wegen des Diebstahls unmöglich geworden. Bei Unmöglichkeit der Herausgabe ist der Vorerbe dem Nacherben gemäß §§ 280 I, III, 283, 275 II BGB schadensersatzpflichtig, wenn er die Unmöglichkeit zu vertreten hat.

S war zwar bis zum Nacherbfall Eigentümer der Kamera, war aber im Hinblick auf die Nacherbfolge zur ordnungsgemäßen Verwaltung verpflichtet, § 2130 I S. 1 BGB. Diese Pflicht hat er durch das Nichtverschließen des Wagens verletzt. Gemäß § 2131 BGB haftet S aber nur für eigenübliche Sorgfalt.

diligentia quam in suis, § 277 BGB

Man könnte deshalb daran denken, dass eine Haftung hier entfällt, weil S üblicherweise nie sein Auto abschließt. Jedoch ist gemäß § 277 BGB auch derjenige nicht von der Haftung für grobe Fahrlässigkeit befreit, der nur für die Sorgfalt einzustehen hat, die er in eigenen Angelegenheiten anzuwenden pflegt. Grobe Fahrlässigkeit liegt hier auch vor. S ist N gemäß §§ 2130 I S. 1, 280 I, III, 283, 275 II BGB schadensersatzpflichtig.

III. Vermächtnis, §§ 1939, 2147 ff. BGB

1. Begriff

Vermächtnis 1939 : 2147

Vermächtnis ist die Zuwendung eines Vermögensvorteils von Todes wegen, die weder Erbeinsetzung noch Auflage ist, vgl. § 2087 II BGB. *124*

Ein Vermächtnis kann beruhen auf:

⇨ Verfügung von Todes wegen (Testament oder Erbvertrag, §§ 1939, 1941, 2270 III, 2278 II BGB)

oder auf

1932 : 2147
1969 : 2147

⇨ gesetzlicher Anordnung (Voraus, § 1932 BGB; Dreißigster, § 1969 BGB).

Entstehung von Schuldverhältnis

Durch Vermächtnis entsteht ein Schuldverhältnis zwischen Vermächtnisnehmer und Beschwertem (vgl. § 2174 BGB).

2147 : 2174

„Vermächtnisnehmer" ist derjenige, der den Vermögensvorteil erhalten soll, „Beschwerter" ist (i.d.R.) der Erbe. Zwar wird der Erbe mit dem Erbfall auch Eigentümer der Gegenstände, die durch Vermächtnis einem Dritten zugewandt wurden (Gesamtrechtsnachfolge). Der Vermächtnisnehmer kann jedoch, den ihm vom Erblasser zugewandten Vermögensvorteil von dem Beschwerten verlangen. *125*

2174 : 241ff, 280

Das Vermächtnis stellt also keinen Erbvorgang dar, es wird lediglich ein Forderungsrecht begründet. Vollzogen wird das Vermächtnis durch selbstständiges Erfüllungsgeschäft unter Lebenden (bei Gegenständen Übereignung, bei Rechten Übertragung). Da es sich um ein Schuldverhältnis handelt, sind die schuldrechtlichen Vorschriften anwendbar (insbes. §§ 275, 280 BGB).

MERKE: Durch das Vermächtnis wird kein dingliches Recht an dem vermachten Gegenstand übertragen, sondern nur ein schuldrechtlicher Anspruch auf diesen Gegenstand begründet! Dinglich berechtigt ist der Vermächtnisnehmer erst, wenn der Beschwerte nach §§ 398, 873, 929 BGB abgetreten bzw. übereignet hat!

⇨ es gelten die allgemeinen Regeln

Die Haftung des Beschwerten[319] gegenüber dem Bedachten[320] für Leistungsstörungen (Nicht- oder Schlechterfüllung) nach dem Erbfall richtet sich, da durch das Vermächtnis ein Schuldverhältnis begründet wird, grundsätzlich nach den allgemeinen Vorschriften der §§ 241 ff. BGB.

319 Vgl. Rn. 130.

320 Vgl. Rn. 131.

Bei schuldhafter Nichterfüllung kommen demnach Schadensersatzansprüche nach § 280 BGB in Betracht.

§ 311a BGB wird für den Fall anfänglich objektiver Unmöglichkeit durch § 2171 BGB verdrängt, wonach in Ausnahme zu § 311a BGB nicht die Errichtung des Testaments, sondern der Erbfall maßgeblich ist.

hemmer-Methode: Im Falle eines Gattungsvermächtnisses i.S.d. § 2155 BGB[321] haftet der Bedachte gemäß § 276 I S. 1 BGB auch ohne sein Verschulden, solange eine Leistung aus der Gattung möglich ist und ihn damit das Beschaffungsrisiko trifft. Gleiches gilt gemäß § 2170 II BGB beim sog. Verschaffungsvermächtnis, also das Vermächtnis einer Sache, die nicht zum Nachlass gehört. Beachten Sie aber, dass ein solches Vermächtnis wegen § 2169 I BGB nur dann wirksam ist, wenn ein entsprechender Wille des Erblassers festgestellt werden kann, § 2169 I BGB a.E.

Die Gewährleistung wegen Schlechterfüllung richtet sich nach §§ 2182 f. BGB.

Drittschadensliquidation

Auch die Grundsätze der Drittschadensliquidation können in Betracht kommen:[322]

Bsp.: *Der Erblasser E besitzt ein Haus, in dem außer ihm noch seine Ehefrau F wohnt. In dem Haus befindet sich ein wertvoller Flügel. E setzt F testamentarisch zur Erbin ein. Seinem Sohn S vermacht er den Flügel. Nach dem Tod des E lässt F das Haus renovieren. Dabei wird der Flügel durch Handwerker der Firma A fahrlässig beschädigt.*

S verlangt nun Übereignung des Flügels und Schadensersatz.

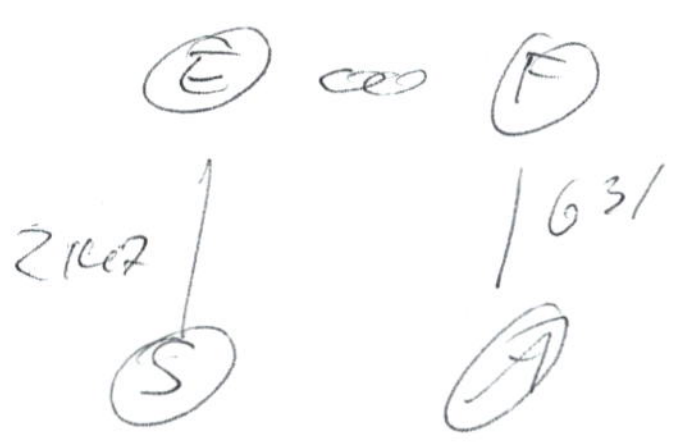

Hier liegt eine typische Schadensverlagerung vor. F hätte gegen die Firma A einen Anspruch aus Pflichtverletzung des Werkvertrages (§§ 631, 280 BGB) und unerlaubter Handlung (§ 831 BGB, da F noch Eigentümerin ist), aber keinen Schaden, da sie den Flügel ohnehin an S übereignen muss. Insbesondere hat S gegen F keinen Anspruch aus pVV des Vermächtnisses (gesetzliches Schuldverhältnis) da die Firma A diesbezüglich nicht gemäß § 278 BGB Erfüllungsgehilfe der F ist.

Den Schaden wiederum hat S; dieser hat jedoch mangels Eigentum am Flügel keine Ansprüche gegen die Firma A.

Da es sich auch um eine zufällige Schadensverlagerung handelt, greift somit Drittschadensliquidation ein. Neben § 447 BGB, der wegen § 474 II BGB in vielen Fällen nicht mehr zur Anwendung kommt, stellt § 2174 BGB einen Hauptanwendungsfall der zufälligen Schadensverlagerung dar.

Rechtsfolge:

F muss den Schaden des S der Firma A gegenüber liquidieren und das Erlangte an S gemäß § 285 BGB herausgeben.

Ferner ist sie zur Übereignung des Flügels an S verpflichtet.

2. Abgrenzung

a) Zur Erbeinsetzung

Abgrenzung zu Erbeinsetzung: keine Beteiligung am Nachlass, nur schuldrechtlicher Anspruch

Von der Erbeinsetzung unterscheidet sich das Vermächtnis dadurch, 126
dass es einen schuldrechtlichen Anspruch begründet (vgl. § 2174 BGB), die Erbeinsetzung aber eine unmittelbare Beteiligung am Nachlass verleiht (sog. „Vonselbsterwerb“ gem. § 1922 BGB).[323]

321 Vgl. Rn. 134.

322 Palandt, Vorb. § 249 BGB, Rn. 117.

323 Palandt, § 1939 BGB, Rn. 1.

Der Vermächtnisnehmer gehört nicht zur Erbengemeinschaft. Ist zweifelhaft, ob ein Vermächtnis oder eine Erbeinsetzung vorliegt, so greift die Auslegungsregel des § 2087 BGB ein. Danach ist ein Vermächtnis anzunehmen, wenn nur einzelne Gegenstände zugewendet sind (§ 2087 II BGB), eine Erbeinsetzung, wenn die Erbschaft ganz oder bruchteilsweise vermacht wurde (§ 2087 I BGB).

Diese Auslegungsregel wird ergänzt durch § 2304 BGB, wonach die Zuwendung des Pflichtteils i.d.R. nicht als Erbeinsetzung anzusehen ist.

tatsächliche Auslegung vorrangig

Vorrang vor der Anwendung der §§ 2087, 2304 BGB hat wieder die tatsächliche Auslegung im Einzelfall. Für eine Erbeinsetzung spricht es bspw., wenn der Erblasser alle wesentlichen Vermögensgegenstände verteilt hat, da nicht davon auszugehen ist, dass es einen Erben geben soll, der letztlich nichts erhalten soll. In einem solchen Fall ist davon auszugehen, dass wenigstens einer der Bedachten als Erbe eingesetzt ist.

2087: 2304

Ob nun alle Bedachten oder nur einer Erbe(n) sein sollen, hängt insbesondere von einem Wertvergleich der zugewendeten Gegenstände ab: Entsprechen sich diese wertmäßig, ist von einer gleichmäßigen Miterbeinsetzung auszugehen, erhält einer den mit Abstand wertvollsten Gegenstand, ist dieser Alleinerbe.

Ein weiteres Indiz für eine Erbeinsetzung ist, wenn ein Bedachter sich um die Nachlassverbindlichkeiten, die Grabpflege oder die Auflösung der Erbschaft kümmern soll. Auch in der Einsetzung auf „das Übrige" neben der Verteilung einzelner Gegenstände kann eine Erbeinsetzung zu sehen sein, zumindest dann, wenn „das Übrige" deutlich wertvoller als die einzelnen verteilten Gegenstände ist.[324]

hemmer-Methode: Die Abgrenzung zwischen Vermächtnis und Erbeinsetzung ist dann schwierig, wenn dem Bedachten nach dem Wortlaut des Testaments nur einzelne Gegenstände zugewendet werden. Da es grds. keine Singularsukzession gibt und mehrere Erben eine Gesamthandsgemeinschaft am Nachlass bilden, kann eine solche Verfügung streng genommen nur ein Vermächtnis darstellen. Andererseits trennt der Laie nicht sauber zwischen „vermachen" und „vererben" und es wäre naiv anzunehmen, dass ein Laie das Prinzip der Universalsukzession kennt. Aus diesem Grund kann in der Zuwendung eines einzelnen Nachlassgegenstandes auch die Erbeinsetzung auf die diesem Gegenstand entsprechende Quote am Nachlass verbunden mit einer Teilungsanordnung[325] gesehen werden.[326]

maßgeblicher Zeitpunkt für Auslegung und ggf. Quotenbildung

Stellt sich die Zuwendung eines einzelnen Gegenstandes nach der Auslegung des Erblasserwillens als Erbeinsetzung dar, ergibt sich dann ein Folgeproblem, wenn die dem Wert des Gegenstandes entsprechende Quote am Nachlass sich zwischen Testamentserrichtung und Erbfall wesentlich verändert hat.

Maßgeblich ist auch hier der Erblasserwille. Wollte er dem Bedachten einen bestimmten Anteil am Nachlass zukommen lassen, sind bei der Quotenbestimmung die Wertverhältnisse zum Zeitpunkt der Testamentserrichtung heranzuziehen, da dann der „vermachte" Gegenstand lediglich den vorgesehenen Anteil verkörpert. Kam es dem Erblasser hingegen darauf an, dass der Erbe gerade einen bestimmten Gegenstand erhält, dann sind die Wertverhältnisse zum Zeitpunkt des Erbfalls entscheidend.

324 BayObLG, ZEV 2003, 27 = **juris**byhemmer = **Life&Law 12/2002, 811 ff.**

325 Vgl. Rn. 128, 153.

326 BayObLG, ZEV 2003, 27 = **juris**byhemmer = **Life&Law 12/2002, 811 ff.**; vergleichbare Entscheidung bei BayObLG, FamRZ 2002, 1745 - 1750 = **juris**byhemmer.

Die Erbeinsetzung ist in diesem Fall auch als Teilungsanordnung nach § 2048 BGB zu verstehen. Ebenfalls auf die Verhältnisse zum Zeitpunkt des Erbfalls ist abzustellen, wenn der Erblasser mögliche Wertveränderungen bedacht hat, bspw. bei der Zuwendung eines Aktienpaketes.[327]

b) Zur Auflage

Abgrenzung zur Auflage: dort kein Anspruch gegen Erben

Von der Auflage (§§ 1940, 2192 ff. BGB) unterscheidet sich das Vermächtnis dadurch, dass der Vermächtnisnehmer einen Anspruch gegen den Beschwerten erhält, bei der Auflage aber kein ausdrücklich Begünstigter existiert bzw. dieser keinen Anspruch gegen den Erben auf Ausführung hat. Durchsetzung der Auflage können nur die in § 2194 BGB genannten Personen verlangen.[328] 127

c) Zur Teilungsanordnung

Abgrenzung zu Teilungsanordnung: dort Auseinandersetzungsvertrag

Von der Teilungsanordnung (§ 2048 BGB) unterscheidet sich das Vermächtnis dadurch, dass es nur einen schuldrechtlichen Anspruch gegen die Erbengemeinschaft verleiht, bei der Teilungsanordnung aber ein Auseinandersetzungsvertrag unter den Miterben erforderlich ist. 128

Die Teilungsanordnung verleiht also einen Anspruch auf Erbauseinandersetzung, bei der die Miterben schuldrechtlich verpflichtet sind, den Nachlass entsprechend der Anordnung dinglich aufzuteilen.

Bspe.: *Folgende Testamente liegen vor:*

1. „Meine Kinder S 1 und S 2 sollen meine Erben sein. Meine Frau F soll mein Haus erhalten."

2. „Meine Kinder S 1 und S 2 sowie meine Frau F sollen meine Erben sein. Meine Frau F soll mein Haus erhalten, meine Kinder den Rest."

zu 1.: Hier könnte ein Vermächtnis zugunsten der F vorliegen. Es ist danach zu unterscheiden, ob das Grundstück seinem Wert nach einen wesentlichen Teil des Nachlasses bildet oder nicht. Ist Ersteres der Fall, so ist Erbeinsetzung als gewollt anzusehen. Ansonsten liegt ein bloßes Vermächtnis vor; F gehört dann nicht zur Erbengemeinschaft (nur S 1 und S 2), kann aber von dieser Übereignung des Hauses verlangen.

zu 2.: In diesem Fall gehört F zur Erbengemeinschaft. Die ausdrückliche Zuwendung des Hauses an F stellt eine Teilungsanordnung dar. Die Erbengemeinschaft muss durch Auseinandersetzungsvertrag das Haus an F übertragen.[329]

d) Teilungsanordnung oder Vorausvermächtnis

Teilungsanordnung ⇦⇨ Vorausvermächtnis: keine Anrechnung auf Erbteil

Die Zuwendung eines Gegenstandes kann auch ein Vorausvermächtnis (§ 2150 BGB) sein. Hierbei ist der Bedachte Miterbe und außerdem hinsichtlich des vermachten Gegenstandes Vermächtnisnehmer. Er erhält den **Gegenstand** im Gegensatz zur Teilungsanordnung **neben bzw. vor seinem Erbteil**, vgl. §§ 2046 f. BGB, d.h. er braucht sich den vermachten Gegenstand bei der Auseinandersetzung nicht auf seinen Erbteil anrechnen zu lassen.[330] 129

327 Palandt, § 2087 BGB, Rn. 7.

328 Zur Auflage mehr unter Rn. 140 f.

329 Zur Teilungsanordnung mehr unter Rn. 153 ff.

330 Palandt, § 2150 BGB, Rn. 1.

Er erhält den Gegenstand gerade vor der eigentlichen Auseinandersetzung nach § 2047 BGB im Rahmen der Befriedigung der Nachlassverbindlichkeit aus dem Vermächtnis, vgl. §§ 2046, 1967 II BGB.

stets Wille des Erblassers entscheidend

Dagegen erhält er bei der Teilungsanordnung nach § 2048 BGB zwar den Gegenstand, muss sich jedoch dessen Wert auf seine Erbquote anrechnen lassen bzw. diesen, soweit er seine Erbquote übersteigt, durch Zahlung eines entsprechenden Geldbetrages an die Erbengemeinschaft ausgleichen.

> **Bsp.:** *Der Erblasser setzt Sohn und Tochter als Erben je zu $^1/_2$ ein. Der Sohn soll dabei das Unternehmen erhalten. Der Wert des Unternehmens beträgt 600.000,- € bei einem Gesamtnachlasswert von 1.000.000,- €.*
>
> Handelt es sich bei der Zuwendung des Unternehmens um ein Vorausvermächtnis, wird zunächst dieses Vermächtnis als Nachlassverbindlichkeit erfüllt, §§ 2046, 1967 II BGB. Das verbleibende Vermögen (400.000,- €) wird unter den Miterben entsprechend ihrer Quoten verteilt, sodass S und T je 200.000,- € erhalten.[331]
>
> Geht man von einer bloßen Teilungsanordnung aus, erhalten S und T je $^1/_2$ des Gesamtnachlasses. Soweit das Unternehmen bei der Erbauseinandersetzung an S fällt, hat er damit wertmäßig 100.000,- € mehr erhalten, als ihm eigentlich zusteht. Diesen Betrag muss er deshalb an T auszahlen.

Ob eine Teilungsanordnung oder ein Vorausvermächtnis gegeben ist, richtet sich nach dem Willen des Erblassers (Auslegung). Dabei kommt es im Regelfall[332] darauf an, ob der Erblasser nur wollte, dass der Erbe einen bestimmten Gegenstand erhält, den anfallenden Mehrwert den Miterben aber ausgleichen sollte – dann Teilungsanordnung – oder ob er ihm einen seine Erbquote übersteigenden Vermögensvorteil zuwenden wollte – dann Vorausvermächtnis.[333]

Wurde dem Vorerben ein Gegenstand durch Vorausvermächtnis zugewandt, so fällt dieser mit dem Nacherbfall im Zweifel nicht dem Nacherben zu (§ 2110 II BGB).

gesetzliches Vorausvermächtnis

Ein gesetzliches Vorausvermächtnis für den Ehegatten stellt § 1932 BGB dar.

3. Der Beschwerte

Beschwerter im Zweifel Erbe

Beschwert mit einem Vermächtnis ist derjenige, der zur Erfüllung der Verbindlichkeit aus dem Vermächtnis verpflichtet ist. Beschwert mit einem Vermächtnis kann nur sein, wer überhaupt etwas vom Erblasser erhält; so z.B. der Erbe oder ein anderer Vermächtnisnehmer.[334] Im Zweifel ist immer der Erbe beschwert, § 2147 S. 2 BGB. Der Erblasser kann auch einen, mehrere oder alle Miterben beschweren. 130

Untervermächtnis möglich

Wird ein Vermächtnisnehmer mit einem anderen Vermächtnis beschwert, so spricht man von einem Untervermächtnis.

Das Vermächtnis bleibt im Zweifel auch bei Wegfall des Beschwerten bestehen (§ 2161 S. 1 BGB).

---

331 Sind S und T die einzigen Verwandten des Erblassers würde T damit schlechter fahren, als wenn sie enterbt worden wäre, da ihr dann ein Pflichtteil in Höhe $^1/_4$ zustünde, d.h. 250.000,- €. Sie müsste in diesem Fall nach § 2306 I BGB die Erbschaft ausschlagen und den Pflichtteil verlangen.

332 Vgl. insoweit BGH, NJW 1995, 721 = **juris**byhemmer.

333 BGH, FamRZ 1987, 475 - 477; BGH, JA 1987, 444 - 449; BGH, FamRZ 1990, 396 - 398; alle Entscheidungen = **juris**byhemmer.

334 Str.; wie hier Palandt, § 2147 BGB, Rn. 4.

Beschwerter ist dann der, dem der Wegfall des zunächst Beschwerten unmittelbar zustattenkommt (§ 2161 S. 2 BGB), so z.B. der Ersatzerbe. Fällt ein mit einem Untervermächtnis beschwerter Vermächtnisnehmer vor dem Erbfall weg, so kommt der Wegfall dem mit dem Hauptvermächtnis beschwerten Erben zustatten, weil er von seiner Vermächtnisverbindlichkeit frei wird (§ 2160 BGB). Gegenüber dem Untervermächtnisnehmer ist daher der Erbe beschwert, da das Untervermächtnis gültig bleibt.

4. Der Bedachte

als Bedachter auch jur. Person möglich

Der Bedachte muss zur Zeit des Erbfalls noch leben, sonst wird das Vermächtnis unwirksam, § 2160 BGB. Allerdings besteht die Möglichkeit gem. § 2190 BGB einen Ersatzvermächtnisnehmer (vgl. Rn. 133) zu bestimmen. Auf ein Vermächtnis zugunsten einer juristischen Person findet § 2160 BGB entsprechende Anwendung.[335] 131

Ausnahme zu § 2065 II BGB: Bestimmung durch Dritten mögl.

2065 II; 2151 f.

Abweichend von § 2065 II BGB kann es der Erblasser in den Fällen der §§ 2151, 2152 BGB einem anderen überlassen, den Vermächtnisnehmer zu bestimmen. Allerdings muss der Erblasser einen überschaubaren Personenkreis angeben, aus dem der Vermächtnisnehmer auszuwählen ist.[336] Bestimmungsberechtigt ist der Beschwerte oder ein Dritter (§ 2151 BGB), bei mehreren wahlweise Bedachten im Zweifel der Beschwerte (§ 2152 BGB).

Die Möglichkeit der Bestimmung des Vermächtnisnehmers durch einen Dritten ist in der Praxis deshalb von großer Bedeutung, weil der BGH an die Bestimmung des Erben durch einen Dritten strenge Anforderungen stellt.[337]

Bsp.: *vorzeitiges Unternehmertestament* 132

Der Inhaber eines Unternehmens hat mehrere Söhne. Sein Unternehmen macht nahezu sein gesamtes Vermögen aus.

Will er erreichen, dass später der geschäftstüchtigste Sohn das Unternehmen erbt, muss er die Bestimmung dieses Sohnes einem Dritten nach dem Erbfall überlassen, wenn jetzt noch nicht abzusehen ist, welcher seiner Söhne entsprechend qualifiziert sein wird.

strenge Anforderungen ⇨ obj. Kriterien

An die Bestimmung des Erben durch einen Dritten werden jedoch vom BGH wegen der Höchstpersönlichkeit des Testaments (§ 2065 II BGB) strenge Anforderungen gestellt: Der Erbe muss aufgrund objektiver Kriterien eindeutig von jedermann zu ermitteln sein. Das läuft aber darauf hinaus, dass der Erblasser doch einen Sohn als Erben umschreiben muss, wenn er auch nicht dessen Namen nennt.

vorzeitiges Unternehmenstestament

Gerade dies ist aber beim vorzeitigen Unternehmenstestament noch nicht möglich. Deshalb bietet sich folgende Möglichkeit an: Der Erblasser setzt alle Söhne als Erben ein und ordnet hinsichtlich des Unternehmens ein Vorausvermächtnis zugunsten des Geschäftstüchtigsten an.[338] Er ordnet weiterhin an, dass ein Dritter (z.B. der Testamentsvollstrecker) den tüchtigsten Sohn zu einem festgelegten Zeitpunkt als Vermächtnisnehmer bestimmen soll.

hemmer-Methode: In der Erstexamensklausur könnte man sich u.U. auch dadurch helfen, dass man der Meinung des RG folgt, nach der im vorliegenden Fall auch eine Bestimmung des tüchtigsten Sohnes als Erbe durch einen Dritten möglich wäre. Im Zweiten Examen und in der Kautelarpraxis würde dies aber als schwerer Fehler behandelt werden![339]

335 Staudinger-Otte, § 2160 BGB, Rn. 4.

336 Palandt, § 2151 BGB, Rn. 1.

337 Restriktive Auslegung des § 2065 II BGB; vgl. Rn. 53 ff.

338 Universalvermächtnis, siehe Rn. 133.

339 Vgl. Rn. 53 f.; so auch Palandt, § 2065 BGB, Rn. 8 (im Widerspruch zu Rn. 11).

5. Besondere Vermächtnisse

a) Vorausvermächtnis[340]

b) Ersatzvermächtnis

Ersatzvermächtnis

Ein Ersatzvermächtnis liegt vor, wenn der vermachte Gegenstand entgegen § 2160 BGB bei Wegfall des zunächst Bedachten einem anderen zugewendet werden soll (§ 2190 BGB). 133

2100 : 2190

c) Nachvermächtnis

Nachvermächtnis

Ein Nachvermächtnis liegt vor, wenn der Erblasser den vermachten Gegenstand von einem nach dem Ausfall des Vermächtnisses eintretenden bestimmten Zeitpunkt oder Ereignis an einem anderen zugewandt hat (§ 2191 I BGB). Vor dem Nachvermächtnisnehmer ist also bereits ein anderer Inhaber des Vermächtnisanspruchs (Vorvermächtnisnehmer), der seinerseits mit dem Nachvermächtnis beschwert ist. Wegen der großen Ähnlichkeit zum Untervermächtnis sind die dafür geltenden Vorschriften (§§ 2186 – 2189 BGB) analog anzuwenden.

Abgrenzung zu Untervermächtnis

Der Unterschied zwischen Nach- und Untervermächtnis ist, dass beim Nachvermächtnis derselbe Gegenstand vom Vor- auf den Nachvermächtnisnehmer übertragen wird, das Untervermächtnis aber eine vom Hauptvermächtnis verschiedene Verbindlichkeit darstellt.

d) Universalvermächtnis

Universalvermächtnis

Ein Universalvermächtnis liegt vor, wenn der Erblasser die Zuwendung der Erbschaft im Ganzen oder bruchteilsweise als Vermächtnis gewollt hat, sodass die Auslegungsregel des § 2087 BGB nicht eingreift.

e) Sonstige Vermächtnisse – Unterscheidung nach Art der Leistungsgegenstände

Art der Leistungsgegenstände

⇨ **Stückvermächtnis:** 134

Hier ist ein bestimmter Gegenstand vermacht.

⇨ **Gattungsvermächtnis, § 2155 BGB:**

Hier ist der zugewandte Gegenstand nur der Gattung nach bestimmt. Hierzu gehört auch das Geldvermächtnis.

⇨ **Wahlvermächtnis, § 2154 BGB:**

Hier soll der Bedachte von mehreren Gegenständen nur den einen oder den anderen erhalten. Das Wahlvermächtnis begründet eine Wahlschuld i.S.d. §§ 262 ff. BGB.

340 Vgl. unter Rn. 129.

⇨ **Zweckvermächtnis, § 2156 BGB:**

Hier bestimmt der Erblasser den Zweck des Vermächtnisses; die Bestimmung der Leistung kann auch ein Dritter treffen.

⇨ **Verschaffungsvermächtnis, § 2170 BGB:**

Hier ist ein nicht zum Nachlass gehörender Gegenstand vermacht, den der Beschwerte dem Bedachten verschaffen muss. Es handelt sich um eine Ausnahme zu § 2069 BGB, wonach das Vermächtnis im Zweifel unwirksam ist, wenn der vermachte Gegenstand im Zeitpunkt des Erbfalls nicht zum Nachlass gehört.

⇨ **Schuldbefreiungsvermächtnis:**

Hier ist der Beschwerte verpflichtet, den Bedachten von einer Verbindlichkeit zu befreien.

hemmer-Methode: Lernen Sie die vielen verschiedenen Unterarten des Vermächtnisses nicht auswendig! Es ist alles im Gesetz geregelt. Auch im Examen können Sie nicht jede in Betracht kommende Bestimmung vorher gelesen haben. Registrieren Sie nur, dass es verschiedene Unterarten gibt.

6. Inhalt des Vermächtnisses

als Inhalt ist Vermögensvorteil notwendig

Gegenstand des Vermächtnisses muss gemäß § 1939 BGB ein Vermögensvorteil sein, d.h. eine unmittelbare Vermehrung des Vermögens des Bedachten. Dazu gehören Sachen, Geldbeträge, Forderungen oder auch Rentenzahlungen. Auch eine nur mittelbare wirtschaftliche Besserstellung reicht nach h.M. aus; die Zuwendung muss nicht unentgeltlich sein.[341] 135

Bsp.: Erblasser E hat angeordnet, dass einer seiner Erben das Recht haben solle, ein zum Nachlass gehörendes Grundstück bei der Auseinandersetzung zu einem seinem Wert entsprechenden Preis zu übernehmen. 136

Der Vermögensvorteil ist hier die Möglichkeit, das Grundstück zu erwerben.[342]

hemmer-Methode: Inhalt eines Vermächtnisses kann auch der Anspruch des Vorerben gegen den Nacherben sein, einer unentgeltlichen Verfügung des Vorerben über bestimmte Gegenstände zuzustimmen. Auf diese Art und Weise kann das Verbot des § 2113 II BGB zumindest für bestimmte Gegenstände umgangen werden![343]

Erstreckung auf Surrogat

Ist der vermachte Gegenstand zwischen Verfügung und Erbfall untergegangen, verändert oder dem Erblasser entzogen worden, so ist durch ergänzende Auslegung der Zuwendungsverfügung zu ermitteln, ob der Erblasser auch das vermachen wollte, was sich anstelle des Gegenstandes beim Erbfall im Nachlass befindet.[344] Nach den Auslegungsregeln der §§ 2164 II, 2169 III, 2173 BGB (lesen!) gilt im Zweifel das Surrogat als vermacht.

341 Palandt, § 2147 BGB, Rn. 1und § 1939 BGB, Rn. 4 f.; kritisch Eidenmüller, Vorausvermächtnis und Teilungsanordnung, JA 1991, 150 -155 (152).

342 Vgl. BGHZ 36, 115 - 120 (117); vgl. auch BGH, FamRZ 2001, 1297 - 1299 = **juris**byhemmer = **Life&Law 11/2001, 762 ff.**

343 Vgl. bereits oben Rn. 120c.

344 H.M.; vgl. BGHZ 22, 357 - 363 (359) = **juris**byhemmer; Palandt, § 2169 BGB, Rn. 8.

hemmer-Methode: Gibt es keinen Surrogatsanspruch, etwa weil der Erblasser den Gegenstand verschenkt hatte, ist nach § 2169 I BGB das Vermächtnis im Zweifel unwirksam. Lässt sich ein anderweitiger Wille des Erblassers feststellen, muss der Beschwerte nach § 2170 I BGB den Gegenstand beschaffen.[345]

Geht der vermachte Gegenstand erst nach dem Erbfall unter, ist die Surrogatsforderung Bestandteil des Nachlasses und nach §§ 285, 2184 S. 1 BGB herauszugeben. Ist diese Surrogatsforderung eine Schadensersatzforderung gegen einen Dritten, gelangt man hier zum Problem der Drittschadensliquidation (vgl. Rn. 125).

Der Unterschied zwischen beiden Fallkonstellationen liegt darin, dass der Bedachte mit dem Erbfall bereits einen Anspruch erworben hat, für den er nun ein Surrogat erhält. Geht die Sache aber bereits vor dem Erbfall unter, hat der Bedachte noch keinerlei Rechtsposition erworben, sodass allein der Erblasserwille entscheidend ist.

7. Annahme und Ausschlagung; Haftung des Beschwerten

Annahme und Ausschlagung

Der Bedachte hat das Recht zur Ausschlagung (§ 2176 BGB), solange er es nicht angenommen hat (§ 2180 I BGB). Annahme[346] und Ausschlagung erfolgen durch form- und fristlose, empfangsbedürftige und gemäß §§ 119 ff. BGB anfechtbare Willenserklärung gegenüber dem Beschwerten, vgl. § 2180 II S. 1 BGB. 137

Die Form- und Fristfreiheit der Erklärung ergibt sich dabei daraus, dass § 2180 III BGB gerade nicht auf §§ 1944, 1945 BGB verweist.

Haftung des Erben beschränkbar auf den Nachlass

Die Verpflichtung der oder des Erben zur Erfüllung des Vermächtnisanspruchs ist eine Nachlassverbindlichkeit (§ 1967 BGB). Der Erbe haftet dann grundsätzlich auch mit seinem eigenen Vermögen (allerdings beschränkbar auf den Nachlass, vgl. §§ 1975, 1990, 1992 BGB). Hingegen haftet der Vermächtnisnehmer für das Untervermächtnis nur im Umfang des ihm selbst zugewandten Vermächtnisses (§ 2187 BGB). 138

8. Vermächtnis und Schenkung von Todes wegen

Vermächtnis u. Schenkung von Todes wegen

Bsp. 1: *Will der Erblasser auf den Todesfall einem anderen unentgeltlich etwas zuwenden, so kommt es darauf an, inwieweit sich der Erblasser rechtlich binden wollte.* 139

a) Bei einem Vermächtnis liegt keine Bindungswirkung vor, da der Erblasser die letztwillige Verfügung jederzeit widerrufen kann, §§ 2253 ff. BGB.

b) Bei der Schenkung von Todes wegen (§ 2301 BGB) tritt dagegen bereits zu Lebzeiten eine rechtliche Bindung ein. Die Schenkung erfolgt hier unter der Bedingung des Überlebens des Bedachten. Insbesondere ist für das Schenkungsversprechen § 2301 I BGB zu beachten, der die erbrechtlichen Formvorschriften über den Erbvertrag (§ 2276 BGB) zwingend voraussetzt. Dadurch soll die Umgehung der zwingenden erbrechtlichen Vorschriften durch formlose Rechtsgeschäfte verhindert werden. Dies gilt nach § 2301 II BGB nicht, wenn der Erblasser die Schenkung **noch zu Lebzeiten** vollzieht.

345 S. oben, Rn. 134.

346 Vgl. BGH und OLG Stuttgart mit Anm. Wolf, ZEV 1998, 24 - 26 = **juris**byhemmer.

c) Von der Schenkung von Todes wegen, § 2301 BGB, ist der Fall zu unterscheiden, dass der Erblasser durch eine andere Person eine Leistung an den bedachten Dritten erbringen will, wobei die Leistung erst nach dem Tode des Erblassers erfolgen soll. Hier liegt ein echter Vertrag zugunsten Dritter, §§ 328, 331 BGB, vor, der nach h.M. auch nicht der Formvorschrift des § 2301 BGB unterliegt.[347] Im Valutaverhältnis (Erblasser – bedachter Dritter) liegt eine Schenkung unter Lebenden vor (§§ 516, 518 BGB). Auch in diesem Verhältnis ist § 2301 BGB nicht zu beachten, sodass sich bspw. die Anfechtung nach §§ 119 ff. BGB und nicht nach §§ 2078 ff. BGB richtet.[348]

Bsp. 2: *Erblasser E errichtet für seine Haushälterin H bei der Sparkasse S ein Sparbuch, wobei der H das Guthaben aus diesem Sparbuch erst nach dem Tod des E zustehen soll.*

Frage: *Wie ist die Rechtslage?*

Vertrag zugunsten Dritter?

a) Es könnte ein echter Vertrag zugunsten Dritter vorliegen. Hier ergibt die Auslegung (§ 328 II BGB), dass zwischen E und S ein Vertrag i.S.d. §§ 328, 700, 488 I BGB vorliegt, durch den H nach dem Tod des E unmittelbar das Recht auf Auszahlung der Spareinlage gem. §§ 700 I S. 3, 695 BGB erwerben sollte. Ein echter Vertrag zugunsten Dritter liegt damit vor.

Form?

b) Fraglich ist jedoch, ob E die Form gewahrt hat. Der Vertrag S – E („Deckungsverhältnis") bedarf keiner Form (vgl. § 331 BGB). Möglicherweise bedarf jedoch der Vertrag H – E („Valutaverhältnis") einer bestimmten Form.[349]

Heilung durch Vollzug möglich

aa) Formungültigkeit liegt nicht schon wegen §§ 518 I, 125 BGB vor, da H wegen § 331 I BGB mit dem Tod des E Inhaberin der Forderung wird und damit die Schenkung gem. § 518 II BGB vollzogen ist. Der Vollzug heilt den durch die fehlende notarielle Beurkundung (§ 518 I BGB) entstandenen Formmangel, § 518 II BGB.

Sofern H und E zu Lebzeiten noch keinen Schenkungsvertrag geschlossen haben, kann eine Einigung über die bereits vollzogene Schenkung noch nach dem Tod des Versprechensempfängers E dadurch zustande kommen, dass die versprechende Bank S das in der Drittbegünstigung liegende Schenkungsangebot an H weiterleitet und diese das Angebot ohne Erklärung gegenüber den Erben annimmt, §§ 130 II, 153, 151 BGB.

Umgehung von § 2301 BGB?

bb) Möglicherweise bedarf es aber der Form des § 2301 BGB. § 2301 II BGB ist auf den vorliegenden Fall nicht anwendbar, da er den Vollzug der Schenkung zu Lebzeiten voraussetzt. In Frage kommt jedoch § 2301 I S. 1 BGB. Danach bedarf ein Schenkungsversprechen, das unter der Bedingung erteilt wird, dass der Beschenkte den Schenkenden überlebt, der Form des § 2276 BGB. Nach a.A. soll aber die Form des § 2247 BGB genügen. Diese Ansicht ist vorzugswürdig, weil ein formnichtiger Erbvertrag ja in ein einfaches Testament gem. § 140 BGB umgedeutet werden kann. Entscheidend für die Anwendung des § 2301 BGB ist die Ähnlichkeit des Schenkungsversprechens von Todes wegen mit dem Vermächtnis. § 2301 BGB setzt jedoch eine Zuwendung aus dem Nachlass voraus. Demgegenüber stellt § 331 BGB klar, dass mit dem Tod des Erblassers der Dritte unmittelbar das Recht erwirbt, die Forderung also zu keiner Zeit in den Nachlass fällt.

nach h.M. (-), nach Medicus (+)

Dennoch will Medicus[350] § 2301 BGB auch auf solche Schenkungen von Todes wegen anwenden, die – wie hier das Valutaverhältnis zwischen E und H – einen echten Vertrag zugunsten Dritter darstellen. § 2301 BGB sei wegen der Gefahr der Aushöhlung erbrechtlicher Formen auf jede Schenkung von Todes wegen anzuwenden. Auch sei die Beweisfunktion erbrechtlicher Verfügungen hier nicht entbehrlich, da auch der Streit um eine Zuwendung gem. § 331 BGB erst nach dem Tode ausgetragen werde.

347 So BGHZ 41, 95 - 97 (96) = **juris**byhemmer; BGHZ 66, 8 - 17 (12) = **juris**byhemmer; Palandt, § 2301 BGB, Rn. 17 ff.; a.A.. Medicus, Rn. 396.

348 BGH, NJW 2004, 767 - 769 = **juris**byhemmer.

349 Umfassend zu diesem Problem auch Wolf, FamRZ 2002, 147.

350 Medicus, Rn. 396.

für h.M.: Rechtsgeschäft unter Lebenden

Dagegen spricht jedoch, dass ein wirksames Kausalgeschäft nicht dadurch zum Rechtsgeschäft von Todes wegen werden kann, weil seine Erfüllung erst nach dem Tod erfolgt. Auch liegt keine Umgehung des § 2301 BGB vor, da §§ 328, 331 BGB ein Rechtsgeschäft der vorliegenden Art ausdrücklich gestatten. § 2301 I BGB ist deshalb auf den echten Vertrag zugunsten Dritter mit Schenkung von Todes wegen im Valutaverhältnis nicht anwendbar. Vielmehr handelt es sich hierbei um ein Rechtsgeschäft unter Lebenden, dessen Formmangel gem. § 518 II BGB durch Vollzug geheilt wird.[351]

Widerrufsmögl. d. Erben vor Vollzug

Abwandlung: *Wie wäre die Rechtslage, wenn die Haushälterin nicht gewusst hätte, dass E ein Sparbuch für sie errichtet hat, und die Erben die Schenkung gegenüber der Sparkasse widerrufen?*

Zuwendung kondizierbar, da Einigung (-)

Dann ist die Schenkung zwar gem. § 331 BGB wirksam, aber rechtsgrundlos, da es an der Einigung H – E (§ 516 I BGB) fehlt. Wegen des Widerrufs ist auch keine Annahme durch H mehr möglich (§§ 168, 671 BGB). Falls die Bank dennoch das Sparguthaben an H auszahlt, können es die Erben von H kondizieren.

Kritik: „Opfergedanke"

Kritik: Teilweise wird in der Rspr. zu § 331 BGB, die es dem Erblasser ermöglicht, über das Schicksal seines Vermögens nach dem Tode ohne Beachtung erbrechtlicher Formen zu bestimmen, eine Umgehung zwingender erbrechtlicher Bestimmungen gesehen.

Angeführt wird dafür der „Opfergedanke": In den Sparguthabenfällen würde das Vermögen gerade den Erben und nicht dem Erblasser entzogen. § 331 BGB hier anzuwenden, bedeute eine unzulässige, extensive Auslegung.

Aushöhlung von § 2301 BGB; Entstehung von Wettlauf

Ferner würde § 2301 BGB ausgehöhlt. Wegen der Widerrufsmöglichkeit der Erben entstünde weiterhin ein Wettlauf zwischen Erben und Begünstigtem; der Anspruch auf das Guthaben hänge damit vom Zufall ab. I.Ü. sei die Annahme, die Bank wolle als Bote tätig werden, wenn zwischen Schenker und Begünstigtem eine Vereinbarung fehlt, eine bloße Unterstellung.

Nach der Gegenansicht ist daher aus den angeführten Gründen § 2301 BGB im Valutaverhältnis anzuwenden.

nach Rspr. aber schon Gewohnheitsrecht

Zu beachten ist aber, dass die Rechtsprechung des BGH schon lange als gewohnheitsrechtlich gefestigt anzusehen ist!

a) Vollzug i.S.d. § 2301 II BGB

Vollzug i.S.v. § 2301 BGB ist dingl. Verfügung

aa) Vollzug bedeutet hier zunächst die vollwirksame dingliche Verfügung.[352] Nur vorbereitende oder sichernde Handlungen genügen nicht, so z.B. die Ermächtigung zur Abhebung der z.Zt. des Todes vorhandenen Haben-Summe auf dem Girokonto des Erblassers i.V.m. einer dem Begünstigten erteilten unwiderruflichen Vollmacht. Die bloße Vollmacht bewirkt keinerlei Änderung in der rechtlichen Zuordnung des Bankguthabens; dieses steht nach wie vor dem Erblasser zu.[353] *139a*

bb) Dagegen genügt, dass der Beschenkte ein Anwartschaftsrecht erlangt hat, das als gesicherte Rechtsposition sein Vermögen mehrt und das des Erblassers bereits zu Lebzeiten schmälert.[354]

351 So die h.M., BGH, NJW 1984, 480 - 482 (481) = **juris**byhemmer; BGH, JA 1984, 246; BGH, NJW 1975, 382 = **juris**byhemmer; RGZ 106, 1; 128, 189; Soergel-Wolf, § 2301 BGB, Rn. 13.

352 Vgl. Palandt, § 2301 BGB, Rn. 9.

353 BGHZ 87, 19 - 26 = **juris**byhemmer; Palandt, § 2301 BGB, Rn. 9.

354 Palandt, § 2301 BGB, Rn. 10; BGH, a.a.O.

b) Abgrenzung Schenkung von Todes wegen zur Schenkung unter Lebenden

Abgrenzung zur betagten Schenkung

I.R.d. § 2301 BGB soll das Schenkungsversprechen erst mit dem Tode des Schenkenden aufgrund des Eintritts der Überlebensbedingung wirksam werden. Hiervon abzugrenzen ist die unbedingte, erst im Todesfall fällige Schenkung nach § 518 BGB; in diesem Fall ist das Schenkungsversprechen sogleich wirksam, die Erfüllung der versprochenen Leistung wird jedoch auf die Zeit nach dem Erbfall hinausgeschoben (sog. „betagte Schenkung"). 139b

hemmer-Methode: Bei einer betagten Schenkung besteht bereits ein Anspruch des Beschenkten, der lediglich noch nicht fällig ist. Diesen Anspruch kann der Beschenkte bei seinem Vorversterben auch an seine Erben weitergeben. Bei einer Schenkung nach § 2301 BGB hingegen wird die Schenkung erst mit einem doppelten Bedingungseintritt wirksam: Tod des Schenkers und Überleben des Beschenkten. Ist dieser vorverstorben, gibt es keine Schenkung von Todes wegen!

bei § 518 II BGB ist Formmangel nach Tode heilbar, nicht bei § 2301 BGB

Wichtig ist auch, dass der Formmangel bei § 518 II BGB im Gegensatz zu § 2301 II BGB auch nach dem Tode des Schenkenden geheilt werden kann, indem der Beschenkte selbst die Leistung an sich mit Hilfe einer Vollmacht des Erblassers noch nach dessen Tod bewirkt oder diese durch einen dritten Bevollmächtigten bewirkt wird, sofern die Einigung zum Zeitpunkt der Bewirkung der Leistung noch fortbesteht, also nicht bereits von den Erben widerrufen worden ist.[355]

Nach BGH[356] darf grundsätzlich der Anwendungsbereich des § 2301 BGB nicht zu weit zurückgedrängt werden; so muss z.B. eine Überlebensbedingung i.S.v. § 2301 I BGB nicht ausdrücklich vom Erblasser erklärt werden.[357]

hemmer-Methode: Es kommen verschiedene Konstellationen in Betracht, bei denen § 2301 BGB geprüft werden muss.[358] Im sog. „Bonifatiusfall" (Priester übergibt kurz vor seinem Tod an Boten Wertpapiere, die dieser kurz nach dem Tod des Priesters dem Bischof für den Bonifatiusverein übergibt) geht es um das Herausgabeverlangen der Erbin. § 985 BGB scheitert nach h.M.: Die dingliche Einigung kommt über §§ 130 II, 153 BGB zustande. Ein Widerruf ist nach h.M. nur bis zur Übergabe möglich (Umkehrschluss aus §§ 873 II, 956 I S. 2 BGB), die Übergabe ist aber erfolgt (Bischof ist Organ, zumindest aber mittelbarer Besitzer). Es bleibt nur § 812 I S. 1 Alt. 1 BGB. Fraglich ist dann, ob der Rechtsgrund Schenkung wegen § 2301 BGB nicht besteht. Da eine Schenkung von Todes wegen zu bejahen ist, hängt alles von § 2301 II BGB ab. Ob Vollzug i.d.S. vorliegt, ist strittig.[359] Während es im „Bonifatiusfall" um die Rückabwicklung zwischen zwei Personen (Erbe und Bonifatiusverein) geht, kommen bei der Schenkung durch Vertrag zugunsten eines Dritten drei Personen in Betracht (Versprechender (in der Regel eine Bank), Versprechensempfänger (Erblasser/Erbe) und Dritter (Begünstigter). Es stellt sich dann immer die Frage, ob im Valutaverhältnis (Erbe/Dritter) ein Rechtsgrund für die Zuwendung besteht. Häufig scheitert aber der Schenkungsvertrag schon am fehlenden Angebot, wenn nämlich rechtzeitig durch den Erben gegenüber der Bank widerrufen wurde.

355 Nach Kuchinke, FamRZ 1984, 109 bleibt ein formnichtiges, nicht vollzogenes Schenkungsversprechen unter Überlebensbedingung (§ 2301 BGB) ein Schenkungsversprechen und wird als solches auch nach dem Tod des Erblassers geheilt, wenn der Erbe oder dessen Vertreter die Leistung bewirkt (§ 518 II BGB). Ferner liege der Vollmacht an den Versprechensempfänger regelmäßig ein Geschäftsbesorgungsverhältnis zugrunde, dem dieser – solange das Verhältnis nicht erloschen, z.B. widerrufen sei – zu entsprechen habe. Diese Ansicht lehnt der BGH ausdrücklich ab, vgl. FamRZ 1988, 933 - 936 = **juris**byhemmer.

356 BGH, NJW 1987, 840 - 841 = **juris**byhemmer.

357 So auch der bekannte Bonifatius-Fall; RGZ 83, 223.

358 Vgl. Schreiber, „Unentgeltliche Zuwendungen auf den Todesfall", Jura 1995, 159 - 163.

359 Vgl. vertiefend Otte, „Der Bonifatiusfall", Jura 1993, 643 - 649 (648); Martinek/Röhrborn, JuS 1994, 473 - 479 (Der legendäre Bonifatiusfall!).

Die Bank kann dann nicht mehr wirksam das Schenkungsangebot abgeben (vgl. §§ 671, 168 BGB), sie wird falsus procurator.[360] Dann kommt es auch nicht mehr auf den Streit an, ob § 2301 BGB zur Unwirksamkeit des Schenkungsvertrags führt. In diesem Kontext von Bedeutung ist noch die sog. postmortale Vollmacht: Wegen § 168 S. 1 BGB i.V.m. § 672 BGB besteht die Vollmacht nach dem Tod fort und entfaltet Wirkung gegenüber dem Erben.

9. Schadensersatzansprüche bei durch Verschulden Dritter unterbliebener Vermächtnisanordnung

Schadensersatzanspruch gegen Dritte bei unterbliebenem Vermächtnis?

Bsp.: Erblasser E bestellt ein Taxi, um bei Notar N seinem Sohn S sein Haus zu vermachen. Durch einen von Taxifahrer T verschuldeten Unfall kommt E jedoch vorher ums Leben. S verlangt von T Schadensersatz. 139c

ggf. Vertrag mit Schutzwirkung

a) Schadensersatz aus Vertrag mit Schutzwirkung zugunsten Dritter (VSD) i.V.m. §§ 241 II, 280 BGB hinsichtlich des Beförderungsvertrages (§ 631 BGB).

nach BGH zumindest dann, wenn Dritter Rechtsanwalt ist

Da zwischen S und T kein Vertrag bestand, kommt nur eine Einbeziehung des S in den Schutzbereich des Vertrages zwischen E und T in Betracht. Der BGH[361] hat in einer Entscheidung einen Rechtsanwalt zum Schadensersatz verpflichtet, durch dessen Säumnis es nicht zur gewünschten Erbeinsetzung gekommen war. Ob der Anspruch dabei auf VSD beruhe oder etwa nur auf § 242 BGB, ließ die (ohnehin sehr umstrittene Entscheidung[362]) offen.

Hier dürfte aber ein Anspruch aus VSD i.V.m. § 280 I BGB schon deshalb scheitern, weil es dem T in keiner Weise erkennbar war, dass der S in die Schutzwirkung des Vertrages einbezogen sein sollte. T hatte nur die Aufgabe, E sicher ans Ziel zu bringen, dessen Motive gingen ihn nichts an.[363]

hemmer-Methode: Denkbar ist ein Anspruch aus VSD, wenn ein vom Erblasser gewolltes Testament aufgrund mangelhafter Beratung durch einen Rechtsanwalt oder Notar nicht wirksam zustande kommt.

b) Schadensersatz gem. § 823 I BGB

Delikt (-), da Vermögen

Zwar liegt in der Beeinträchtigung einer Erwerbsaussicht eine Schadenszufügung.[364] Hier ist jedoch nur das Vermögen des S verletzt worden, das aber kein absolut geschütztes Rechtsgut i.S.d. § 823 I BGB darstellt.

Ergebnis: S hat keine Ansprüche gegen T.

IV. Auflage

1. Begriff

Auflage: Verpflichtung zu Leistung des Beschwerten

Eine Auflage ist die in einer Verfügung von Todes wegen enthaltene Anordnung des Erblassers, die den Beschwerten zu einer Leistung verpflichtet, ohne einem Begünstigten ein Recht auf die Leistung zuzuwenden (§ 1940 BGB).[365] 140

360 Vgl. Medicus, Rn. 391 ff, insbesondere Rn. 398.

361 BGH, NJW 1965, 1955 - 1958.

362 Vgl. Lorenz, JZ 1966, 143 - 145 und insbesondere Medicus, Rn. 847 ff.

363 Vgl. Lorenz, JZ 1966, 143 - 145 (144).

364 BGH, NJW 1965, 1955 - 1958.

365 Vgl. Palandt, § 2192 BGB, Rn. 1.

Eine Auflage kann nur durch Testament oder Erbvertrag angeordnet werden (§§ 1940, 1941, 2270 III, 2278 II BGB). Beschwert mit einer Auflage können der Erbe oder ein Vermächtnisnehmer sein (§§ 1940, 2192 BGB i.V.m. § 2147 BGB). Der Begriff der Leistung i.S.d. § 1940 BGB ist weit auszulegen. In Frage kommt jedes Tun oder Unterlassen, zu dem man sich schuldrechtlich verpflichten kann, so z.B. die Pflege des Grabes des Erblassers oder die Nichtvermietung des vererbten Hauses.[366]

2. Abgrenzung zum Vermächtnis

bei Auflage aber kein Anspruch Dritter; anders bei Vermächtnis

Beim Vermächtnis erhält ein Begünstigter einen Anspruch gegen den Beschwerten (§ 2174 BGB). Dagegen braucht es bei der Auflage keinen Begünstigten (z.B. bei Auflage der Grabpflege) zu geben. Ist dennoch jemand begünstigt (so z.B. bei der Auflage, eine Geldsumme zu wohltätigen Zwecken zu verteilen), so hat dieser keinen Anspruch auf die Leistung. 141

Die Durchsetzung der Auflage können nur die in § 2194 BGB (lesen!) genannten Personen verlangen. Über diesen Personenkreis hinaus kann auch der Testamentsvollstrecker Vollziehung der Auflagen verlangen, da er gemäß § 2203 BGB die letztwilligen Anordnungen des Erblassers auszuführen hat. Der Erblasser kann auch eigens zur Durchsetzung der Erfüllung der Auflagen einen Testamentsvollstrecker einsetzen (vgl. §§ 2208 II, 2223 BGB).

bei Abgrenzung ist auszulegen: Anspruch des Dritten gewollt?

Ob ein Vermächtnis oder eine Auflage vorliegt, ist durch Auslegung zu ermitteln. Dabei ist entscheidend, ob der Erblasser den Willen hatte, dem Begünstigten einen eigenen Anspruch gegen den Beschwerten einzuräumen (dann Vermächtnis) oder nicht (dann Auflage).

Keine Auflage liegt vor, wenn der Erblasser nur einen unverbindlichen Wunsch zum Ausdruck gebracht hat, d.h. keine rechtliche, sondern allenfalls eine moralische Verpflichtung zur Leistung festlegen wollte. Ob dies der Fall ist, muss wiederum im Wege der Auslegung ermittelt werden.

V. Anordnung der Testamentsvollstreckung[367]

1. Begriff

Testamentsvollstreckung

Der Erblasser kann durch letztwillige Verfügung bestimmen, dass ein Testamentsvollstrecker seine letztwilligen Verfügungen ausführen soll, §§ 2197 ff. BGB. Dadurch wird den Erben in bestimmtem Umfang das Verwaltungs- und Verfügungsrecht über den Nachlass entzogen, vgl. § 2211 I BGB. 142

Von der **Anordnung** der Testamentsvollstreckung ist die **Ernennung** des Testamentsvollstreckers zu unterscheiden. Diese kann außer durch den Erblasser auch durch einen Dritten (oder den Nachlassrichter, § 2200 I BGB) erfolgen, wenn dieser dazu vom Erblasser testamentarisch ermächtigt wurde (§ 2198 I S. 1 BGB). Testamentsvollstrecker kann auch eine juristische Person (z.B. Treuhandgesellschaft, Bank, vgl. § 2210 S. 3 BGB i.V.m. § 2163 II BGB) oder ein Miterbe sein.[368]

366 Palandt, § 2192 BGB, Rn. 3.

367 Hier werden in den meisten Bundesländern allenfalls Grundzüge und Gesetzeslektüre verlangt.

368 RGZ 51, 139; BGHZ 30, 67 - 74 (70).

2. Rechtsposition des Testamentsvollstreckers

Partei kraft Amtes; Erbe im Prozess nicht Partei

Der Testamentsvollstrecker ist nach h.M. nicht Vertreter des Erblassers oder der Erben, sondern Träger eines privaten Amtes mit umfassendem Verwaltungs- und Verfügungsrecht (§ 2205 BGB).[369] Er hat i.R.d. §§ 2212, 2213 BGB auch das Prozessführungsrecht. Nach der Rspr. prozessiert der Testamentsvollstrecker als Partei kraft Amtes im eigenen Namen, der Erbe ist also nicht Partei.[370] 143

Annahme notwendig

Das Amt des Testamentsvollstreckers beginnt mit der Annahmeerklärung gegenüber dem Nachlassgericht (§ 2202 BGB) und endet automatisch mit Erledigung der ihm zugewiesenen Aufgaben; weiterhin in den Fällen der §§ 2225 – 2227 BGB (lesen!). Eine Amtsenthebung ist nicht erforderlich.[371] 144

3. Aufgaben

Aufgaben ➪ grds. Wille des Erblassers maßgeblich

Inhalt und Umfang der Tätigkeit des Testamentsvollstreckers bestimmen sich aus der testamentarischen Festlegung des Erblassers (§ 2203 BGB). Der Wille des Erblassers ist dabei im Wege der Auslegung zu ermitteln. Hat der Erblasser keine besonderen Bestimmungen getroffen, so gehört zu den Aufgaben des Testamentsvollstreckers zum einen die Ausführung der letztwilligen Verfügungen des Erblassers, § 2203 BGB, und zum anderen die Auseinandersetzung unter den Miterben (§ 2204 I BGB, „Abwicklungsvollstrecker“). 145

4. Verfügungsbefugnis und Besitz

Verfügungsbefugnis grds. unbeschränkt; Ausnahmen

Grundsätzlich ist die Verfügungsbefugnis des Testamentsvollstreckers unbeschränkt (§ 2205 S. 2 BGB). Eine gesetzliche Beschränkung gibt es nur für unentgeltliche Verfügungen (§ 2205 S. 3 BGB, lesen!). Außerdem kann auch der Erblasser die Befugnisse des Testamentsvollstreckers in Bezug auf einzelne Nachlassgegenstände einschränken oder ganz ausschließen (§ 2208 I BGB). 146

Der Besitz an den Nachlassgegenständen geht zwar gemäß § 857 BGB auf den Erben und nicht auf den Testamentsvollstrecker über. Letzterer hat jedoch ein Recht auf Besitzübertragung zur Erfüllung der ihm zugewiesenen Aufgaben (§ 2205 S. 2 BGB).

5. Verpflichtungsbefugnis

Verpflichtungsbefugnis

Der Testamentsvollstrecker kann in bestimmten Fällen Verbindlichkeiten mit Wirkung für den Nachlass eingehen. Diese Verpflichtungen sind Nachlassverbindlichkeiten. Der Erbe haftet dafür aber nur, wenn: 147

➪ Haftung d. Erben bei best. Voraussetzungen

a) der Testamentsvollstrecker für den Vertragspartner erkennbar als Testamentsvollstrecker für den Nachlass handelt (wenn nicht, wird der Testamentsvollstrecker selbst verpflichtet, vgl. § 164 II BGB),

und

b) der Testamentsvollstrecker verpflichtungsbefugt ist (wenn nicht, so haftet er selbst gemäß § 179 BGB analog).

369 RGZ 75, 302; BGH, NJW 1983, 40 - 41 = **juris**byhemmer; Palandt, Einf. v. § 2197 BGB, Rn. 2.

370 Sog. Amtstheorie; RGZ 56, 327; RGZ 61, 139 (145); RGZ 76, 125; BGHZ 13, 203 - 206 (205) = **juris**byhemmer.

371 RGZ 81, 166; BGHZ 41, 23 - 30 = **juris**byhemmer.

Verpflichtungsbefugnis liegt in folgenden Fällen vor:

⇨ Eingehung der Verbindlichkeit im Rahmen ordnungsgemäßer Verwaltung (§ 2206 I S. 1 BGB),

⇨ i.R.d. Verfügungsbefugnis (§ 2206 I S. 2 BGB),

⇨ unbeschränkte Verpflichtungsbefugnis aufgrund Erblasseranordnung, § 2207 S. 1 BGB (Ausnahme: Schenkungsversprechen, § 2207 S. 2 BGB).

Regeln über Missbrauch der Vertretungsmacht analog anwendbar

Der Testamentsvollstrecker ist zwar kein Vertreter, sondern Partei kraft Amtes. Wegen der Ähnlichkeit der Interessenlage sind aber die Regeln über den Missbrauch der Vertretungsmacht analog anwendbar. Auch § 181 BGB ist auf den Testamentsvollstrecker entsprechend anwendbar. Er kann eine Insichverfügung analog § 181 BGB vornehmen, wenn er in Erfüllung einer vom Erblasser stammenden Verbindlichkeit handelt oder wenn dies vom Erblasser gestattet war.

Die Grenze bildet jedoch immer die ordnungsgemäße Verwaltung. So ist er selbst, aber auch der Dritte nicht schutzwürdig, wenn der Testamentsvollstrecker gegen seine Pflicht zur ordnungsgemäßen Verwaltung des Nachlasses aus § 2216 I BGB verstößt und der Dritte dies erkennen kann.[372] Der Erbe wird dann nicht verpflichtet, selbst wenn der Testamentsvollstrecker gemäß § 2206 I S. 2 BGB formal verpflichtungsberechtigt war. Der Erbe kann aber analog § 177 BGB durch Genehmigung dem Rechtsgeschäft zur Wirksamkeit verhelfen.

Umgekehrt ist die Maßnahme des Testamentsvollstreckers auch bei objektivem Verstoß gegen die ordnungsgemäße Verwaltung wirksam, wenn der Dritte ohne Fahrlässigkeit annehmen durfte, dass sich die Maßnahme i.R.d. ordnungsgemäßen Verwaltung des Nachlasses gehalten hat.[373]

Das Erfordernis der ordnungsgemäßen Verwaltung ist also nicht rein objektiv zu verstehen.[374] Vielmehr muss im Einzelfall eine Interessenabwägung erfolgen.

6. Rechtsstellung des Erben

Verfügungen des Erben schwebend unwirksam; Genehmigung mögl.

Gemäß § 2211 I BGB ist dem Erben die Verfügungsbefugnis über einen vom Testamentsvollstrecker verwalteten Nachlassgegenstand entzogen.[375] Verfügungen des Erben über einen solchen Gegenstand sind schwebend unwirksam, aber nicht nichtig. Sie werden nach § 185 II BGB wirksam, wenn sie der Testamentsvollstrecker genehmigt. Gutgläubige Dritte werden allerdings über § 2211 II BGB geschützt, wenn sie entweder die angeordnete Testamentsvollstreckung nicht kannten oder gutgläubig angenommen haben, dass der Gegenstand nicht zum Nachlass gehört bzw. nicht der Verwaltung des Testamentsvollstreckers unterliegt. 148

hemmer-Methode: Für den gutgläubigen Grundstückserwerb vom verfügungsbeschränkten Erben ist insbesondere § 52 GBO zu beachten. Durch einen entsprechenden Testamentsvollstreckervermerk wird ein gutgläubiger Erwerb nämlich verhindert!

372 Deckert, Testamentvollstreckung, JA 1995, 111 - 117 (113); RGZ 75, 299; BGH, WM 1989, 1068 - 1071 (1069) = jurisbyhemmer.

373 RGZ 83, 348.

374 Palandt, § 2206 BGB, Rn. 1.

375 Der Erbe darf allerdings solche Nachlassansprüche gerichtlich geltend machen, die gerade gegen den Testamentsvollstrecker gerichtet sind, BGH, ZEV 2003, 75 - 76 = jurisbyhemmer.

7. Rechtsverhältnis zwischen Erben und Testamentsvollstrecker

zwischen Erbe und Testamentsvollstrecker besteht Schuldverhältnis, §§ 2218, 664 ff. BGB

Zwischen dem Erben und dem Testamentsvollstrecker besteht ein gesetzliches Schuldverhältnis. Wegen des Auftragscharakters dieses Schuldverhältnisses sind gemäß § 2218 BGB die meisten der Auftragsregeln analog anwendbar. So kann der Testamentsvollstrecker insbesondere Aufwendungsersatz gemäß §§ 2218 I, 670 BGB verlangen. 149

Weiterhin hat er einen Anspruch auf angemessene Vergütung seiner Tätigkeit gemäß § 2221 BGB, sofern der Erblasser nichts anderes bestimmt hat. Dem Erben gegenüber ist der Testamentsvollstrecker zur ordnungsgemäßen Verwaltung verpflichtet (§ 2216 BGB). Ein schuldhafter Verstoß gegen diese Pflicht macht ihn schadensersatzpflichtig (§ 2219 I BGB).

ordnungsgemäße Verwaltung

Dabei fragt sich, was unter „ordnungsgemäßer Verwaltung“ zu verstehen ist. Einerseits ist der Testamentsvollstrecker zu besonderer Gewissenhaftigkeit und Sorgfalt verpflichtet – er muss das anvertraute Vermögen erhalten und sichern, Verluste verhindern und die Nutzungen gewährleisten – andererseits handelt er nach seinem Ermessen in eigener selbstständiger Verantwortung (u.U. auch gegen den Willen der Erben); er hat dabei eine ähnliche Stellung wie der Erblasser und gegebenenfalls wie ein Unternehmer. Nach BGH hat er daher nicht stets die vorsichtigsten, sichersten Maßnahmen zu treffen, sondern kann auch kalkulierte Wagnisse eingehen, z.B. spekulative Anlagen (Aktien) tätigen, es sei denn, dass diese den (nahezu) gesamten Nachlass erfassen.

Handlungsspielraum

Gegen seine Pflicht aus § 2216 I BGB verstößt der Testamentsvollstrecker, wenn er die Grenzen dieses Ermessens überschreitet. Dass sein Handlungsspielraum nicht besonders eng sein darf, ergibt sich auch daraus, dass es für den Testamentsvollstrecker an einer Regelung wie §§ 1807, 1079, 2119 BGB fehlt.[376]

Entlassung des Testamentsvollstreckers aus wichtigem Grund möglich

Dem Schutz des Erben dient auch § 2227 BGB, wonach die Entlassung des Testamentsvollstreckers aus wichtigem Grund beim Nachlassgericht beantragt werden kann.[377]

Ferner ist der Testamentsvollstrecker zur Erteilung eines Nachlassverzeichnisses und zur Herausgabe von Nachlassgegenständen, die er nicht zur Erfüllung seiner Obliegenheiten benötigt, verpflichtet (§§ 2215, 2217 BGB).

8. Mitwirkung des Erben

Mitwirkung der Erben: § 2206 II BGB, Einwilligungspflicht.

Gemäß § 2206 II BGB ist der Erbe verpflichtet, seine Einwilligung zur Eingehung von Verbindlichkeiten zu erteilen, die zur ordnungsgemäßen Verwaltung des Nachlasses erforderlich sind. 150

Dies gilt auch dann, wenn der Testamentsvollstrecker an sich gemäß §§ 2206 I S. 2, 2207 BGB zu der Verfügung berechtigt ist.[378] Die Einwilligung des Erben befreit den Testamentsvollstrecker von einer eventuellen Schadensersatzpflicht gemäß § 2219 BGB.

---

376 Vgl. BGH, NJW 1987, 1070 - 1072 = **juris**byhemmer.

377 Vgl. BayObLG mit Anm. Bengel, ZEV 1995, 369 - 370; BayObLG, NJW-RR 1997, 277 - 278; BayObLG, ZEV 1997, 381 - 383; alle Entscheidungen = **juris**byhemmer.

378 Palandt, § 2206 BGB, Rn. 3.

Durch Einwilligung des Erben werden auch gemäß § 2205 S. 3 BGB unwirksame, unentgeltliche Verfügungen des Testamentsvollstreckers wirksam, da § 2205 S. 3 BGB nur dem Schutz des Erben dient.[379]

§ 2204 II BGB, Anhörung

Eine weitere Mitwirkung der Erben ist in § 2204 II BGB – Anhörung der Erben vor Auseinandersetzung – vorgesehen. Teilweise wird eine entsprechende Anwendung des § 2204 II BGB auch dann befürwortet, wenn wesentliche Verfügungen i.R.d. Nachlassverwaltung bevorstehen.[380] Nimmt der Testamentsvollstrecker solche Verfügungen ohne Anhörung vor, so liegt darin eine Pflichtverletzung,[381] die gemäß § 2219 BGB zum Schadensersatz führen kann.

9. Wiederholungsfall

Fall: *Der Nachlass des Erblassers E besteht hauptsächlich aus einer Wohnungseinrichtung und Familienschmuck. Zur Verwaltung des Nachlasses hat E den Testamentsvollstrecker T eingesetzt. Alleinerbe ist A, der Sohn des E. Dieser soll sofort nach dem Erbfall den Familienschmuck ausgehändigt erhalten. Dennoch verkauft T als Testamentsvollstrecker den Schmuck an K, der vom Inhalt der Testamentsvollstreckung nichts wusste.* 151

Frage 1: *Ist K Eigentümer des Schmucks geworden?*

Frage 2: *Wie ist die Rechtslage, wenn A einige Möbelstücke an K verkauft hat, wobei K glaubte, diese unterlägen nicht der Testamentsvollstreckung?*

Frage 3: *Wie ist die Rechtslage, wenn T den Wohnzimmerschrank unter Wert an K veräußert hat?*

Frage 4: *Kann T von A die Prozesskosten verlangen, die bei der Geltendmachung des Kaufpreisanspruchs gegen K anfielen?*

zu 1: Grundsätzlich ist die Verfügungsbefugnis des Testamentsvollstreckers unbeschränkt, § 2205 S. 2 BGB. Beschränkungen können sich jedoch aus dem Erblasserwillen ergeben, § 2208 I S. 1 BGB. Hier sollte nach dem Willen des E der Schmuck sofort an A ausgehändigt werden, d.h. nicht der Testamentsvollstreckung unterfallen. T hatte also keine Verfügungsbefugnis über den Schmuck.

Ein gutgläubiger Erwerb des K kommt nicht in Betracht, da T nicht als Eigentümer, sondern als Testamentsvollstrecker verfügte und der gute Glaube an die Verfügungsbefugnis nicht geschützt ist.

Auch die Erteilung eines Testamentsvollstreckerzeugnisses (§ 2368 BGB) würde nichts ändern. Der Dritte kann sich nicht darauf verlassen, dass die Gegenstände, über die der in dem Zeugnis genannte Amtsinhaber verfügt, der Verwaltung des Testamentsvollstreckers unterliegen.[382]

zu 2: A war zwar Eigentümer der Möbel (§ 1922 BGB), wegen der Anordnung der Testamentsvollstreckung aber nicht verfügungsberechtigt, § 2211 I BGB. Es kommt also nur ein gutgläubiger Erwerb vom Nichtberechtigten in Betracht, §§ 2211, 932 BGB. Hierbei genügt es, wenn sich der gute Glaube des Erwerbers darauf bezieht, dass die veräußerten Gegenstände (z.B. wegen § 2208 I BGB) nicht der Testamentsvollstreckung unterliegen.

K ist also gemäß §§ 2211, 932 BGB Eigentümer der Möbelstücke geworden, sofern er nicht grob fahrlässig verkannt hat, dass die Möbelstücke der Testamentsvollstreckung unterlagen.

379 BayObLG, FamRZ 1989, 668 - 669 = **juris**byhemmer; anders noch RGZ 105, 246 (249).

380 OLG Saarbrücken, JZ 1953, 509.

381 BGHZ 30, 67 - 74 (73) = **juris**byhemmer.

382 Palandt, § 2368 BGB, Rn. 9.

zu 3: Im vorliegenden Fall könnte ein Eigentumserwerb des K am Wohnzimmerschrank an § 2205 S. 3 BGB scheitern, wenn der Testamentsvollstrecker nach dieser Vorschrift nicht zur Verfügung über den Nachlassgegenstand berechtigt war. Da der Schrank unter Wert veräußert wurde, liegt eine gemischte Schenkung vor, die grundsätzlich § 2205 S. 3 BGB unterfällt. Veräußerungen, die ohne angemessene Gegenleistung erfolgen, sind gemäß § 2205 S. 3 BGB unwirksam,[383] es sei denn, der Erbe hat eingewilligt.[384] Allerdings tritt die Rechtsfolge der Unwirksamkeit der Verfügung nur dann ein, wenn der Testamentsvollstrecker wusste oder bei ordnungsgemäßer Verwaltung hätte erkennen müssen, dass die Leistung der Gegenseite unzulänglich war; ob K die Pflichtverletzung erkannt hat, ist hingegen unbeachtlich.[385] Ob diese subjektive Seite bei T vorgelegen hat, ist letztlich Tatfrage.

zu 4: Prozesskosten sind dem Testamentsvollstrecker zu ersetzen, wenn sie den Umständen nach erforderlich waren, §§ 2218, 670 BGB.[386]

10. Testamentsvollstreckung und Gesellschaftsrecht

Verwaltungsvollstreckung bei Gesellschaftsanteil an persönlich haftender Gesellschaft

Ein Widerspruch zwischen Erb- und Gesellschaftsrecht ergibt sich, wenn der Gesellschaftsanteil eines persönlich haftenden Gesellschafters (OHG, KG) auf den Erben übergegangen ist und eine Testamentsvollstreckung in Form der Verwaltungsvollstreckung angeordnet wurde. Würde sich die Testamentsvollstreckung auch auf den Gesellschaftsanteil erstrecken (§ 2205 S. 1 BGB), so bestünde für den Erben die Möglichkeit, seine Haftung für die Gesellschaftsschulden auf den Nachlass zu beschränken, da ihn der Testamentsvollstrecker nicht mit dem Eigenvermögen verpflichten kann (vgl. § 2206 BGB). Demgegenüber verlangt das Gesellschaftsrecht die unbeschränkte und unbeschränkbare Haftung der Gesellschafter (§ 128 HGB). 152

Lösung zugunsten des Gesellschaftsrechts

Diesen, durch die fehlende Befugnis des Testamentsvollstreckers, den Erben auch mit dem Eigenvermögen zu verpflichten, entstehenden Widerspruch löst man zugunsten des Gesellschaftsrechts: Die reine Verwaltungsvollstreckung am Gesellschaftsanteil eines persönlich haftenden Gesellschafters ist nach h.M. nicht zulässig.[387]

Zum Teil wird zudem vertreten, der Gesellschaftsanteil unterliege ohnehin nicht der Testamentsvollstreckung, da er am Nachlass vorbei im Wege der Sondererbfolge auf den Erben übergehe; der Testamentsvollstrecker könne aber nur den Nachlass verwalten.[388]

Das Ziel des Erblassers, eine Testamentsvollstreckung am Gesellschaftsanteil zu ermöglichen, kann wie bei der Verwaltungstestamentsvollstreckung über das Geschäft eines Einzelkaufmanns nur in der Weise verwirklicht werden, dass entweder der Testamentsvollstrecker im eigenen Namen und unter eigener Haftung als Treuhänder für den Erben tätig wird (Treuhandlösung) oder vom Erben bevollmächtigt wird, auch persönliche Verpflichtungen i.R.d. Verwaltung des Gesellschaftsanteils begründen zu können (Vollmachtlösung).[389]

383 Palandt, § 2205 BGB, Rn. 27 f.

384 Palandt, a.a.O.; BGHZ 57, 84 - 96 = **juris**byhemmer.

385 Palandt, § 2205 BGB, Rn. 28; a.A. Lange-Kuchinke, § 31 VI 2 b).

386 Palandt, § 2218 BGB, Rn. 5.

387 Vgl. bereits RGZ 170, 392; Palandt, § 2205 BGB, Rn. 11 ff. (m.w.N.).

388 Vgl. Ulmer, „Probleme der Vererbung von Personengesellschaftsanteilen", JuS 1986 - 862 (856); anders aber BGHZ 98, 48 - 59 (51) = **juris**byhemmer.

389 Vgl. Palandt, § 2205 BGB, Rn. 8 f.

Das Tätigwerden des Testamentsvollstreckers muss aber in beiden Fällen dem Gesellschaftsvertrag entsprechen oder von den Mitgesellschaftern konsentiert sein.[390] Der Anspruch auf den Gewinn oder das Auseinandersetzungs- bzw. Abfindungsguthaben unterliegt dagegen in jedem Fall, auch ohne Zustimmung der Mitgesellschafter, der Testamentsvollstreckung, da es sich hierbei um abspaltbare vermögensrechtliche Ansprüche handelt.[391]

11. Testamentsvollstreckung und Zwangsvollstreckung

In diesem Zusammenhang ist insbesondere das Problem der Rechtskrafterstreckung gem. § 327 ZPO und der titelumschreibenden Klausel gem. § 728 ZPO zu erwähnen:[392] Nach § 327 ZPO erstreckt sich die Rechtskraft eines an den Testamentsvollstrecker gerichteten Urteils auch auf Erben. Ein neuer Prozess durch diese bzw. gegen diese wäre demnach unzulässig. Aus dem Titel kann vielmehr direkt durch bzw. gegen die Erben vollstreckt werden, erforderlich ist allein eine Titelumschreibung nach § 728 ZPO.

VI. Teilungsanordnung

1. Natur der Teilungsanordnung

Teilungsanordnung

§ 2048 BGB ist Ausfluss der Testierfreiheit des Erblassers. Er kann bestimmen, wie die Erben den Nachlass untereinander aufzuteilen haben.[393] 153

keine Sondernachfolge; Anrechnung auf Quote

Durch eine Teilungsanordnung kann der Erblasser bestimmen, dass ein bestimmter Gegenstand einem bestimmten Miterben bei der Auseinandersetzung zufallen soll. Die Teilungsanordnung begründet jedoch keine Sondernachfolge in den zugewiesenen Gegenstand. Vielmehr erhält der jeweilige Miterbe durch die Anordnung nur einen obligatorischen Anspruch auf den Gegenstand.[394]

Die Teilungsanordnung führt insbesondere nicht zu einer Vergrößerung der Quote des begünstigten Miterben.[395] Der zugeteilte Gegenstand ist vielmehr auf die Quote wertmäßig anzurechnen.[396]

2. Bindungswirkung

einverständliche Abweichung möglich

Grundsätzlich hat jeder Miterbe Anspruch auf Einhaltung des angeordneten Teilungsmodus. 154

Im allseitigen Einverständnis können die Miterben von der Anordnung abweichen, es sei denn, sie enthält zugleich eine Auflage;[397] allerdings ist auch dann eine gleichwohl erfolgende anderweitige Aufteilung dinglich wirksam.[398]

390 Zur Problematik vgl. Kreppel, Der Testamentsvollstrecker und die Erben des Gesellschafters, DStR 1996, 430 - 433; BGH, Betr 1996, 468; NJW 1996, 1284 - 1286 = **juris**byhemmer; Hehemann, „Testamentsvollstreckung bei Vererbung von Anteilen an Personengesellschaften", BB 1995, 1301 - 1312; Weidlich, „Die Testamentsvollstreckung an Beteiligungen einer werbenden OHG bzw. Kommanditgesellschaft", ZEV 1994, 205.

391 BGH, NJW 1981, 749 - 750 = **juris**byhemmer.

392 Vgl. Sie dazu **Hemmer/Wüst, ZPO II, Rn. 77 ff.**

393 Soergel-Wolf, § 2048 BGB, Rn. 1.

394 MüKo, § 2048 BGB, Rn. 8; Palandt, § 2048 BGB, Rn. 2, 4.

395 RG, DR 1942, 977.

396 Palandt, § 2048 BGB, Rn. 1.

397 Palandt, § 2048 BGB, Rn. 4.

398 BGHZ 40, 115 - 126 = **juris**byhemmer.

Für den Richter, den Notar und den Testamentsvollstrecker ist die Teilungsanordnung bindend (vgl. §§ 2203, 2204 BGB).

3. Abgrenzung zum Vorausvermächtnis

Zur Wiederholung (siehe dazu bereits Rn. 129): *155*

Beim Vorausvermächtnis will der Erblasser grundsätzlich[399] dem begünstigten Miterben den Mehrwert zusätzlich zu seinem Erbteil zuwenden. Bei der Teilungsanordnung soll Wertausgleich aus dem eigenen Vermögen des Bedachten gezahlt werden. Ist das Testament nicht eindeutig, so ist durch Auslegung zu ermitteln, was der Erblasser gewollt hat. In Zweifelsfällen ist von einer bloßen Teilungsanordnung auszugehen.[400]

hemmer-Methode: Die Abgrenzung der Teilungsanordnung vom Vorausvermächtnis muss vom Grundsätzlichen her verstanden werden. Im Einzelfall kann es schwierig zu bestimmen sein, was vorliegt. Klausurtaktisch ist es ratsam, bevor Sie sich festlegen, die unterschiedlichen rechtlichen Konsequenzen aufzuzeigen. Selbst wenn Sie sich für die „falsche" Variante entschieden haben – die es bei einer Auslegung eigentlich nicht gibt –, haben Sie so doch noch gepunktet.

F) Erbverzichtsvertrag

I. Begriff

vertraglicher Verzicht auf gesetzliche oder gewillkürte Erbschaft

Unter einem Erbverzicht i.S.d. §§ 2346 ff. BGB ist der vor Eintritt des Erbfalls mit dem Erblasser vereinbarte vertragliche Verzicht des zukünftigen Erben auf das gesetzliche (§ 2346 BGB) oder das testamentarisch bzw. durch Erbvertrag begründete (§ 2352 BGB) Erbrecht zu verstehen. *156*

II. Rechtsnatur, praktische Bedeutung

Der Erbverzicht ist ein erbrechtliches, abstraktes Verfügungsgeschäft. Er ist, auch wenn eine Abfindung vereinbart wird, kein gegenseitiger Vertrag im Sinne von §§ 320 ff. BGB. *157*

Motiv für den Erbverzicht kann zwar die Begünstigung eines anderen sein (§ 2350 BGB), aber selbst dann liegt kein Vertrag zugunsten Dritter vor, da kein Forderungsrecht eines Dritten begründet wird.

Der Erbverzichtsvertrag ist keine Verfügung von Todes wegen, sondern ein „negativer" Erbvertrag. Das allgemeine Vertragsrecht ist somit anwendbar, zum Zuge kommen die allgemeinen Vorschriften über die Anfechtung (§§ 119 ff. BGB und nicht § 2078 BGB) und die Auslegungsvorschriften (§§ 133, 157, 242 BGB). Allerdings scheidet nach h.M. eine Anfechtung nach dem Erbfall aus, da der Erblasser hierauf nicht mehr reagieren kann.[401]

Praktische Bedeutung erlangt der Erbverzicht vor allem bei der vorzeitigen Abfindung von erst- oder nichtehelichen Kindern und durch den Wegfall des Pflichtteils (§ 2346 I S. 2 BGB).

399 Keine Regel ohne Ausnahme, vgl. BGH, NJW 1995, 721 = jurisbyhemmer.

400 Palandt, § 2048 BGB, Rn. 6 ff.

401 BayObLG, NJW-RR 2006, 372 - 377 = jurisbyhemmer.

Letzteres ermöglicht die Übertragung von Unternehmen oder landwirtschaftlichem Besitz auf eine einzelne Person, da in diesem Fall die Beschränkung der Testierfreiheit des Erblassers durch das Pflichtteilsrecht entfällt.

III. Abgrenzung

1. Zur Enterbung (vgl. § 1938 BGB)

Enterbung ist einseitig

Die Enterbung ist im Gegensatz zum Erbverzicht immer eine einseitige, nicht eine vertragsmäßige Verfügung (vgl. § 2278 II BGB). Sie kann sowohl durch ein negatives Testament (§ 1938 BGB: Enterbung ohne Einsetzung von Erben) als auch durch ein positives Testament (Verteilung des Nachlasses ohne Berücksichtigung des Enterbten) erfolgen.

2. Zur Erbunwürdigkeit, §§ 2339 ff. BGB

bei Erbunwürdigkeit zunächst Anfall der Erbschaft

Die Geltendmachung der Erbunwürdigkeit durch Anfechtung ist erst nach dem Anfall der Erbschaft möglich (§ 2340 II S. 1 BGB).

Es muss ein Erbunwürdigkeitsgrund (§ 2339 BGB) vorliegen. Anfechtungsberechtigt ist jeder, dem der Wegfall des Erbunwürdigen zugutekommt (§ 2341 BGB).

Bei Erbunwürdigkeit fällt die Erbschaft dem Erben zunächst an (vgl. § 2340 II S. 1 BGB), der Anfall gilt aber mit Rechtskraft der Erbunwürdigkeitserklärung als nicht erfolgt (§§ 2342 II, 2344 BGB). Dagegen verhindert der Erbverzicht den Anfall der Erbschaft an den Verzichtenden von vornherein. Der Erbverzicht erfolgt vor dem Erbfall, die Anfechtung wegen Erbunwürdigkeit danach.

3. Zur Ausschlagung, §§ 1942 ff. BGB

Ausschlagung ist einseitige Erklärung nach Erbfall

Die Ausschlagung erfolgt nach dem Erbfall, der Erbverzicht davor. Die Ausschlagung ist eine einseitige Erklärung (§ 1945 BGB), der Erbverzicht ein verfügender Vertrag.

4. Zur Entziehung des Pflichtteils, §§ 2333 ff. BGB

Entziehung d. Pflichtteils nicht durch Vertrag, sondern letztwillige Verfügung

Durch Erbverzichtsvertrag kann erreicht werden, dass der Verzichtende nach dem Erbfall überhaupt nichts erhält, wenn er nämlich auf sein Erbrecht und das Pflichtteilsrecht verzichtet hat.

Diese Situation kann auf anderem Wege nur durch Enterbung und die gleichzeitige Entziehung des Pflichtteils[402] erreicht werden. Für die Pflichtteilsentziehung müssen aber bestimmte Gründe vorliegen (vgl. § 2333 BGB). Enterbung und Entziehung des Pflichtteils erfolgen dann im Gegensatz zum Erbverzicht nicht durch Vertrag, sondern durch einseitige letztwillige Verfügung des Erblassers (§ 2336 I BGB).

402 Vgl. Rn. 175.

IV. Inhalt des Erbverzichts

1. Verzichtsberechtigte

Verzichtsberechtigte

Verzichtsberechtigt sind der künftige Erbe, der Vermächtnisnehmer und der Pflichtteilsberechtigte (§§ 2346, 2352 BGB).[403] 158

2. Gegenstand des Erbverzichts

Gegenstand des Erbverzichts kann sein: 159

- ⇨ Verzicht auf das gesetzliche Erbrecht, § 2346 I S. 1 BGB,
- ⇨ Verzicht auf das Pflichtteilsrecht, § 2346 II, I S. 2 BGB a.E.,
- ⇨ Verzicht auf Erbeinsetzung und Vermächtnisse, § 2352 BGB

Teilverzicht; Verzicht zugunsten anderer

Der Verzicht kann sich auch auf einen Bruchteil der Erbschaft beschränken und ist auch zugunsten einer anderen Person zulässig (vgl. § 2350 I BGB). Der Verzicht auf das gesetzliche Erbrecht schließt grundsätzlich den Verzicht auf Pflichtteilsansprüche mit ein (§ 2346 I S. 2 BGB a.E.).[404]

Ein vollständiger Erbverzicht wird in vielen Fällen aber nicht dem Mandantenwillen entsprechen, da der Erbverzicht nach § 2310 S. 2 BGB zu einer Erhöhung der Pflichtteilsansprüche der übrigen Pflichtteilsberechtigten führt.

> ***Bsp.:*** *Der verwitwete Erblasser E hat drei Kinder, A, B und C. Mit C schließt er einen Erbverzichtsvertrag. A und B enterbt er. Wie hoch ist deren Pflichtteilsanspruch?*
>
> Der Pflichtteil besteht in der Hälfte des Wertes des gesetzlichen Erbteils, § 2303 I S. 2 BGB. Die Pflichtteilsquote von A und B beträgt demnach grundsätzlich $^1/_6$ ($^1/_3$ nach § 1924 IV BGB : 2). Nach § 2310 S. 2 BGB wird C bei der Pflichtteilsberechnung aber nicht mitgezählt. Deshalb ist von einem Erbteil von A und B von je $^1/_2$ und somit von einer Pflichtteilsquote von je $^1/_4$ auszugehen!

Der reine Pflichtteilsverzicht löst nicht die Wirkung des § 2310 S. 2 BGB aus. Er wird deshalb in vielen Fällen eher dem Mandantenwillen entsprechen.

> Hätte der Erblasser in obigem Beispiel mit C nur einen Pflichtteilsverzicht vereinbart und ihn im Übrigen auch enterbt, betrüge die Pflichtteilsquote von A und B nur $^1/_6$ statt $^1/_4$!

hemmer-Methode: § 2352 BGB wurde zum 01.01.2010 geändert. Nach Satz 3, der nun auch auf § 2349 BGB verweist, erstreckt sich ein Zuwendungsverzicht im Zweifel auch auf die Abkömmlinge des Verzichtenden. Diese Änderung ist gerade im Hinblick auf ein gemeinschaftliches Testament problematisch: Verzichtet das als Schlusserbe eingesetzte Kind der Ehegatten gegenüber dem längerlebenden Ehegatten auf die Zuwendung, kann dieser nunmehr wieder völlig frei über das Vermögen von Todes wegen verfügen. Auf diese Art und Weise wird durch den Verzicht des Schlusserben die mit einem gemeinschaftlichen Testament beabsichtigte Bindung des längerlebenden Ehegatten zugunsten der ganzen Familie und nicht nur des eigentlichen Schlusserben ausgehebelt.

---

403 Bis zum 31.03.1998 war auch der Ersatzanspruchsberechtigte verzichtsberechtigt.

404 Der Erbersatzanspruch des nichtehelichen Kindes konnte außer durch Erbverzicht bis zum 31.03.1998 auch durch den vorzeitigen Erbausgleich gemäß § 1934d BGB a.F. ausgeschlossen werden (vgl. Art. 227 I Nr. 2 EGBGB – lesen!).

V. Erbverzicht gegen Abfindung

trennen: Verfügungsgeschäft und i.d.R. entgeltliches Verpflichtungsgeschäft

Der Erbverzicht erfolgt in aller Regel nicht unentgeltlich, sondern häufig nur gegen Abfindung.[405] So verspricht der Erblasser dem Verzichtenden regelmäßig, ihm den Verzicht auf das gesetzliche Erbrecht bzw. den Pflichtteil zu vergüten. 160

hemmer-Methode: Hinsichtlich der Vergütung ist strittig, ob diese bei anderen Pflichtteilsberechtigten einen Pflichtteilsergänzungsanspruch nach § 2325 BGB auslöst. Da sich durch den Erbverzicht allerdings die Quote der übrigen Pflichtteilsberechtigten nach § 2310 S. 2 BGB, erhöht, wird deren wirtschaftliche Beteiligung am Nachlass insgesamt nicht geschmälert, sodass ein Pflichtteilsergänzungsanspruch grundsätzlich ausscheidet.[406]

1. Der Erbverzicht selbst stellt ein erbrechtliches, abstraktes Verfügungsgeschäft dar.[407] Auf dieses Verfügungsgeschäft sind die §§ 320 ff. BGB nicht anwendbar.

auch für Verpflichtungsgeschäft Form notwendig, aber § 311b I S. 2 BGB analog

2. Allerdings liegt auch dem Verzicht als abstraktem erbrechtlichen Verfügungsgeschäft ein Kausalgeschäft zugrunde, das einerseits die Verpflichtung zur Abgabe der Verzichtserklärung, andererseits die Verpflichtung des Erblassers zur Abfindungsleistung enthält und insoweit ein Gegenseitigkeitsverhältnis begründet.[408] Es unterliegt den allgemeinen Regeln über Schuldverhältnisse, insbesondere kommen die §§ 320 ff. BGB zur Anwendung.[409] 161

Der Verpflichtungsvertrag – Abfindung gegen das Versprechen zur Erklärung des Erbverzichts – ist wie der Erbverzicht selbst formbedürftig (notarielle Beurkundung; vgl. § 2348 BGB). Jedoch kann der formunwirksame Verpflichtungsvertrag analog § 311b I S. 2 BGB durch die formwirksame Vornahme des Erbverzichts geheilt werden.[410]

Problem: wirksamer Verzicht und nichtiges Grundgeschäft

3. Bei wirksamem Erbverzicht, aber fehlendem oder nichtigem Grundgeschäft, entstehen zu Lasten des Verzichtenden erhebliche Probleme, wenn die Abfindung noch nicht gezahlt ist, da eine Erfüllungsklage ausscheidet und die §§ 320 ff. BGB auf den Erbverzicht selbst nicht anwendbar sind. Das Interesse des Verzichtenden besteht in diesem Fall darin, den Verzicht wieder rückgängig zu machen oder aber, die Abfindung zu erhalten. 162

verschiedene Lösungen

Hier werden verschiedene Lösungsmöglichkeiten vertreten:

a) Keine Probleme entstehen, wenn der Erbverzicht durch die Leistung der Abfindung aufschiebend bedingt wurde, § 158 I BGB. Allerdings ist auch hinsichtlich der Bedingung die Form des § 2348 BGB zu wahren.[411]

Einheitlichkeit: § 139 BGB entspr.

b) Sind Erbverzicht und Abfindungsabrede in einer einheitlichen Urkunde zusammengefasst, kann darin ein Indiz für den Willen des Vertragsschließenden gesehen werden, dass beide Geschäfte „miteinander stehen und fallen“ sollen, und somit Gesamtnichtigkeit nach § 139 BGB eintreten soll. In einem solchen Fall wird aber häufig auch eine sog. Fehleridentität vorliegen, sodass beide Rechtsgeschäfte anfechtbar sein können.

405 Vgl. dazu OLG Hamm, NJW-RR 1996, 906; BayObLG, NJW-RR 1995, 648 - 649 = jurisbyhemmer.

406 Vgl. unten Rn. 171b.

407 Palandt, § 2346 BGB, Rn. 4.

408 Vgl. Palandt, § 2346 BGB, Rn. 7 f.; umfassend hierzu Keller, „Die Form des Erbverzichts“, ZEV 2005, 229 ff.

409 Vgl. OLG Celle, ZEV 2008, 485 = jurisbyhemmer.

410 Palandt, § 2346 BGB, Rn. 6.

411 Palandt, § 2346 BGB, Rn. 10.

Problem, wenn (-)

c) Liegen diese Voraussetzungen nicht vor, so ist zu fragen, wie dem wirksam Verzichtenden geholfen werden kann.

⇨ § 812 BGB (-), da nichts erlangt

⇨ Eine Kondiktion nach § 812 BGB scheidet nach h.M. aus:

Der Erblasser erlangt eine Verbesserung seiner Rechtsstellung nicht auf Kosten des Verzichtenden, da der Verzicht keine Zuwendung ist.[412]

Zum Teil wird allerdings vertreten, bereits die Möglichkeit des Erblassers, anderweitig – d.h. ohne Berücksichtigung möglicher Pflichtteilsansprüche des Verzichtenden – testieren zu können, sei ein im Rahmen von § 812 BGB auszugleichender Vermögensvorteil.[413]

Rücktritt (-)

⇨ Ein Rücktritt analog § 2295 BGB ist infolge der abstrakten Natur des Verzichts ausgeschlossen.

nach e.A. § 242 BGB

⇨ Zum Teil wird die Lösung über § 242 BGB gesucht, wonach dem Verzichtenden der Einwand unzulässiger Rechtsausübung einzuräumen sei, soweit sich der Erbe auf die Wirksamkeit des Verzichts beruft.

hemmer-Methode: Hier gibt es nicht „die richtige Lösung". Entscheidend in der Klausur ist, dass Sie das Problem erkennen und vertretbar lösen. Achten Sie bei der Lösung darauf, dass Sie sich keine Folgeprobleme verbauen – „Probleme schaffen, nicht wegschaffen". Werden Verfügung (Verzicht) und Verpflichtung zur Gegenleistung (Abfindung) in einem wirksamen Vertrag verbunden und bleibt die Gegenleistung aus, so können §§ 320 ff. BGB nicht direkt angenommen werden.
Es fehlt an einer mit der Abfindung im Gegenseitigkeitsverhältnis stehenden Verpflichtung zum Verzicht, es wurde vielmehr gleich verzichtet. In den §§ 2346 ff. BGB fehlt auch eine den §§ 2294 ff. BGB entsprechende Rücktrittsregelung. Auch § 2078 BGB entfällt, da der Verzicht keine letztwillige Verfügung darstellt und eine entsprechende Verweisung (wie bei § 2281 BGB) beim Erbverzicht fehlt. § 119 BGB scheitert in der Regel, da ein unbeachtlicher Motivirrtum vorliegt.
Da häufig auch eine aufschiebende Bedingung fehlt, bleibt nur die entsprechende Anwendung der §§ 320 ff. BGB: Mit der Beurkundung des Erbverzichts soll regelmäßig auch eine sofort zu erfüllende Verpflichtung begründet werden.[414]

bei Wirksamkeit §§ 320 ff. BGB

Bei wirksamem Verpflichtungsvertrag liegt die Lösung in der Anwendung der §§ 320 ff. BGB. Bei Nichterfüllung des Abfindungsversprechens hat der Erbe die Möglichkeit, über § 326 BGB von dem Vertrag zurückzutreten; in diesem Fall ist der Erblasser zur Aufhebung des Verzichts durch den Abschluss eines gegenläufigen Aufhebungsvertrages nach § 2351 BGB verpflichtet.[415]

Nach dem Tod des Erblassers ist eine Aufhebung jedoch ausgeschlossen. Insoweit kann nur auf Erfüllung der Abfindungsvereinbarung oder auf Schadensersatz wegen Nichterfüllung geklagt werden.

VI. Erbverzicht und Vertrag über den Nachlass eines lebenden Dritten (§ 311b IV BGB)

Verzicht gegenüber Dritten nach § 311b IV BGB nichtig; Umdeutung

Verzichtet ein Erbe durch Vertrag mit einer anderen Person auf Erbansprüche gegen den noch lebenden Erblasser, so ist dieser Vertrag gemäß § 311b IV BGB nichtig. 163

412 Palandt, § 2346 BGB, Rn. 11; a. A. RGRK, § 2346 BGB, Rn. 6; MüKo, § 2346 BGB, Rn. 28.

413 Vgl. MüKo, § 2346 BGB, Rn. 24.

414 Vgl. Medicus, Rn. 217.

415 MüKo, § 2346 BGB, Rn. 23.

Es kommt aber eine Umdeutung (§ 140 BGB) in einen Erbverzichtsvertrag in Betracht, sofern auch der Erblasser selbst Vertragspartner war und die Formerfordernisse des Erbverzichtsvertrages (§ 2348 BGB) eingehalten wurden.

VII. Aufhebung des Erbverzichts

Gem. § 2351 BGB können Erb- bzw. Pflichtteilsverzichtsverträge in notarieller Form (§ 2348 BGB) wieder aufgehoben werden. Nach dem Tod des Erblassers ist dies aber gem. §§ 2351, 2347 III HS 1 BGB ausgeschlossen.[416]

Dies gilt nach Rspr. des BGH[417] auch nach dem Tod des Verzichtenden. Aus Gründen der Rechtsklarheit wird gefordert, dass der Verzichtende und damit sein ebenfalls aus der Erbfolge ausgeschiedener Stamm (vgl. § 2349 BGB) diese Wirkung nicht mehr rückgängig machen können.

416 Nach h.M. gelten diese Grundsätze auch für eine Irrtumsanfechtung durch den Verzichtenden nach dem Tod des Erblassers, m.w.N. BayObLG, ZEV 2006, 209 - 212 = **juris**byhemmer.

417 Vgl. BGH, NJW 1998, 3117 - 3119 = **juris**byhemmer = **Life&Law 03/1999, 153 ff.**

§ 4 PFLICHTTEILSRECHT

A) Allgemeines

Pflichtteilsrecht = Beschränkung der Testierfreiheit

Das Pflichtteilsrecht stellt eine Beschränkung der Testierfreiheit zugunsten des Pflichtteilsberechtigten dar, indem es dem Berechtigten die wirtschaftliche Teilnahme am Nachlass in Form eines schuldrechtlichen Anspruchs (des Pflichtteilsanspruchs) garantiert, über den er nach seinem Belieben verfügen kann. Es handelt sich dabei um einen Geldanspruch, bestimmte Nachlassgegenstände kann der Pflichtteilsberechtigte nicht fordern. 164

Das Pflichtteilsrecht beruht auf dem Gedanken, dass den Erblasser eine über den Tod hinausgehende Sorgfaltspflicht für seine nahen Angehörigen trifft. Diese Fürsorgepflicht für die Familie, Art. 6 GG, rechtfertigt den Eingriff in die Testierfreiheit, die das Pflichtteilsrecht darstellt.[418]

B) Pflichtteilsberechtigte

Berechtigte = enterbte Abkömmlinge, Ehegatten, Eltern

Pflichtteilsberechtigt sind die Abkömmlinge (§ 2303 I S. 1 BGB), die Eltern und der Ehegatte des Erblassers (§ 2303 II S. 1 BGB), sofern sie jeweils durch Verfügung von Todes wegen von der Erbfolge ausgeschlossen sind. 165

2303: Abkömmling, Eltern, Ehegatte

2303 sei ausgeschlossen: 2306

hemmer-Methode: Die Enkel und die Eltern des Erblassers sind demnach grundsätzlich nicht pflichtteilsberechtigt, wenn das Kind des Erblassers den Erbfall erlebt. Denn diese sind in diesem Fall kraft Gesetzes von der Erbfolge ausgeschlossen (vgl. § 1930 BGB) und nicht - wie es § 2303 BGB verlangt - durch Verfügung von Todes wegen enterbt. Aber auch wenn Enkel und Eltern des Erblassers neben dessen Kind ausnahmsweise pflichtteilsberechtigt sind (z.B. weil das Kind erbunwürdig ist, die Erbschaft ausgeschlagen hat, einen Pflichtteilsverzicht erklärt hat oder seinerseits auch enterbt wurde[419]), ist ihr Pflichtteilsrecht durch § 2309 BGB eingeschränkt. Verlangt das Kind seinen Pflichtteil, verdrängt er in Fortsetzung der §§ 1924 II, 1930 BGB Eltern und Enkel des Erblassers. Wurde dem Kind allerdings wirksam der Pflichtteil entzogen, §§ 2333 ff. BGB, rückt das Enkelkind in seine Stellung nach und ist im Umkehrschluss zu § 2309 BGB pflichtteilsberechtigt.[420]

Enterbung durch Erblasser als Voraussetzung

Voraussetzung für einen konkreten Pflichtteilsanspruch ist, dass der Pflichtteilsberechtigte vom Erblasser enterbt wurde. Keinen Pflichtteilsanspruch hat deshalb bspw. der Ehegatte, der nach § 1933 BGB kraft Gesetzes von der Erbfolge ausgeschlossen ist, oder der Pflichtteilsberechtigte, der rechtskräftig für erbunwürdig erklärt wurde, vgl. §§ 2344, 2345 BGB.

Grundsatz: Kein Pflichtteilsanspruch bei Ausschlagung

Kein Pflichtteilsanspruch steht damit grundsätzlich auch dem Erben zu, der diese Erbschaft von sich aus ausschlägt. Etwas anderes gilt nur für den Ehepartner, vgl. § 2303 II S. 2 BGB i.V.m. § 1371 III BGB, sowie unter den Voraussetzungen des § 2306 I BGB

Ausnahme: § 2306 I BGB

§ 2306 BGB regelt die Fälle, in denen der Pflichtteilsberechtigte zwar Erbe wird, diese Erbschaft aber bspw. durch die Einsetzung eines Nacherben oder durch die Beschwerung mit einem Vermächtnis oder einer Auflage „entwertet" ist. 165a

418 BVerfG, FamRZ 2005, 872 - 878 = **juris**byhemmer = **Life&Law 06/2005, 479 ff.**

419 Vgl. BGH, NJW 2011, 1878 - 1881 = **juris**byhemmer = **Life&Law 10/2011, 712 ff.**; m.w.N. auch zur Gegenansicht.

420 BGHZ 193, 369 = **Life&Law 10/2012**: § 2309 BGB kommt nicht zur Anwendung, wenn der infolge eines Erbverzichts von der gesetzlichen Erbfolge ausgeschlossene Sohn später doch zum Alleinerben eingesetzt wird. Folge ist, dass der Pflichtteil des Enkelkindes nicht durch die Erbschaft des Sohnes ausgeschlossen ist.

Bsp.: *Der verwitwete Erblasser E setzt seinen einzigen Sohn S zum Alleinerben ein. Bei einem Nachlasswert von 100.000,- € lobt er allerdings Vermächtnisse in Höhe von 120.000,- € aus. Alternativ bestimmt er seinen Freund F zum Nacherben. Der Nacherbfall soll 48 Stunden nach dem Erbfall eintreten.*

In beiden Fällen hätte S, dessen Pflichtteilsquote nach § 2303 I BGB $^1/_2$ beträgt und der deshalb bei einem Nachlass von 100.000,- € als Pflichtteilsanspruch mindestens 50.000,- € erhalten müsste, an seiner Erbschaft nur wenig Freude. In der ersten Alternative muss er froh sein, wenn er aus der Sache herauskommt, ohne aus seinem Privatvermögen noch 20.0000,- € zuzahlen zu müssen. In der zweiten Alternative wird er in den 48 Stunden als Vorerbe seine Erbschaft kaum richtig genießen können.

§ 2306 BGB soll verhindern, dass der Pflichtteilsanspruch durch entsprechende Anordnungen des Erblassers umgangen wird. Erreicht wird dies dadurch, dass der Erbe die Erbschaft ausschlagen und dann – abweichend von § 2303 I BGB – den Pflichtteil verlangen kann.[421]

Abschließendes Beispiel zu § 2306 BGB: *Der verwitwete Erblasser setzt seine einzige Tochter T zur Alleinerbin seiner 5 Mio. € ein. Sein Lieblingsfußballverein, die katholische Kirche, die Caritas und seine Jugendliebe erhalten jeweils ein Vermächtnis in Höhe von 1 Mio. €.*

Da die Tochter Alleinerbin ist, kann sie grundsätzlich nicht den Pflichtteil verlangen. Bei Annahme der Erbschaft erhält sie aber letztlich nur 1 Mio. € (5 Mio. Erbschaft minus 4 Mio. Vermächtnisse). Schlägt sie hingegen die Erbschaft aus, kann sie nach § 2306 I BGB den Pflichtteil in Höhe von 2,5 Mio. € verlangen ($^1/_2$ aus Nachlasswert von 5 Mio. €; die Vermächtnisse bleiben bei der Berechnung des Pflichtteils als nachrangige Verbindlichkeiten unberücksichtigt, § 2311 BGB).[422]

hemmer-Methode: § 2306 BGB wird (nicht nur) vom Laien immer wieder verkannt. Viele Erben unterliegen dem Irrtum, sie dürften auf keinen Fall ausschlagen, wenn sie ihre Beteiligung am Nachlass erhalten und wenigstens den Pflichtteil erhalten wollen. Fraglich ist, ob ein solcher Irrtum zur Anfechtung der Annahme berechtigt, vgl. unten Rn. 181.

Pflichtteilsanspruch für den Vermächtnisnehmer

Nach §§ 2303, 2307 I S. 1 BGB ist der ausschlagende Vermächtnisnehmer hingegen stets pflichtteilsberechtigt. Schlägt er nicht aus, so hat er nur noch einen Anspruch auf den Restpflichtteil. Den Wert des Vermächtnisses muss er sich also auf seinen Pflichtteil anrechnen lassen, § 2307 I S. 2 BGB. ***165b***

Bsp.: *Der verwitwete Erblasser vermacht seinem einzigen Sohn 200.000,- €. Der Gesamtnachlass beläuft sich auf 1 Mio. €.*

Der Pflichtteil des Sohnes beläuft sich auf $^1/_2$, sodass ihm 500.000,- € zustehen. Diese kann er als Pflichtteil verlangen, wenn er das Vermächtnis ausschlägt, § 2307 I S. 1 BGB. Andernfalls kann er „nur" 300.000,- € als Pflichtteil, 200.000,- € als Vermächtnis fordern.

hemmer-Methode: Bedeutung hat diese Wahlmöglichkeit vor allen Dingen in den Fällen, in denen der Vermächtnisnehmer ein besonderes Interesse an dem vermachten Gegenstand hat. Hier muss er nicht zwischen Gegenstand und Pflichtteilsanspruch wählen, sondern er verlangt die Erfüllung des Vermächtnisses, also den Gegenstand, und zusätzlich nach § 2307 I S. 2 BGB noch die Differenz zwischen dem Wert des Gegenstandes und seinem Pflichtteilsanspruch. Daneben wird § 2307 I BGB wichtig, wenn ein Ehegatte mit einem Vermächtnis bedacht wird, da hier der Weg über § 2307 I S. 2 BGB zum sog. großen Pflichtteil führen kann.[423]

---

421 Die früher geltende Differenzierung nach der Erbquote ist zum 01.01.2010 weggefallen, vgl. hierzu OLG Stuttgart, FamRZ 2009, 1182 - 1183 = **juris**byhemmer = **Life&Law 12/2009,819 ff.**; Nunmehr muss der Erbe unabhängig von seiner Erbquote ausschlagen, wenn er den Pflichtteil ungeschmälert fordern will.

422 Vgl. Rn. 166b.

423 Vgl. unten Rn. 172.

C) Höhe des Pflichtteils

Hälfte des Wertes des gesetzlichen Erbteilanspruchs als Geldanspruch

Der Pflichtteilsanspruch ist ein Geldanspruch in Höhe der Hälfte des Wertes des gesetzlichen Erbteils (§ 2303 I S. 2 BGB). 166

Quotenbildung

Bei der Berechnung des Anteils am Nachlass sind auch die Personen mitzuzählen, die wegen Enterbung, Ausschlagung oder Erbunwürdigkeit (nicht aber wegen Erbverzichts) nicht erben (§ 2310 BGB).

Bsp.: *Der Erblasser hinterlässt die drei Kinder A, B und C sowie ein Testament, wonach sein Lieblingsfußballverein zum Alleinerben eingesetzt ist. A ist aufgrund des Mordes an seinem Vater für erbunwürdig erklärt worden, §§ 2339 I Nr. 1, 2342, 2344 BGB. C hat mit dem Erblasser einen Erb- und Pflichtteilsverzicht vereinbart.*

Frage: *Wie hoch sind etwaige Pflichtteilsansprüche?*

A steht aufgrund der Erbunwürdigkeitserklärung kein Pflichtteilsanspruch zu, § 2345 II BGB. C kann aufgrund des Pflichtteilsverzichts keinen Pflichtteil verlangen. B ist hingegen als enterbter Abkömmling pflichtteilsberechtigt, § 2303 I BGB. Der Pflichtteilsanspruch beläuft sich auf die Hälfte des gesetzlichen Erbteils. Bei einer gesetzlichen Erbfolge wäre B aufgrund der Erbunwürdigkeit des A und des Erbverzichts des C eigentlich Alleinerbe, sodass sein Pflichtteil $^1/_2$ betragen würde. Allerdings ist nach § 2310 BGB bei der Pflichtteilsberechnung das Erbrecht des A trotz dessen Erbunwürdigkeit heranzuziehen, sodass B gesetzlicher Erbe nur zu $^1/_2$ wäre. Nicht heranzuziehen ist nach § 2310 S. 2 BGB hingegen C. Der Pflichtteilsanspruch des B beläuft sich demnach auf $^1/_4$.

hemmer-Methode: Die Berechnung des Pflichtteilsanspruchs ist nur möglich nach der Feststellung der gesetzlichen Erbteile (§§ 2303 I S. 2, 1924 ff. BGB). Die gesetzliche Erbfolge taucht an vielen Stellen im Erbrecht wieder auf. Sie ist sozusagen das „kleine Einmaleins" des Erbrechts. Dieses können Sie aber mühelos trainieren und sich so wertvolle Zeit im Examen sparen.

maßgeblicher Wert, § 2311 BGB

Maßgeblich ist der Wert des Nachlasses zur Zeit des Erbfalls (§ 2311 BGB).[424] Nachlassschulden werden dabei aber nur berücksichtigt, wenn sie dem Pflichtteilsanspruch gegenüber vorrangig sind, vgl. § 1991 IV BGB, § 327 InsO. Vermächtnisansprüche werden aus diesem Grund anders als Zugewinnausgleichsansprüche bei der Pflichtteilsberechnung nicht angesetzt! 166a

Bsp.: *Der Erblasser hinterlässt 1 Mio. € Aktiva, seiner Frau steht ein Zugewinnausgleichsanspruch nach §§ 1371 II, 1378 BGB in Höhe von 400.000,- € zu und er hat in einem Testament Vermächtnisse in Höhe von 500.000,- € ausgesetzt.*

Hier berechnen sich Pflichtteilsansprüche aus der Summe von 600.000,- €.

anteilige Pflichtteilslast des Vermächtnisnehmers

Da die nach § 1991 IV BGB, § 327 II InsO nachrangigen Vermächtnisse bei der Pflichtteilsberechnung nicht berücksichtigt werden, kann es rechnerisch sein, dass die Summe von Pflichtteilsanspruch und Vermächtnis den Nachlasswert übersteigt. In diesem Fall verteilt § 2318 BGB die Pflichtteilslast zwischen Erben und Vermächtnisnehmer. 166b

Bsp.: *Der Erblasser hinterlässt 1 Mio. € Aktiva und hat in einem Testament ein Vermächtnis zugunsten des V in Höhe von 600.000,- € ausgesetzt. Der einzige Abkömmling S ist enterbt. Alleinerbe ist E.*

---

424 Mayer, ZEV 1994, 331; Ansprüche des Erblassers aus einer Lebensversicherung bleiben grundsätzlich unberücksichtigt, vgl. Palandt, § 2311 BGB, Rn. 2, da hier mit dem Erbfall unmittelbar ein vertraglicher Anspruch des Bezugsberechtigten gegen die Versicherung entstehen, die Versicherungssumme also nicht erst in den Nachlass fällt. Allerdings sind Pflichtteilsergänzungsansprüche denkbar, vgl. unten Rn. 171 sowie Palandt, § 2325 BGB, Rn. 13 ff.

Nach § 2303 BGB beträgt die Pflichtteilsquote des S $^1/_2$, sein Pflichtteilsanspruch beläuft sich demnach nach § 2311 BGB auf 500.000,- €, da das Vermächtnis bei der Berechnung unberücksichtigt bleibt. Müsste E den Pflichtteilsanspruch und das Vermächtnis erfüllen, würde er insgesamt 1.100.000,- € zahlen müssen, also 100.000,- € über den Nachlasswert hinaus. In diesem Fall hilft E § 2318 BGB. Danach schuldet er zwar im Außenverhältnis den Pflichtteil alleine, kann aber im Innenverhältnis zum Vermächtnisnehmer das Vermächtnis entsprechend kürzen, sodass er und der Vermächtnisnehmer die Pflichtteilslast anteilig tragen.

Im konkreten Fall ist V am Nachlass mit $^3/_5$ beteiligt (600.000,- € von 1.000.000,- €). In der Konsequenz muss er sich am Pflichtteil ebenfalls in Höhe von $^3/_5$ beteiligen, also 300.000,- € tragen. Um diese 300.000,- € kann E das Vermächtnis gegenüber V kürzen.

Rechte und Verbindlichkeiten, die aufschiebend bedingt oder ungewiss sind, werden nach § 2313 BGB nicht berücksichtigt. Bei Eintritt der Bedingung hat nach § 2313 I S. 3 BGB eine Nachberechnung zu erfolgen.

Anrechnung, § 2315 BGB

Auf den Pflichtteilsanspruch wird allerdings angerechnet, was der Erblasser dem Pflichtteilsberechtigten mit Anrechnungsbestimmung zugewendet hat, § 2315 I BGB. 166c

Bsp.: *Der Erblasser setzt seinen Sohn A zum Alleinerben ein, seine Töchter B und C werden enterbt. Sein Vermögen im Erbfall beträgt 600.000,- €. B wurden 90.000,- € zugewendet i.S.d. § 2315 I BGB.*

Frage: *Wie hoch sind die Pflichtteilsansprüche?*

Der Pflichtteilsanspruch von B und C ist je $^1/_6$, sodass sich je 100.000,- € ergeben. Allerdings bekam B bereits 90.000,- € zugewendet. Diese werden allerdings nicht einfach von dem Pflichtteilsanspruch abgezogen, sondern diese 90.000,- € werden nach § 2315 II BGB bei der Pflichtteilsberechnung zunächst auf das Vermögen nach § 2310 BGB addiert, sodass sich ein Pflichtteilsanspruch des B von 115.000,- € ergibt. Hiervon werden dann die zugewendeten 90.000,- € abgezogen, sodass der Anspruch des B noch 25.000,- € beträgt.

Die Anrechnungsbestimmung i.S.d. § 2315 BGB muss zeitgleich mit der Zuwendung erfolgen, eine nachträgliche Bestimmung reicht (bislang) nicht.[425]

Ausgleichung nach § 2316 BGB

Von der Anrechnung nach § 2315 BGB ist die Ausgleichung nach § 2316 BGB zu unterscheiden. 166d

Diese setzt voraus, dass mehrere Abkömmlinge des Erblassers vorhanden sind und unter ihnen eine Zuwendung des Erblassers bzw. eine Leistung an den Erblasser nach §§ 2050 ff. BGB auszugleichen wäre. Die Ausgleichung wirkt sich dabei nicht auf andere Pflichtteilsberechtigte wie den Ehegatten aus.

Der wesentliche Unterschied zur Anrechnung nach § 2315 BGB ist, dass zum einen nicht nur der Pflichtteil des Leistungsempfängers, sondern auch der des anderen Abkömmlings betroffen ist und zum anderen, dass die Leistungen des Erblassers bereits auf den Erbteil und nicht wie bei § 2315 BGB erst auf den Pflichtteil verrechnet werden.[426]

Bsp.: *Der verwitwete Erblasser hat seine einzigen Töchter A und B enterbt. Er hinterlässt 400.000,- €. A bekam zu Lebzeiten von dem Erblasser ihr Studium an einer privaten Hochschule in Höhe von 100.000,- € finanziert.*

Frage: *Wie hoch sind die Pflichtteilsansprüche von A und B?*

425 Vgl. OLG Köln, NJW-RR 2008, 240 - 243 = jurisbyhemmer = **Life&Law 08/2008, 520 ff.**

426 Palandt, § 2315 BGB, Rn. 1.

Nach §§ 2303, 2311 BGB steht jeder Tochter ohne eine Ausgleichung nach § 2316 BGB ein Pflichtteilsanspruch in Höhe von $^1/_4$, also 100.000,- € zu. Die Kosten des Studiums sind allerdings nach §§ 2316 I, 2050 I, II BGB auszugleichen. Demnach ist von einem fiktiven Erbteil der B von 250.000,- € auszugehen, § 2055 I BGB [(400.000 + 100.000) : 2]. Ihr Pflichtteil beträgt demnach 125.000,- €. Bei A ist ein fiktiver Erbteil von 150.000,- € anzusetzen [(400.000 + 100.000) : 2 – 100.000]. Ihr Pflichtteil beträgt demnach 75.000,- €.

hemmer-Methode: In der Summe beider Pflichtteilsansprüche ergibt sich keine Änderung, der Erbe muss also nicht mehr oder weniger zahlen als ohne die Ausgleichung! Der wesentliche Unterschied zwischen Anrechnung nach § 2315 BGB und Ausgleichung nach § 2316 BGB ist eben gerade, dass die Anrechnung nur den Pflichtteilsanspruch des Pflichtteilsberechtigten betrifft, dem etwas zugewendet wurde[427], während die Ausgleichung nach § 2316 BGB Auswirkungen auf alle pflichtteilsberechtigten Abkömmlinge hat.[428] Die gleiche Zuwendung kann dabei sowohl anzurechnen als auch auszugleichen sein, vgl. § 2316 IV BGB.

D) Auskunftsanspruch

Auskunftsanspruch

Um dem Pflichtteilsberechtigten – der nicht selbst Erbe ist – die Ermittlung der Höhe seines Anspruchs zu ermöglichen, steht ihm gemäß §§ 2314 I S. 1, 260 BGB ein Anspruch auf Auskunft[429] über den Bestand des Nachlasses gegen den Erben zu. Daneben hat er Anspruch auf Ermittlung des Wertes der Nachlassgegenstände (§ 2314 I S. 2 BGB). 167

Auskunftsanspruch d. Verpflichteten z.B. gegenüber Bank ist abtretbar

Aus Sinn und Zweck der Regelung ergibt sich ein weiter Umfang des Auskunftsanspruchs.[430] Der Verpflichtete muss sich über sein eigenes Wissen hinaus die zur Auskunftserteilung notwendigen Kenntnisse soweit möglich verschaffen. Dazu muss er z.B. von einem eigenen Auskunftsanspruch aus §§ 675, 666 BGB gegenüber einer Bank Gebrauch machen.[431] Das Bankgeheimnis zugunsten des Erblassers wie auch zugunsten des Zuwendungsempfängers (vgl. auch § 2329 BGB) muss hinter dem für die Durchsetzung des Pflichtteils(ergänzungs)anspruchs erforderlichen Auskunftsanspruch zurückstehen. Ein Auskunftsanspruch des Erben aus §§ 675, 666 BGB ist hier ausnahmsweise auch isoliert an den Pflichtteilsberechtigten abtretbar, da mit der Abtretung letztlich nur demjenigen, an den im Ergebnis auch zu leisten ist (dem Pflichtteils(ergänzungs)berechtigten), die Gläubigerstellung verschafft wird.[432]

Stufenklage möglich

Prozessual ist der Auskunftsanspruch i.d.R. im Wege der Stufenklage nach § 254 ZPO geltend zu machen.

E) Haftung der Erben bzw. Anspruchsgegner

Erbe ist Schuldner des Pflichtteilsanspruchs

Gemäß § 2303 I S. 1 BGB ist der Erbe Schuldner des Pflichtteilsanspruchs.[433] Mehrere Erben sind Gesamtschuldner (§ 2058 BGB). § 2319 I S. 1 BGB bewahrt einen Miterben vor dem Zugriff eines Pflichtteilsgläubigers, sodass sein Erbteil zumindest in der Höhe seines eigenen Pflichtteils verbleibt. 168

427 Palandt, § 2315 BGB, Rn. 1.

428 Palandt, § 2316 BGB, Rn. 1.

429 Sarres, ZEV 1998, 4.

430 Sarres, ZEV 1998, 4.

431 BGH, NJW 1989, 1601 - 1602 = **juris**byhemmer.

432 BGH, a.a.O.

433 Ausnahme ist § 2329 BGB.

Bsp.: Die Witwe W hat ihre Eltern (V und M) zu gleichen Teilen als Erben eingesetzt. Die Eltern teilen den Nachlass unter sich auf. Nun verlangt die Tochter T der W von V ihren Pflichtteil. 169

T wäre gemäß §§ 1924 I, 1930 BGB gesetzliche Alleinerbin. Sie ist aber durch das Testament der W von der Erbfolge ausgeschlossen. Gemäß § 2303 I BGB ist sie deshalb pflichtteilsberechtigt in Höhe der Hälfte des Nachlasswertes.

Dafür haftet V als Gesamtschuldner (§§ 2303 I S. 1, 2058 BGB) in voller Höhe, kann aber von M gemäß § 426 I S. 1 BGB Ausgleich verlangen. Da Eltern nur pflichtteilsberechtigt sind, wenn sie nach der gesetzlichen Erbfolge Erben wären (§ 2303 II S. 1 BGB), hat V auch nicht die Einrede gemäß § 2319 BGB.

Innenverhältnis der Miterben, §§ 426 I, 2320 BGB

Der Rückgriff zwischen den Erben als Gesamtschuldnern und damit die Verteilung der Pflichtteilslast richtet sich grundsätzlich nach den Erbquoten. Eine Spezialregelung im Sinne einer anderweitigen Bestimmung nach § 426 I S. 1 BGB a.E. findet sich allerdings in § 2320 BGB.

Bsp.: Die Erblasserin hinterlässt ihren Ehemann und die zwei Töchter A und B. In ihrem Testament hat sie nur die Enterbung der A verfügt, sodass im Übrigen die gesetzliche Erbfolge greift. Erben sind demnach der Ehemann und die Tochter B je zu $^1/_2$, §§ 1931 I, III, 1371 I, 1924 I BGB. Der Pflichtteil der A beträgt $^1/_8$. Diesen kann sie wahlweise von ihrem Vater, ihrer Schwester oder von beiden gemeinsam als Leistung aus dem Nachlass verlangen. Intern muss nach § 2320 BGB B den Pflichtteil alleine tragen, da nur sie von der Enterbung der A profitiert hat. Der Erbteil des Vaters hätte auch ohne die Enterbung der A $^1/_2$ betragen, während B dann nur $^1/_4$ erhalten hätte.

F) Pflichtteilsrestanspruch (Zusatzpflichtteil), § 2305 BGB

Pflichtteilsrestanspruch: Differenz von Wert des Erbes zu Pflichtteil, § 2305 BGB

Wird ein Pflichtteilsberechtigter zum Erben berufen, so hätte er gemäß § 2303 BGB auch dann keinen Pflichtteilsanspruch, wenn sein Erbteil niedriger ist, als es sein Pflichtteil wäre. Insoweit hilft § 2305 BGB, wonach dem pflichtteilsberechtigten Erben ein Pflichtteilsrestanspruch in Höhe der Differenz zwischen dem Wert des Erbteils und dem des Pflichtteils zusteht. Dieser Pflichtteilsrestanspruch ist von der Annahme der vermachten Erbschaft unabhängig; er besteht auch bei deren Ausschlagung, aber nur in Höhe des Ergänzungsbetrages.[434] 170

Bsp.: Der Erblasser hinterlässt nur eine Tochter und ein Testament, in dem die Tochter zu $^1/_4$ als Erbin eingesetzt wird, den Rest erhält sein Golfclub. Da der Pflichtteil der Tochter $^1/_2$ beträgt, kann sie von dem Miterben über § 2305 BGB ein weiteres $^1/_4$ als Pflichtteil verlangen.

hemmer-Methode: § 2305 BGB kommt aber nur dann zur Anwendung, wenn tatsächlich die Erbquote des Pflichtteilsberechtigten geringer ist als seine Pflichtteilsquote. Auf den wirtschaftlichen Wert des Erbteils kommt es im Rahmen des § 2305 BGB gerade nicht an. Beträgt in obigem Beispiel die Erbquote $^1/_2$, wird der Wert des Nachlasses aber durch Vermächtnisse aufgezehrt, dann steht der Tochter kein Restanspruch nach § 2305 BGB zu, vielmehr muss sie nach § 2306 BGB die Erbschaft ausschlagen, wenn sie den Pflichtteil ungeschmälert verlangen will!

434 MüKo, § 2305 BGB, Rn. 4.

G) Pflichtteilsergänzungsanspruch, §§ 2325 ff. BGB

I. Sinn und Rechtsnatur des Anspruchs

Pflichtteilsergänzungsanspruch: Ausgleich für Schenkung unter Lebenden

Da sich die Höhe des Pflichtteils nach dem Nachlasswert im Zeitpunkt des Erbfalls richtet, § 2311 BGB, kann der Erblasser durch lebzeitige Schenkungen den Pflichtteilsanspruch entwerten. Dafür gibt der Pflichtteilsergänzungsanspruch einen Ausgleich (§ 2325 BGB; lesen!). 171

II. Anspruchsinhaber

losgelöst vom Pflichtteilsanspruch nach § 2303 BGB

Der Pflichtteilsergänzungsanspruch ist unabhängig vom Bestehen eines normalen Pflichtteilsanspruchs gegeben. Anspruchsberechtigt ist also jeder, dem gem. § 2303 BGB Pflichtteilsansprüche zustehen können.

Erfordernis der Doppelberechtigung?

Nach der früheren Rechtsprechung des BGH[435] galt dies aber nur, wenn zum Zeitpunkt der Schenkung diese potenzielle Pflichtteilsberechtigung schon bestand, da nur dann ein schutzwürdiges Vertrauen entstanden sein kann, sog. doppelte Pflichtteilsberechtigung.

> **Bsp.:** *Der Erblasser verschenkt 2005 2 Mio. € an D. 2007 wird Sohn A geboren. 2009 verschenkt der Erblasser nochmals 1 Mio. € an D. 2012 verstirbt der Erblasser. Sein Vermögen beläuft sich auf 2 Mio. €.*
>
> Nach e.A. kann nur die Schenkung aus dem Jahr 2009, nicht aber auch die aus dem Jahr 2005 Pflichtteilsergänzungsansprüche auslösen. A ist hinsichtlich der ersten Schenkung nicht schutzwürdig, da er bezüglich dieser 2 Mio. € zu keinem Zeitpunkt erb- oder pflichtteilsberechtigt gewesen ist.

Das Erfordernis der Doppelberechtigung hat der BGH mittlerweile aufgegeben. Zum einen ist im Erbrecht grundsätzlich auf die Rechtsstellung im Erbfall abzustellen. Zum anderen führt die Doppelberechtigung zu einer nicht hinnehmbaren Ungleichbehandlung zwischen den verschiedenen Stämmen.[436] Es kommt auch für den Pflichtteilsergänzungsanspruch nur auf die Pflichtteilsberechtigung im Zeitpunkt des Erbfalls an.

> **Bsp.:** *Der Erblasser E stirbt 2013. Im Erbfall leben noch Tochter T sowie das Enkelkind X, die 2007 geboren Tochter des im Jahre 2011 verstorbenen Sohnes S des Erblassers. E hat seiner Freundin F, der bereits im Jahr 2006 einen Großteil seines Vermögens geschenkt hat, zur Alleinerbin eingesetzt. T steht hier ohne weiteres ein Pflichtteils- und Pflichtteilsergänzungsanspruch zu. S hätte die gleichen Ansprüche gehabt, ist aber vorverstorben, § 1923 I BGB. X hat einen Pflichtteilsanspruch, nach dem Grundsatz der Doppelberechtigung aber keinen Pflichtteilsergänzungsanspruch, da sie im Zeitpunkt der Schenkung noch nicht lebte. Damit stünde der Stamm S aufgrund dessen Vorversterbens schlechter als der Stamm T.*

auch Erbe u.U. ergänzungsberechtigt

Nach § 2326 S. 1 BGB hat auch der Pflichtteilsberechtigte, der mit der Hälfte des gesetzlichen Erbteils, d.h. letztlich mit seiner Pflichtteilsquote, abgefunden wurde, den Ergänzungsanspruch, da der Erblasser ansonsten zu Lebzeiten fast alles an Dritte verschenken und durch die Erbeinsetzung den § 2325 BGB umgehen könnte.[437] 171a

435 BGH, NJW 1997, 2676 - 2677 = **juris**byhemmer, sehr str., zur Gegenansicht vgl. MüKo, § 2325 BGB, Rn. 7.

436 BGH Urteil vom 23.05.2012, IV ZR 250/11 = **Life&Law 10/2012** = **juris**byhemmer.

437 Palandt, § 2326 BGB, Rn. 1.

Soweit der Erbe mehr als die Hälfte des gesetzlichen Erbteils, d.h. mehr als den Pflichtteil, erhalten hat, muss er sich diesen Mehrerwerb auf den Pflichtteilsergänzungsanspruch anrechnen lassen, § 2326 S. 2 BGB. Nach § 2329 I S. 2 BGB steht der Pflichtteilsergänzungsanspruch sogar dem Alleinerben zu.

III. Anspruchsvoraussetzung – Schenkung an Dritte

auch bei gemischter und verschleierter Schenkung

Voraussetzung für einen Pflichtteilsergänzungsanspruch ist eine Schenkung des Erblassers an Dritte. Schenkungen im Sinne des § 2325 BGB sind auch die gemischte und die verschleierte Schenkung. An der Unentgeltlichkeit und damit an der Schenkung kann es fehlen, wenn der Bedachte im Gegenzug die Pflege des Erblassers übernimmt.[438] Die Vereinbarung einer den § 2325 BGB ausschließenden Gegenleistung kann nach Ansicht des BGH auch nachträglich erfolgen.[439] **171b**

Einzelfälle

Nach der Rechtsprechung des BGH fallen auch sog. unbenannte Zuwendungen unter Ehegatten, die der Verwirklichung der ehelichen Lebensgemeinschaft dienen, unter den Begriff der Schenkung nach § 2325 BGB.[440] Als Schenkung wird auch die Begründung einer Stiftung behandelt.[441] Die Bezugsberechtigung bei einer Lebensversicherung ist nicht die Schenkung der Versicherungssumme, aber auch nicht lediglich der gezahlten Prämien, vielmehr ist nach Ansicht des BGH regelmäßig auf den Rückkaufswert im Zeitpunkt des Erbfalls abzustellen.[442] Auch in einer in einem Gesellschaftsvertrag enthaltenen Fortsetzungsklausel mit Abfindungsverzicht kann eine Schenkung liegen, wenn diese Klausel nicht alle Gesellschafter gegenseitig erfasst.[443]

Strittig ist, ob auch solche „Schenkungen“ heranzuziehen sind, die als Gegenleistung für einen Pflichtteilsverzicht gedacht sind. Nach h.M. ist i.d.R. dies abzulehnen, da die Pflichtteilsberechtigten schon durch ihre höhere Erbquote an dem Erbverzicht partizipieren.[444]

hemmer-Methode: Beachten Sie: Anders als bei § 2287 BGB kommt es für § 2325 BGB auf eine Beeinträchtigungsabsicht nicht an!

aber zehn Jahre nach Schenkung ausgeschlossen

Der Anspruch scheidet aus, wenn zwischen der Leistung und dem Erbfall bereits zehn Jahre liegen, § 2325 III S. 2 BGB. Hierbei kommt es nicht auf den schuldrechtlichen Vertrag, sondern darauf an, wann der verschenkte Gegenstand objektiv geleistet wurde. Leistung i.d.S. erfordert eine Vollzugshandlung, die die Rechtsübertragung unmittelbar zum Gegenstand hat.

Die bloße Auflassung bei einer Grundstücksschenkung ist dafür nicht ausreichend; maßgeblich ist vielmehr die Eintragung im Grundbuch.[445] In der Literatur wird vielfach generell auf den Eintritt des Leistungserfolgs abgestellt.[446]

438 OLG Koblenz, ZErb 2002, 104 - 106 = **juris**byhemmer.

439 BGH, ZEV 2007, 326 - 328 = **juris**byhemmer = **Life&Law 02/2008, 106 ff.**

440 BGH, NJW 1992, 564 - 566 (565) = **juris**byhemmer; vgl. aber Langenfeld, „BGH-Rechtsprechung aktuell - Der BGH - Schutzpatron der pflichtteilsberechtigten Abkömmlinge?“, NJW 1994, 2133 - 2135.

441 BGH, ZEV 2004, 115 - 117 = **juris**byhemmer; entgegen OLG Dresden, NJW 2002, 3181 - 3183 = **juris**byhemmer.

442 BGH, ZEV 2010, 305 - 311 = **juris**byhemmer = **Life&Law 12/2010, 807 ff.**

443 Vgl. hierzu auch oben Rn. 10.

444 BGH, FamRZ 2009, 418 – 421 = **juris**byhemmer = **Life&Law 05/2009, 314 ff.**; Palandt, § 2325 BGB, Rn. 16.

445 BGHZ 102, 289 - 293 (292) = **juris**byhemmer; vgl. auch Palandt, § 2325 BGB, Rn. 25.

446 MüKo, § 2325 BGB, Rn. 36.

mehrere Zuwendungen jeweils gesondert behandeln

Bei mehreren Zuwendungen aufgrund einheitlichen Schenkungsvertrages ist für jeden einzelnen Gegenstand die Zeit seiner Leistung gesondert festzustellen.

Problem: Zeitpunkt bei nicht einmaligen Handlungen

Fraglich ist, worauf bei Schenkungen, die sich nicht auf einmalige Handlungen beschränken – z.B. beim schenkweisen Erlass eines Anspruchs auf Rentenzahlung – abzustellen ist. Während nach früherer Ansicht des BGH der Fristbeginn von dem Zeitpunkt an zu laufen hatte, in dem der Schenker alles getan hatte, was von seiner Seite für den Erwerb durch den Beschenkten erforderlich ist,[447] stellt der BGH nunmehr auf die wirtschaftliche Ausgliederung des verschenkten Gegenstandes aus dem Erblasservermögen ab.[448]

h.M.: bei fühlbarem Opfer auch Abschluss

Maßgeblich seien ein fühlbares Opfer und das Tragen der Folgen durch den Erblasser selbst, was ihn von einer „böslichen" Schenkung abhalten könne. Mit Rücksicht auf diesen Sinn und Zweck könne eine Ausgliederung der Rentenansprüche bereits mit Abschluss eines schenkweisen Erlassvertrages und nicht erst nach und nach mit jeder geschenkten Einzelrate gegeben sein. Das Opfer und die Folgentragung durch den Erblasser liegen nach BGH[449] darin, dass er seine Lebensführung auf die in Höhe des Erlasses gekürzte Rente einzustellen habe.

hemmer-Methode: Nach dieser Rechtsprechung beginnt die Frist des § 2325 III BGB nicht zu laufen, wenn der Erblasser sich einen umfassenden Nießbrauch an dem verschenkten Gegenstand zurückbehalten hat, da er keinen spürbaren Vermögensverlust erlitten hat.[450] Strittig ist die Rechtslage, wenn der Erblasser sich statt eines umfassenden Nießbrauchs nur ein Wohnrecht vorbehält.[451]

bei Ehegatten erst mit Auflösung der Ehe

Nach § 2325 III S. 3 BGB beginnt die Zehn-Jahres-Frist bei Geschenken unter Ehegatten erst mit Auflösung der Ehe.[452]

analoge Anwendung von § 2314 BGB ⇨ Anspruch gegen Beschenkte

In analoger Anwendung des § 2314 I S. 1 BGB kann der Pflichtteilsberechtigte von dem Erben, subsidiär aber auch von Dritten Auskunft über Schenkungen des Erblassers in den letzten zehn Jahren vor dem Erbfall verlangen (vgl. §§ 2325, 2329 BGB).[453] Der Wertermittlungsanspruch steht ihm gegen den Dritten jedoch nicht zu.[454] **171c**

IV. Berechnung des Pflichtteilsergänzungsanspruchs

Berechnung

Der Pflichtteilsergänzungsanspruch berechnet sich als die Differenz zwischen dem tatsächlichen Pflichtteilsanspruch aus dem real im Zeitpunkt des Erbfalls vorhandenen Nachlass und dem fiktiven (Gesamt-)Pflichtteilsanspruch, der sich ergibt, wenn der Gegenstand nicht verschenkt worden wäre, sich im Erbfall also noch im Nachlass befände. Dabei reduziert sich der anzusetzende Schenkungswert nach § 2325 III S. 1 BGB mit jedem Jahr, das seit der Schenkung verstrichen ist, um $^{1}/_{10}$, § 2325 III S. 1 BGB. **171d**

447 BGH, WM 1970, 1114 - 1116 = **juris**byhemmer.

448 Vgl. BGH, JA 1987, 99 - 101 = **juris**byhemmer; BGH, WM 1986, 1415 - 1417 = **juris**byhemmer.

449 BGH, JA 1987, 99 - 101 = **juris**byhemmer.

450 Allerdings wird der Nießbrauch hinsichtlich der Schenkung dann wertmindernd berücksichtigt, OLG Celle, ZEV 2003, 83 - 85 = **juris**byhemmer, soweit der Wert des Grundstücks im Zeitpunkt der Schenkung nach § 2325 II BGB maßgebend ist, str., vgl. Palandt, § 2325 BGB, Rn. 20.

451 Vgl. die widersprechenden Entscheidungen von OLG Karlsruhe, FamRZ 2008, 1377 - 1378 = **juris**byhemmer und OLG München, ZEV 2008, 480 - 481 = **juris**byhemmer; beide besprochen in **Life&Law 12/2008, 799 ff.**

452 Vgl. aber OLG Düsseldorf, NJW 1996, 3156 = **juris**byhemmer.

453 Palandt, § 2314 BGB, Rn. 5 u. Rn. 9.

454 BGHZ 107, 200 - 204 = **juris**byhemmer.

hemmer-Methode: § 2325 III S. 1 BGB wurde zum 01.01.2010 neu eingefügt. Bis dahin galt eine „Alles oder Nichts"-Lösung: Waren mehr als zehn Jahre seit der Schenkung verstrichen, erhielt der Pflichtteilsberechtigte nichts, waren noch keine zehn Jahre abgelaufen hingegen den vollen Betrag. Der nunmehr geltende § 2325 III S. 1 BGB führt zu einem langsamen Abschmelzen des Pflichtteilsergänzungsanspruchs – eine äußerst sinnvolle Reform!

Bsp.: Der Erblasser ist verheiratet mit Ehefrau F. Beide haben den gemeinsamen Sohn A. Im Januar 2005 verschenkt der Erblasser ein Grundstück im Wert 4 Mio. € an seinen Freund X. Im März 2010 verstirbt der Erblasser. Sein Vermögen beläuft sich auf 1 Mio. €. Das Grundstück ist nun 5 Mio. € wert. Neben F und A hat der Erblasser keine weiteren Angehörigen. Ein Testament besteht nicht. A verlangt von F Pflichtteilsergänzung.

Frage: Zu Recht?

A zählt als Abkömmling grundsätzlich zu dem Kreis der Pflichtteilsberechtigten. Da der Anspruch aus § 2325 BGB losgelöst von dem Anspruch aus § 2303 BGB zu betrachten ist, spielt es keine Rolle, dass A gesetzlicher Miterbe wird, vgl. §§ 2326, 2329 BGB.

Der Pflichtteilsergänzungsanspruch ist der Differenzbetrag zwischen dem Pflichtteilsanspruch, der heute tatsächlich besteht bzw. bestünde, und dem, der ohne die Schenkung bestünde. Die Pflichtteilsquote des A beträgt hier $^1/_4$, §§ 1931 I, III, 1371 I, 1924 BGB, sodass A im Erbfall als Pflichtteil 250.000,- € zustünden.

Ohne die Schenkung hätte das Vermögen des Erblassers eigentlich 5 Mio. €, betragen, da nach § 2325 II S. 2 BGB von dem niedrigeren Wert im Zeitpunkt der Schenkung auszugehen ist, sog. Niederstwertprinzip. Allerdings ist der Schenkungswert nach § 2325 III S. 1 BGB nur mit $^5/_{10}$ anzusetzen, da zwischen Erbfall und Schenkung fünf Jahre verstrichen sind. Demnach ist von einem fiktiven Nachlass von 3 Mio. € auszugehen, der fiktive Gesamtpflichtteilsanspruch des A beträgt 750.000,- €. Sein Pflichtteilsergänzungsanspruch ist somit mit 500.000,- € zu beziffern.

hemmer-Methode: Das gleiche Ergebnis erhält man, wenn man aus der Schenkung den Pflichtteilsanspruch berechnet! Hier: $^1/_4$ aus 2 Mio. € Schenkungswert, § 2325 II S. 2, III S. 1 BGB.

Allerdings wird A im vorliegenden Fall gesetzlicher Erbe zu $^1/_2$, d.h. er erhält als Erbe 500.000,- €. Nach § 2326 S. 2 BGB ist der Pflichtteilsergänzungsanspruch aber ausgeschlossen, soweit der Pflichtteilsberechtigte über die Pflichtteilsquote hinaus als Erbe einsetzt ist. Da seine Pflichtteilsquote $^1/_4$ beträgt, hätte er als Pflichtteil nur 250.000,- € erhalten (s.o.), sodass A sich auf seinen Ergänzungsanspruch 250.000,- € anrechnen lassen muss und er im Ergebnis nur 250.000,- € fordern kann.

H) Auswirkungen der Zugewinngemeinschaft auf die Pflichtteilsberechnung[455]

Ehegattenpflichtteil

Leben die Ehegatten im Güterstand der Zugewinngemeinschaft, ist auch bei der Berechnung des Pflichtteils § 1371 BGB zu beachten (§ 2303 II S. 2 BGB). Ist der überlebende Ehegatte weder Erbe noch Vermächtnisnehmer, so kann er gemäß § 1371 II BGB den rechnerischen Ausgleich des (tatsächlichen) Zugewinns (§§ 1373 ff. BGB) und den nach dem nicht (gemäß § 1371 I BGB) erhöhten gesetzlichen Erbteil berechneten Pflichtteil verlangen („kleiner Pflichtteil"). 172

455 Vgl. dazu schon Rn. 29 ff.

Nach der herrschenden Einheitstheorie[456] berechnet sich der Pflichtteilsanspruch des enterbten und nicht mit einem Vermächtnis bedachten Ehegatten immer nach dem nicht erhöhten gesetzlichen Erbteil. Dies gilt auch dann, wenn gar kein Zugewinnausgleich verlangt wird oder ein Anspruch mangels Zugewinn gar nicht besteht.

h.M.: Einheitstheorie; bei Wahltheorie Rechtsunsicherheit

Dagegen kann der Ehegatte nach der Wahltheorie zwischen dem Ausgleich des erzielten Zugewinns und dem kleinen Pflichtteil einerseits und dem großen Pflichtteil (= Berechnung nach dem erhöhten gesetzlichen Erbteil) andererseits wählen.[457] 173

Dies hat jedoch eine erhebliche Rechtsunsicherheit zur Folge, da unklar ist, wie lange das Wahlrecht bestehen soll.

für h.M. auch Wortlaut von § 1371 II BGB

Es ist deshalb der dem Wortlaut des § 1371 II BGB eher entsprechenden Einheitstheorie zu folgen, die zudem mit dem Willen des Gesetzgebers im Hinblick auf die Entstehungsgeschichte[458] übereinstimmt.

In Abweichung zu erbrechtlichen Vorschriften behält der Ehegatte gemäß § 1371 III BGB bei einer Ausschlagung der Erbschaft immer den kleinen Pflichtteilsanspruch (Ausnahme: § 1371 III BGB a.E.); daneben besteht insoweit der Anspruch auf den rechnerischen Zugewinnausgleich.

Wird der Ehegatte als Erbe oder Vermächtnisnehmer am Nachlass beteiligt und steht ihm dann gemäß §§ 2305, 2307 I S. 2 BGB ein Pflichtteilsrestanspruch zu, so ist bei der Pflichtteilsberechnung von dem gemäß § 1371 I BGB erhöhten gesetzlichen Erbteil auszugehen, da hier kein güterrechtlicher Zugewinnausgleich erfolgt ist („großer Pflichtteil"). Anders liegt es, wenn der Ehegatte nach § 2307 I S. 1 BGB vorgeht und das Vermächtnis ausschlägt. Dann ist er nach dem Wortlaut des § 1371 II BGB auf den „kleinen Pflichtteil" beschränkt, kann aber Zugewinnausgleichsansprüche geltend machen.

hemmer-Methode: Der Einfluss des Güterstandes der Zugewinngemeinschaft auf die Pflichtteilsberechnung erscheint auf den ersten Blick kompliziert und verwirrend. Letztendlich müssen Ihnen jedoch nur diese beiden Problemstellungen klar sein.

I) Verjährung des Pflichtteilsanspruchs

keine Sonderregelungen mehr

Seit dem 01.01.2010 verjährt der Pflichtteilsanspruch in der regelmäßigen Verjährung nach §§ 195, 199 BGB. Voraussetzung für den Fristbeginn ist nach § 199 I BGB die Kenntnis des Pflichtteilsberechtigten von den anspruchsbegründenden Tatsachen. Dies erfordert die Kenntniserlangung vom Erbfall und der beeinträchtigenden Verfügung.[459] „Beeinträchtigende Verfügung" i.d.S. sind sowohl Verfügungen von Todes wegen (z.B. Testament) als auch (beim Pflichtteilsergänzungsanspruch nach § 2325 BGB) Rechtsgeschäfte unter Lebenden (z.B. Schenkung). Keine Voraussetzung ist die Kenntnis von Zusammensetzung und Wert des Nachlasses an sich. Die Verjährungsfrist beginnt nicht erneut zu laufen, wenn der Pflichtteilsberechtigte erst später von der Zugehörigkeit eines weiteren Gegenstandes zum Nachlass erfährt.[460] 174

456 BGHZ 42, 182 - 192 (185, 186 m.w.N.) = jurisbyhemmer.

457 Vgl. Lange, NJW 1965, 369.

458 Vgl. dazu Reinicke, BB 1958, 575 (577).

459 Erkennt der Pflichtteilsberechtigte den beeinträchtigenden Charakter der Verfügung nicht, kann dieser Rechtsirrtum einen Verjährungsbeginn verhindern, BGH, NJW 2000, 288 - 289 = jurisbyhemmer.

460 BGH, Urteil vom 16.01.2013, IV ZR 232/12, **Life&Law 06/2013, 418** = jurisbyhemmer.

J) Entziehung des Pflichtteilsrechts

nur bei bes. Gründen Entziehung von Pflichtteilsansprüchen möglich

Das Pflichtteilsrecht bewirkt, dass bestimmte Personen – die Pflichtteilsberechtigten – trotz Enterbung durch den Erblasser nicht leer ausgehen. Eine Ausnahme besteht nur, wenn ihnen vom Erblasser auch das Pflichtteilsrecht entzogen wurde. Dies ist aber nur aus besonderen Gründen möglich, die abschließend im Gesetz aufgeführt sind (§ 2333 BGB). *175*

Die Entziehung des Pflichtteils hat durch letztwillige Verfügung zu erfolgen (§ 2336 I BGB). Der Grund der Entziehung muss zur Zeit der Errichtung bestehen und in der den Pflichtteil entziehenden Verfügung angegeben werden, § 2336 II BGB.

Bsp.: *Der Sohn S der Erblasserin E zeigte ihr gegenüber wiederholt Gleichgültigkeit, indem er z.B. ihre Briefe nicht beantwortete und sie nicht mehr besuchte. Dies veranlasste E, einen Selbstmordversuch zu unternehmen, der jedoch misslang. Nun will E dem S den Pflichtteil entziehen.* *176*

Frage: *Ist dies möglich, wenn S zugibt, dass das Verhältnis zu seiner Mutter zerrüttet ist?*

seelische Misshandlung: ⇨ Gesundheitsbeeinträchtigung erfolgt?

Bei seelischen Misshandlungen kommt der Entziehungsgrund des § 2333 Nr. 2 BGB nur dann in Betracht, wenn dadurch auf die körperliche Gesundheit eingewirkt wird und werden soll.[461] Das ist jedoch hier nicht der Fall. Auch § 2333 Nr. 1 BGB greift nicht ein, da S die M nicht zum Selbstmord treiben wollte.[462] Eine Entziehung des Pflichtteils ist somit nicht möglich.

hemmer-Methode: Wie bei jeder Rechtsposition dürfen Sie nicht nur an das Entstehen denken. Unter bestimmten Voraussetzungen geht der Pflichtteilsanspruch auch verloren: So entfällt er bei Pflichtteils- und Erbverzicht (§§ 2346, 2349 BGB), Erbunwürdigkeit (§§ 2344, 2345 II BGB), Pflichtteilsentziehung (§§ 2333 ff. BGB), Verlust des gesetzlichen Ehegattenerbrechts (§ 1933 BGB) oder durch Scheidung oder Aufhebung der Ehe (§ 2077 BGB) und durch Ausschlagung (Ausnahme §§ 1371 III, 2306 I BGB). Lesen Sie die Bestimmungen, um sich einen Überblick zu verschaffen. In all diesen Fällen entfällt die Erbenstellung des Pflichtteilsberechtigten nicht aufgrund einer Enterbung durch den Erblasser, sondern aus einem anderen Grund. Genau diese Enterbung ist nach § 2303 I S. 1 BGB aber Voraussetzung für einen Pflichtteilsanspruch.

461 BGH, a.a.O.; dazu jetzt auch BGHZ 109, 306 - 314 (311) = **juris**byhemmer.

462 Bei der Anwendung des § 2333 Nr. 1 BGB wird auf die Schuld im engen strafrechtlichen Sinn verzichtet, vgl. BVerfG, FamRZ 2005, 872 - 878 = **juris**byhemmer = **Life&Law 06/2005, 479 ff.**

§ 5 ANNAHME UND AUSSCHLAGUNG DER ERBSCHAFT, §§ 1942 ff. BGB

A) Begriff

grds. keine Annahme notwendig, aber Ausschlagung möglich

Die Erbschaft geht mit dem Erbfall automatisch auf den Erben über, ohne dass es dazu einer Annahmeerklärung bedarf (§ 1922 BGB). Der Erbe kann jedoch rückwirkend (vgl. § 1953 I BGB) den Anfall der Erbschaft durch Ausschlagung beseitigen (§§ 1942 I, 1944, 1945 BGB). Bis zur Annahme bzw. Ausschlagung besteht ein Schwebezustand, in dem man den Erben als sog. „vorläufigen Erben" bezeichnet. 177

Ausschlagung ist die form- und fristgebundene Willenserklärung des Erben, dass er die Erbschaft nicht antreten will. Die Ausschlagung ist ausgeschlossen für den Fiskus als gesetzlichen Erben (§§ 1942 II, 1936 BGB) und nach erfolgter Annahme der Erbschaft (§ 1943 HS 1 BGB). Das Ausschlagungsrecht ist zwar vererblich (§ 1952 I BGB), aber nicht übertragbar.[463] Die Ausschlagung hat durch Erklärung gegenüber dem Nachlassgericht (§§ 23a I, II Nr. 2 GVG i.V.m. § 342 FamFG) zu erfolgen (§ 1945 I BGB). Sie ist fristgebunden: Die Ausschlagungsfrist beträgt sechs Wochen ab Kenntnis von Anfall der Erbschaft und Berufungsgrund (§ 1944 I, II BGB).[464] Bei einem Erbrecht aus einer Verfügung von Todes wegen beginnt die Frist nicht vor Bekanntgabe der Verfügung durch das Nachlassgericht, § 1944 II S. 2 BGB.

hemmer-Methode: Für einen vorläufigen minderjährigen Erben ist § 1944 II S. 3 BGB zu beachten. Sollte er unglücklicherweise Erbe seiner z.B. bei einem Unfall verstorbenen Eltern sein, so läuft gegen ihn die Ausschlussfrist wegen § 210 BGB nicht.[465] Wollen die Eltern für ihr minderjähriges Kind die Erbschaft ausschlagen, benötigen sie nach § 1643 II S. 1 BGB grundsätzlich eine familiengerichtliche Genehmigung.[466]

B) Rechtsfolgen der Ausschlagung

vor Ausschlagung nur vorläufiges Erbe

Den Erben vor Ausschlagung nennt man vorläufigen Erben. Mit der Ausschlagung verliert er rückwirkend die durch den Erbfall eingetretene vorläufige Rechtsstellung (§ 1953 I BGB). Die Erbschaft fällt rückwirkend demjenigen an, der berufen gewesen wäre, wenn der Ausschlagende zur Zeit des Erbfalls nicht gelebt hätte (§ 1953 II BGB). Auch der neue Erbe ist wiederum nur vorläufiger Erbe. Die Ausschlagungsfrist beginnt für ihn aber erst mit Kenntnisnahme vom Anfall der Erbschaft zu laufen (§ 1944 II S. 1 BGB). 178

C) Annahme der Erbschaft

nach ausdrücklicher Annahme keine Ausschlagung mehr möglich

Eine ausdrückliche Annahme der Erbschaft ist nicht erforderlich, da der Anfall automatisch erfolgt. Bedeutung hat die Annahme der Erbschaft jedoch insoweit, als sie den Verlust des Ausschlagungsrechts bewirkt. Die Annahme dient demnach nur dazu, den Schwebezustand nach dem Anfall der Erbschaft zu beenden. Durch sie wird der vorläufige Erbschaftserwerb ein endgültiger. 179

463 OLG Zweibrücken, FamRZ 2005, 556 - 558 = **Life&Law 06/2005, 373 ff.**

464 Vgl. zu den Voraussetzungen für den Fristbeginn OLG München, FamRZ 2008, 445 - 448 = **juris**byhemmer.

465 Palandt, § 1943 BGB, Rn. 3 und § 1944 BGB, Rn. 7.

466 Vgl. zu den Ausnahmen nach § 1643 II S. 2 BGB: OLG Frankfurt, ZEV 2011, 597 - 599 = **juris**byhemmer.

Annahme auch konkludent möglich, aber dann anfechtbar, da WE

Die Annahme kann formlos (auch konkludent; z.B. durch Beantragung eines Erbscheins) erfolgen und ist nicht empfangsbedürftig.[467]

Allerdings kann nicht jede Verfügung über einen Nachlassgegenstand als konkludente Annahme der Erbschaft angesehen werden, da auch der nur vorläufige Erbe i.R.d. § 1959 BGB verfügungsberechtigt ist.[468] Umgekehrt stellt ein Verhalten, das auf den Willen des vorläufigen Erben, die Erbschaft zu behalten, schließen lässt, auch dann eine Annahme dar, wenn der Erbe in Wirklichkeit gar nicht annehmen wollte.[469] Die Abgrenzung ist im Einzelfall schwierig und muss unter Berücksichtigung aller Umstände erfolgen.

hemmer-Methode: Weiß der Erbe aber nicht, dass sein Verhalten als konkludente Annahme gewertet wird, kommt allerdings eine Anfechtung nach § 119 I BGB in Betracht![470]

Beachten Sie auch, dass Annahme und Ausschlagung nicht vor dem Erbfall erfolgen können.[471]

Das Verstreichenlassen der Ausschlagungsfrist gilt ebenfalls als Annahme (§ 1943 BGB). Die Annahme der Erbschaft ist als Willenserklärung anfechtbar (§§ 1954 ff. BGB); dies gilt auch dann, wenn die Annahme nur im Verstreichenlassen der Ausschlagungsfrist bestand (§ 1956 BGB).

hemmer-Methode: Examenstypisch ist die konkludente Annahme der Erbschaft. Denken Sie auch klausurtaktisch: Nur durch eine wirksame Annahme wird das Folgeproblem Anfechtung der Annahme wegen Irrtums eröffnet.

D) Anfechtung von Annahme und Ausschlagung

I. Anfechtungsgründe

Anfechtungsgründe: § 2308 BGB

Als besonderen Anfechtungsgrund für die Ausschlagung nennt das Erbrecht nur § 2308 BGB (Anfechtung der Ausschlagung durch einen Pflichtteilsberechtigten; lesen!), der den Fall eines Motivirrtums über bestehende Belastungen regelt.[472] 180

§§ 119, 123 BGB

Im Übrigen ist für die Anfechtung auf die Anfechtungsgründe der §§ 119, 123 BGB zurückzugreifen. Hierbei nimmt die überwiegende Meinung an, dass die Überschuldung des Nachlasses eine verkehrswesentliche Eigenschaft i.S.d. § 119 II BGB darstellt.[473]

hemmer-Methode: Die Überschuldung des Nachlasses als verkehrswesentliche Eigenschaft ist klausurtypisch. Das Verhältnis Annahme/Ausschlagung/Anfechtung muss bekannt sein! Des Weiteren muss Ihnen die Unterscheidung zwischen dem relevanten Irrtum über Schulden einerseits und dem irrelevanten bloßen Bewertungsirrtum geläufig sein.

467 Vgl. z.B. OLG Oldenburg, NJW-RR 1995, 141 = **juris**byhemmer.

468 Staudinger-Lehmann, § 1943 BGB, Rn. 5.

469 „Pro herede gestio", vgl. BayObLGZ 1983, 153 - 160 (159) = **juris**byhemmer.

470 Vgl. sogleich unten Rn. 180.

471 Zu einer examensrelevanten Konstellation bei einer Schlusserbenlösung beim Berliner Testament vgl. BGH, NJW 1998, 543 - 544 = **juris**byhemmer.

472 Zur entsprechenden Anwendung des § 2308 BGB vgl. OLG Hamm, OLGZ 1982, 41 - 51 = **juris**byhemmer.

473 BGHZ 106, 359 - 370 (363); Palandt, § 1954 BGB, Rn. 6; KG, ZEV 2004, 283 - 286 = **Life&Law 10/2004, 664 ff.**; kein Anfechtungsgrund liegt hingegen vor, wenn die Überschuldung nur „befürchtet" wird und sich diese Befürchtung später als unbegründet erweist. Eine reine Befürchtung führt wie eine bloße Hoffnung nicht zu Irrtümern, diese setzen (vermeintliches) Wissen voraus, vgl. OLG Düsseldorf, ZEV 2011, 317 - 318 = **Life&Law 09/2011, 633 ff.**; alle Entscheidungen = **juris**byhemmer. Ein Fall des § 119 II BGB liegt nach OLG München, Beschluss vom 28.07.2015, 31 Wx 54/15 dagegen dann vor, wenn die Annahme in der (rechts-)irrigen Ansicht erfolgt, ein gegen den Nachlass gerichteter Anspruch sei verjährt.

Der Irrtum bezüglich einer Eigenschaft nur eines einzelnen Nachlassgegenstands berechtigt nur dann zur Anfechtung nach § 119 II BGB, wenn der Wert des Gegenstandes im Verhältnis zum gesamten Wert des Nachlasses von einigem Gewicht ist.[474]

Die Unkenntnis des ausdrücklich Annehmenden von der Möglichkeit der Ausschlagung berechtigt dagegen nicht zur Anfechtung wegen Irrtums. Die fehlende Kenntnis des Ausschlagungsrechts stellt einen bloßen unbeachtlichen Rechtsfolgeirrtum dar.

bei konkludenter Annahme ggf. Inhaltsirrtum

Anders verhält es sich bei der Erbschaftsannahme durch schlüssiges Verhalten (pro herede gestio): Hier kommt ein Inhaltsirrtum in Betracht, wenn der Erbe durch eine auf etwas Anderes gerichtete Erklärung schlüssig die Erbschaftsannahme erklärt und dabei weder weiß noch will, dass er damit zugleich die Erbschaft annimmt und das Recht zur Ausschlagung verliert.[475] Gleiches gilt nach der umstrittenen Rechtsprechung des BGH, wenn sich der Annehmende nicht bewusst ist, dass er mit der Annahme der Erbschaft zugleich auf die Möglichkeit des § 2306 I BGB und damit auf seinen Pflichtteilsanspruch verzichtet.[476] **181**

nicht bei politischen oder rechtlichen Veränderungen

Ebenfalls nicht zur Anfechtung berechtigt ein Irrtum über politische und rechtliche Entwicklungen, auch wenn diese die Nachlassgegenstände direkt betreffen.[477]

Sonderfall § 1949 BGB

Eine Besonderheit gegenüber den §§ 119 ff. BGB stellt § 1949 I BGB dar: Danach bewirkt ein Irrtum über den Berufungsgrund nicht Anfechtbarkeit, sondern Unwirksamkeit der Annahme.

> ***Bsp.:*** *A meint, er sei als gesetzlicher Erbe des E berufen, ist aber in Wirklichkeit testamentarischer Erbe.* **182**

⇨ Annahme unwirksam

> Nimmt er als gesetzlicher Erbe an, so ist die Annahme gemäß § 1949 I BGB wirkungslos. Hier zeigt sich schon die geringe praktische Bedeutung des § 1949 I BGB, der nur eingreift, wenn A ausdrücklich als gesetzlicher Erbe annimmt, nicht aber, wenn A die Erbschaft generell, d.h. ohne Rücksicht auf den Berufungsgrund, annimmt.[478]

Auslegungsregel, § 1949 II BGB

> Für die Ausschlagung ist jedoch die Auslegungsregel des § 1949 II BGB zu beachten, wonach sich die Ausschlagung, auch wenn sie unbeschränkt erklärt ist, nur auf die bekannten Berufungsgründe erstreckt. War also der Erbe über den Grund seiner Berufung im Irrtum, so ist die Ausschlagung infolge des auch hier anwendbaren § 1949 I BGB unwirksam.[479]

II. Verfahren

Form der Anfechtung

Die Anfechtungserklärung bedarf derselben Form wie die Ausschlagung (§§ 1955 S. 2, 1945 I BGB) und ist gegenüber dem Nachlassgericht (§ 23a I, II Nr. 2 GVG i.V.m. § 342 FamFG) abzugeben (§ 1955 S. 1 BGB). Die Anfechtungsfrist des § 1954 BGB (sechs Wochen) ist einzuhalten. Die Rechtsfolgen der Anfechtung sind in § 1957 BGB geregelt. Danach gilt die Anfechtung der Ausschlagung als Annahme und die Anfechtung der Annahme als Ausschlagung.

---

474 KG Berlin, ZEV 2004, 283 - 286 = **juris**byhemmer.

475 BayObLG, NJW 1988, 1270 - 1271 (1271) = **juris**byhemmer.

476 BGH, FamRZ 2006, 1519 - 1521 = **juris**byhemmer = **Life&Law 12/2006, 824 ff.**

477 Problem der Wiedervereinigung vgl. OLG Frankfurt, OLGZ 92, 36 - 40; LG Berlin, NJW 1991, 1238 - 1241 = **juris**byhemmer; zustimmend Grunewald, NJW 1991, 1212 - 1212; de Leve, „Erbschaftsausschlagungen im deutsch-deutschen Verhältnis und ihre Anfechtung", DtZ 1996, 199; OLG Rostock, OLG-NL 1994, 40 - 42.

478 Palandt, § 1949 BGB, Rn. 3.

479 Palandt, § 1949 BGB, Rn. 4.

Anfechtung anfechtbar

Die Anfechtungserklärung ist eine Willenserklärung, sodass sie ihrerseits anfechtbar sein kann. Die Frist bestimmt sich nach h.M. hier nach der allgemeinen Regelung des § 121 BGB und nicht analog § 1954 BGB.[480]

§ 122 BGB ist anwendbar, wenn einem Dritten im Vertrauen auf die Gültigkeit der Annahme oder Ausschlagung ein Schaden entstanden ist.[481]

hemmer-Methode: Die Ausschlagung und Anfechtung der Ausschlagung wurde mehrfach im Examen geprüft. Dieser Themenkreis bietet sich vor allem wegen der Folgeprobleme (Verhältnis vorläufiger Erbe – tatsächlicher Erbe, § 1959 BGB) als Examensklausur an.

E) Rechtsstellung des vorläufigen Erben

I. Verpflichtungsgeschäfte

Verpflichtung des vorläufigen Erben mit Eigenvermögen; ggf. Aufwendungsersatzanspruch gegen Erben

Verpflichtungsgeschäfte, die der Erbe vor der Ausschlagung vornimmt, verpflichten ihn mit seinem Eigenvermögen, es sei denn, es wurde mit dem Vertragspartner eine Haftungsbeschränkung auf den Nachlass vereinbart. Im Verhältnis zum endgültigen Erben hat der vorläufige Erbe die Stellung eines Geschäftsführers ohne Auftrag (§ 1959 I BGB); d.h. er kann ggf. Aufwendungsersatz nach §§ 683, 670 BGB verlangen. 183

hemmer-Methode: Zur GoA gelangt man häufig über Verweisungen, vgl. z.B. auch (den bekannteren Fall in) § 994 II BGB! Durch den Wortlaut des § 1959 I BGB („wie ein Geschäftsführer ohne Auftrag") wird klargestellt, dass der vorläufige Erbe auf die Interessen des endgültigen Erben Rücksicht zu nehmen hat: Dessen Interesse und wahrer bzw. mutmaßlicher Wille sind maßgebend. Die Verweisung in § 1959 I BGB ist notwendig, da die GoA sonst an § 687 I BGB scheitern würde, weil regelmäßig das Bewusstsein fehlt, ein fremdes Geschäft zu besorgen.

II. Verfügungsgeschäfte

Bei Verfügungsgeschäften während der Schwebezeit ist zu unterscheiden: 184

Verfügung kann konkludente Annahme sein

1. Nimmt der vorläufige Erbe die Erbschaft später an, so hat er als Berechtigter verfügt. Die Annahme kann auch in der Verfügung selbst zu sehen sein, was aber keinesfalls zwingend ist.[482]

bei Ausschlagung: Wirksamkeit von Verfügung nur, wenn unaufschiebbar

2. Schlägt der vorläufige Erbe die Erbschaft später aus, so sind seine Verfügungen über den Nachlassgegenstand gemäß § 1959 II BGB nur dann wirksam, wenn sie nicht ohne Nachteil für den Nachlass aufgeschoben werden konnten.

Verfügungen des vorläufigen Erben, die wegen § 1959 II BGB unwirksam sind, können jedoch durch Genehmigung des endgültigen Erben (§ 185 II BGB) oder durch gutgläubigen Erwerb (§§ 932 ff. BGB) wirksam werden.[483] Ein Gegenstand, über den der vorläufige Erbe verfügt, ist dem endgültigen Erben trotz § 857 BGB nicht abhanden gekommen (i.S.d. § 935 I BGB).

1959 II; 185 II; 932ff.

480 BGH, Beschluss vom 10.06.2015, IX ZB 39/14; a.A. OLG Hamm, FamRZ 2009, 1353 - 1355 = **juris**byhemmer = **Life&Law 07/2009, 454 ff.**

481 Palandt, § 1957 BGB, Rn. 2; kritisch aber MüKo, § 1957 BGB, Rn. 4.

482 Vgl. oben Rn. 183.

483 Palandt, § 1959 BGB, Rn. 3.

Die tatsächliche Besitzergreifung durch den vorläufigen Erben überwindet (im Sinne einer gesetzlichen Gestattung nach § 858 I BGB) insoweit die doppelte Fiktion der §§ 1953 I, 857 BGB.[484]

hemmer-Methode: Der vorläufige Erbe ist nicht Erbschaftsbesitzer i.S.d. § 2018 BGB. § 1959 BGB ist insoweit lex specialis![485]

III. Einseitige Rechtsgeschäfte gegenüber dem vorläufigen Erben

Erklärungen gegenüber vorläufigen Erben ⇨ § 1959 III BGB

Einseitige empfangsbedürftige Rechtsgeschäfte (z.B. Anfechtung, 185
Rücktritt) des Dritten gegenüber dem vorläufigen Erben wirken auch gegenüber dem endgültigen Erben, § 1959 III BGB.

Die Erfüllung einer Nachlassforderung fällt sowohl unter § 1959 III BGB als auch unter § 1959 II BGB, da die Einziehung der Forderung eine Verfügung darstellt, womit für die Wirksamkeit wieder die Dringlichkeit entscheidend ist.[486]

F) Wiederholungsfall – Verkauf der Artemis-Figur

Fall: *Der Witwer W ist begeisterter Kunstliebhaber und besitzt eine wert-* 186
volle Sammlung antiker Figuren. Die Sammlung macht das ganze Vermögen des im Altersheim wohnenden W aus. W verstirbt am 01.05.2004, ohne eine letztwillige Verfügung zu hinterlassen. Seine unverheiratete Tochter T nimmt nach dem Tod des W die Kunstsammlung an sich. T hat eine Tochter A, diese ist jedoch seit einem Besuch in Südamerika verschollen. W liebte seine Enkelin abgöttisch. T hatte W vor seinem Tode 600,- € geborgt. Um diese Summe wieder zu erhalten, veräußert sie eine kleine Artemis-Figur aus dem Nachlass des W an den Kunsthändler K zum Preis von 600,- €.

Wenig später taucht die Enkelin A des W wieder auf. A sagt: „Wenn Opa gewusst hätte, dass ich noch lebe, hätte er mich in einem Testament als Alleinerbin eingesetzt". Daraufhin schlägt T die Erbschaft zugunsten der A form- und fristgerecht mit der Begründung aus, dass sie Streitereien mit der A aus dem Wege gehen wolle, dass ihr an dem „alten Schrott" sowieso nichts liege und auch sie wolle, dass A den Nachlass des W erhält.

Frage 1: *Wer ist endgültige Erbin des W?*

Frage 2: *Wer ist Eigentümer der Artemis-Figur?*

Frage 3: *Kann A den Kaufpreis von 600,- € von K/von T verlangen (wenn K noch nicht gezahlt hat)?*

Frage 4: *Hat T Ansprüche gegen A?*

Frage 5: *Wie ist die Rechtslage, wenn K der T ein nicht zum Nachlass des W gehörendes Gemälde für 600,- € abgekauft hat und zwar gegen Aufrechnung mit einer Kaufpreisforderung gegen W in gleicher Höhe?*

Frage 6: *Wie ist die Rechtslage, wenn T bei K ein Geschenk für 600,- € gekauft und noch nicht bezahlt hat und nun dem K die Artemis-Figur unter Aufrechnung mit der Kaufpreisforderung für das Geschenk veräußert?*

484 Erman, § 1953 BGB, Rn. 2.

485 Ausführlich unten Rn. 190.

486 H.M.; vgl. Erman, § 1959 BGB, Rn. 6.

zu 1.: Da keine letztwillige Verfügung von Seiten des W vorliegt, tritt die gesetzliche Erbfolge ein. Daran würde sich auch nichts ändern, wenn W tatsächlich die Absicht gehabt hätte, ein Testament mit A als Alleinerbin zu verfassen, da er ein solches nicht verfasst hat.

da gesetzl. Erbfolge grds. nur Ersatzanspruch der A

Gesetzliche Erben erster Ordnung sind die Abkömmlinge des W (§ 1924 BGB). T würde gem. § 1924 II BGB A von der Erbfolge ausschließen. T wäre daher Alleinerbin.

Fraglich ist also, ob T die Erbschaft wirksam ausgeschlagen hat.

Ausschlagung der T (-), wenn zuvor Annahme

T hat eine form- und fristgerechte Ausschlagungserklärung abgegeben (§§ 1942 I, 1944 – 1946 BGB). Die Ausschlagung wäre jedoch unwirksam, wenn T bereits die Annahme der Erbschaft erklärt hätte, § 1943 I BGB. Die Annahme einer Erbschaft ist eine einseitige, nicht empfangsbedürftige, formlose Willenserklärung, die auch konkludent erfolgen kann.[487]

keine konkludente Annahme durch Inbesitznahme von Kunstsammlung

Eine konkludente Annahmeerklärung der T könnte hier darin zu sehen sein, dass T die Kunstsammlung an sich nahm. Hierbei ist jedoch zu beachten, dass T ungeachtet einer etwaigen späteren Ausschlagung vorläufige Erbin (§ 1942 I BGB) und damit schon gemäß § 857 BGB Besitzerin des Nachlasses ist. Darüber hinaus ist sie als vorläufige Erbin berechtigt, Maßnahmen zur Sicherung und Erhaltung des Nachlasses zu treffen (vgl. § 1959 I BGB).

Die Inbesitznahme der Nachlassgegenstände dient in erster Linie dazu, diese vor fremdem Zugriff zu schützen und kann deshalb nicht als Annahmeerklärung verstanden werden.[488]

Veräußerung von Figur zur Begleichung von Forderung

Allerdings könnte die Veräußerung der Artemis-Figur als Annahmeerklärung aufzufassen sein. Die Verfügung über Erbschaftsgegenstände kann jedoch deshalb nicht ohne weiteres als Annahmeerklärung angesehen werden, weil § 1959 II BGB auch dem nur vorläufigen Erben eine bestimmte Verfügungsbefugnis ausdrücklich einräumt.[489] Vielmehr müssen noch weitere Umstände hinzukommen, die auf den Willen des vorläufigen Erben, die Erbschaft endgültig zu behalten, eindeutig schließen lassen. Solche Umstände liegen aber hier nicht vor. Vielmehr wollte T nur eine eigene Forderung begleichen und nicht die Annahme der Erbschaft dokumentieren.

keine Annahme der T ⇨ A ist gesetzliche Erbin

Da somit keine vorherige Annahme der Erbschaft vorliegt, ist die Ausschlagung wirksam. Damit fällt die vorläufige Erbenstellung der T rückwirkend weg (§ 1953 I BGB). Die Erbschaft geht gemäß § 1953 II BGB an A. A ist somit gesetzliche Alleinerbin des W.

Abwandlung zu 1: *Würde sich an diesem Ergebnis etwas ändern, wenn T die gesamte Erbschaft verkauft hätte?*

jedoch bei Verkauf des ganzen Erbes Annahme (+)

Im Gegensatz zur Veräußerung einzelner Nachlassgegenstände muss der Verkauf der gesamten Erbschaft als Annahme angesehen werden,[490] da es sich hierbei nicht mehr um ein reines Verwaltungsgeschäft handelt, sondern um ein Geschäft, das darauf schließen lässt, dass der Veräußerer als endgültiger Erbe handelt (pro heredere gestio). Das gilt selbst dann, wenn der Veräußerer die Erbschaft in Wahrheit gar nicht annehmen wollte.

aber anfechtbar, ggf. konkludent mit Ausschlagung

In diesem Fall ergibt eine Bewertung des Verkaufs als Erbschaftsannahme jedoch kein anderes Ergebnis als oben, da die Annahmeerklärung gemäß §§ 119 ff. BGB anfechtbar ist, wobei die Ausschlagung der T die Anfechtung einer eventuellen Annahme enthält (§§ 133, 157 BGB).

487 Palandt, § 1943 BGB, Rn. 1.

488 Erman, § 1953 BGB, Rn. 3.

489 Staudinger, § 1943 BGB, Rn. 5.

490 Erman, § 1953 BGB, Rn. 3.

Anfechtungsgrund ist ein Inhaltsirrtum i.S.d. § 119 I BGB, wenn T nicht wusste, dass sie mit der Veräußerung der Erbschaft eine Annahmeerklärung abgab. Mit der Anfechtung entfällt die Annahme rückwirkend; die Anfechtung der Annahme gilt als Ausschlagung der Erbschaft (§ 1957 I BGB).

hemmer-Methode: Anders ist dies bei ausdrücklich erklärter Annahme in Unkenntnis des Ausschlagungsrechts. Denn dann läge ein grds. unbeachtlicher Rechtsfolgenirrtum vor.[491]

jedoch nur bei tatsächlichem Irrtum

Hat T jedoch gewusst, dass die Veräußerung der Erbschaft gleichzeitig deren Annahme darstellt, so kommt eine Anfechtung nicht in Betracht. Die Annahme bleibt wirksam und kann durch die spätere Ausschlagung nicht mehr beseitigt werden, § 1943 BGB. T ist in diesem Fall Alleinerbin.

zu 2.: Wer ist Eigentümer der Artemis-Figur?

gutgläubiger Erwerb des K von T gem. §§ 932 ff. BGB?

Vorläufige Eigentümerin der Artemis-Figur war T, § 1922 BGB. Mit der Ausschlagung durch T wurde jedoch A rückwirkend Erbin des W (§ 1953 II BGB), sodass gemäß § 1922 BGB auch das Eigentum an der Artemis-Figur auf sie überging. Sie könnte jedoch ihr Eigentum dadurch wieder verloren haben, dass T als Berechtigte oder als Nichtberechtigte gehandelt hat.

Zwar hatte T bis zur Ausschlagung die Stellung eines wirklichen Erben (§ 1942 I BGB) und war somit gemäß § 1922 BGB auch Eigentümerin des Nachlasses. Diese Position hat T aber mit der Ausschlagung rückwirkend verloren, § 1953 I BGB. Damit hat sie letztendlich als Nichtberechtigte verfügt. K konnte somit von T nicht gemäß § 929 BGB, sondern höchstens gutgläubig gemäß §§ 932 ff. BGB Eigentum erwerben.

Gutgläubigkeit des K (+)

Fraglich ist, worauf sich die Gutgläubigkeit des K beziehen musste. Hierbei ist davon auszugehen, dass T zunächst Berechtigte war und diese Berechtigung nur wegen der Rückwirkung wieder verlor, § 1953 I, II BGB. Es muss also für die Gutgläubigkeit des K genügen, wenn er ohne grobe Fahrlässigkeit keine Kenntnis davon hatte, dass T durch Ausschlagung der Erbschaft rückwirkend ihre Erbenstellung und damit ihr Eigentum verlieren würde. Allein die Kenntnis einer generellen Ausschlagungsmöglichkeit beseitigt den guten Glauben noch nicht.[492]

Zum Teil wird allerdings eine analoge Anwendung des § 142 II BGB befürwortet, danach soll schon bei Kenntnis der Ausschlagungsmöglichkeit die Gutgläubigkeit entfallen.[493] Dies erscheint aber zu weitgehend, da ansonsten für einen Gutglaubenserwerb kaum Raum bliebe.

Da der eigentliche Grund für die Ausschlagung – das unerwartete Auftauchen der A – zur Zeit der Veräußerung dem K überhaupt nicht bekannt sein konnte, kann seine Gutgläubigkeit bejaht werden.

Problem: Abhandenkommen grds. mögl., § 935 BGB i.V.m. §§ 1953, 857 BGB

Der Eigentumserwerb des K gemäß § 932 BGB könnte jedoch daran scheitern, dass die Artemis-Figur der A abhanden gekommen ist, § 935 I BGB. Dem Eigentümer abhanden gekommen ist eine Sache, wenn ihm ohne seinen Willen der unmittelbare Besitz an der Sache entzogen wurde.[494]

Mit der Ausschlagung der Erbschaft durch T ist der unmittelbare Besitz an allen Nachlassgegenständen rückwirkend durch den Erbfall auf A übergegangen, §§ 1953 II, 857 BGB. Dabei handelt es sich jedoch nur um fiktiven Besitz (§ 857 BGB), nicht um Besitz im Sinne einer tatsächlichen Sachherrschaft. A hat also durch die Veräußerung der Artemis-Figur an K nur fiktiven Besitz verloren.

491 Vgl. dazu Palandt, § 1954 BGB, Rn. 2.
492 Staudinger, § 1959 BGB, Rn. 15.
493 MüKo, § 1959 BGB, Rn. 7.
494 Palandt, § 935 BGB, Rn. 2.

Fraglich ist, ob dies für ein Abhandenkommen i.S.d. § 935 I BGB ausreicht. Dabei ist vom Sinn und Zweck des § 857 BGB auszugehen. Dadurch, dass § 857 BGB ab dem Erbfall dem Erben einen fiktiven Besitz einräumt, hat der Erbe ab diesem Zeitpunkt auch die Besitzschutzansprüche der §§ 861 ff., 1007 BGB, womit der Nachlass vor fremdem Zugriff geschützt werden und in seiner Gesamtheit erhalten werden soll.

Daraus folgt aber dann, dass der Verlust des fiktiven Besitzes grundsätzlich auch ein Abhandenkommen i.S.d. § 935 BGB darstellen kann.[495]

Demnach könnte hier ein gutgläubiger Erwerb des Dritten an § 935 BGB scheitern, soweit dies auch bei Verfügungen des vorläufigen Erben gelten würde.

Dagegen ist jedoch Folgendes einzuwenden: In anderen Fällen einer gesetzlichen Rückwirkungsfiktion ist ein zwischenzeitlicher gutgläubiger Erwerb möglich (§§ 142 II, 184 II, 161 III BGB). Dies muss als allgemeiner Rechtsgrundsatz auch für die Rückwirkungsfiktion bei der Ausschlagung gelten: Auch hier muss die Rückwirkungsfiktion ihre Grenze am gutgläubigen Erwerb eines Dritten finden.

Die Rückwirkung kann nicht so weit gehen, dass Handlungen des an sich gemäß § 1959 I BGB verfügungsberechtigten vorläufigen Erben ein Abhandenkommen i.S.d. § 935 I BGB bewirken, ebenso wenig wie sie verbotene Eigenmacht i.S.d. § 858 I BGB darstellen.[496] Die Besitzentziehung muss insoweit als gesetzlich gestattet angesehen werden. Die Weggabe von Nachlassgegenständen durch den vorläufigen, später ausschlagenden Erben begründet kein Abhandenkommen i.S.d. § 935 I BGB.

nach h.M. aber (-) ⇨ K ist Eigentümer

Da somit § 935 BGB nicht eingreift, hat K gutgläubig Eigentum an der Artemis-Figur erlangt, § 932 I BGB.

zu 3.:

a) Kann A den Kaufpreis von 600,- € von K verlangen?

Anspruch A gegen K aus §§ 2019, 433 II BGB?

Als Anspruchsgrundlage kommen §§ 433 II, 2019 I BGB in Betracht. Gemäß § 2019 I BGB gehen Forderungen, die der Erbschaftsbesitzer mit Mitteln der Erbschaft erlangt hat, kraft Surrogation auf den Erben über.

(-), da T nicht Erbschaftsbesitzerin (§ 1959 BGB)

Fraglich ist jedoch, ob T überhaupt Erbschaftsbesitzerin i.S.d. § 2018 BGB war. Erbschaftsbesitzer ist, wer die Erbschaft aufgrund eines ihm nicht zustehenden Erbrechts besitzt.[497] Da das Erbrecht der T durch die Ausschlagung rückwirkend entfallen ist (§ 1953 I BGB), besaß sie zur Zeit der Veräußerung die Erbschaft aufgrund eines ihr nicht zustehenden Erbrechts. Beim vorläufigen Erben ist jedoch folgende Besonderheit zu beachten: Gemäß § 1959 I BGB regelt sich das Verhältnis zwischen vorläufigem und endgültigem Erben nach den Regeln der Geschäftsführung ohne Auftrag. Damit hat der Gesetzgeber eine den Vorschriften über den Erbschaftsbesitzer gegenüber spezielle Regelung getroffen. Der vorläufige Erbe ist also nicht Erbschaftsbesitzer i.S.v. § 2018 BGB und haftet somit nicht aus §§ 2018 ff. BGB.[498] Damit kann auch keine Surrogation der Kaufpreisforderung gemäß § 2019 BGB erfolgen. A hat keinen eigenen Anspruch gegen K auf Zahlung der 600,- €.

Anspruch gegen T?

b) Kann A den Kaufpreis von 600,- € von T verlangen?

§§ 1959, 681 S. 2, 667 BGB

aa) Als Anspruchsgrundlage kommen §§ 1959 I, 681 S. 2, 667 BGB in Betracht.

495 Wiegand, „Der praktische Fall: Alois Wammerls Erben", JuS 1972, 87 (91).

496 Palandt, § 1953 BGB, Rn. 4.

497 Vgl. Palandt, § 2018 BGB, Rn. 4; Näheres zum Erbschaftsbesitzer im Skript unter § 6, Rn. 187 ff.

498 Palandt, § 2018 BGB, Rn. 8.

Die Veräußerung der Artemis-Figur müsste ein erbschaftliches Geschäft i.S.d. § 1959 I BGB darstellen. Erbschaftliches Geschäft ist jedes Geschäft, das objektiv die Erbschaft betrifft; dies gilt unabhängig davon, ob es gemäß § 1959 II, III BGB wirksam ist. Der Verkauf von Erbschaftsgegenständen fällt somit unter § 1959 I BGB. Danach greifen die Vorschriften über die Geschäftsführung ohne Auftrag ein.

Aus der Geschäftsführung erlangt hat T die Kaufpreisforderung gegen K in Höhe von 600,- €. Diese hat sie gemäß §§ 681 S. 2, 667 BGB an A abzutreten.

Exkurs

Der vorläufige Erbe haftet also gemäß §§ 681 S. 2, 667 BGB auf Herausgabe des Erlangten und kann seinerseits vom endgültigen Erben Aufwendungsersatz unter den Voraussetzungen der §§ 683, 670 BGB verlangen.[499] Bei der Geschäftsführung hat der vorläufige Erbe die Interessen des endgültigen Erben zu wahren und dessen mutmaßlichen Willen zu berücksichtigen (§ 677 BGB). Tut er dies schuldhaft nicht, so haftet er dem endgültigen Erben (Pflichtverletzung der treuhänderähnlichen Stellung des vorläufigen Erben, der zu behandeln ist wie ein Geschäftsführer ohne Auftrag, §§ 241 II, 280 BGB). Ansprüche des endgültigen Erben gegen den vorläufigen Erben gehören zum Nachlass, Ansprüche des vorläufigen Erben gegen den endgültigen Erben sind Nachlassverbindlichkeiten, § 1967 II BGB. Vor der Annahme der Erbschaft ist der vorläufige Erbe nicht zur Nachlassfürsorge verpflichtet.

Tätigt er trotzdem nachlassbezogene Geschäfte, so wird er in Bezug auf den endgültigen Erben als Geschäftsführer ohne Auftrag tätig. Dann ist er gemäß § 677 BGB verpflichtet, auch weiterhin für den Nachlass tätig zu werden.[500]

Exkurs Ende

§ 816 I S. 1 BGB

bb) Als weitere Anspruchsgrundlage kommt § 816 I S. 1 BGB in Betracht. T hat als Nichtberechtigte verfügt, indem sie das Eigentum an der Artemis- Figur an K übertrug. Diese Verfügung war auch wirksam, da K gutgläubig Eigentum erlangte. Die Voraussetzungen des § 816 I BGB liegen also vor. A kann damit Herausgabe des durch die Verfügung Erlangten (= Abtretung der Kaufpreisforderung) von T verlangen.

Zu 4.: Hat T Ansprüche gegen A?

Anspruch der T gegen A

a) In Frage kommt zunächst ein Aufwendungsersatzanspruch gemäß §§ 1959 I, 683, 670 BGB. Aus dem Sachverhalt geht aber nicht hervor, dass T Aufwendungen zugunsten des Nachlasses gemacht hat.

Aufrechnung mit Anspruch aus § 607 BGB

b) T hatte jedoch gegen W einen Rückzahlungsanspruch aus Darlehen (§ 488 I BGB) in Höhe von 600,- €. Nach § 1967 I BGB ist nun die Erbin A Schuldner dieses Anspruches geworden. Die Forderung ist auch nicht durch Konfusion erloschen, da T so behandelt wird, als sei sie nie Erbin gewesen, § 1953 I BGB. Nach Abtretung des Kaufpreisanspruches an A kann dann mit dem Anspruch aus §§ 1967 I, 488 BGB aufgerechnet werden.

Zu 5.: Wie ist die Rechtslage, wenn K der T ein nicht zum Nachlass gehörendes Gemälde für 600,- € abkaufte und K mit einer Forderung gegen W in gleicher Höhe aufrechnete?

keine Aufrechnung mit persönlicher Gegenforderung möglich

Eine Aufrechnung gegenüber dem vorläufigen Erben mit einer Forderung gegen den Nachlass ist möglich (vgl. § 1959 III BGB).

499 Palandt, § 1959 BGB, Rn. 2; Staudinger, § 1959 BGB, Rn. 9.

500 Palandt, § 1959 BGB, Rn. 1 f.

Hier ist jedoch zu beachten, dass die Gegenforderung (= Kaufpreisforderung der T gegen K) eine persönliche, d.h. nicht zum Nachlass gehörende Forderung der T darstellt. In einem solchen Fall fehlt es an der für die Aufrechnung erforderlichen Gegenseitigkeit, § 387 BGB. Eine Aufrechnung ist deshalb nicht möglich; die Forderungen sind nicht durch Aufrechnung erloschen. K hat einen Anspruch auf Zahlung von 600,- € gegen A gemäß §§ 1967 I, 433 II BGB. T hat einen Anspruch gegen K auf Zahlung der 600,- € gemäß § 433 II BGB.

zu 6.: Wie ist die Rechtslage, wenn T beim Verkauf der Artemis-Figur mit einer Forderung des K gegen sie in selber Höhe aufgerechnet hat?

Aufrechnung durch K?

Die Kaufpreisforderung für die Artemis-Figur könnte durch Aufrechnung erloschen sein, §§ 389, 362 BGB. Im Gegensatz zu V. stand hier die Kaufpreisforderung für die Artemis-Figur der T persönlich zu. Da sie auch persönlicher Schuldner der Zahlungsforderung des K war, liegt hier Gegenseitigkeit vor. Da auch Gleichartigkeit, Fälligkeit und Aufrechnungserklärung gegeben sind, ist die Aufrechnung der T wirksam, womit die Forderungen erloschen sind, §§ 389, 362 BGB.

durch T zu vertretende Unmöglichkeit, §§ 280, 283, 249 BGB

Konsequenzen hat dies für die Ansprüche der A gegen T. Normalerweise wäre nämlich T der A gegenüber zur Abtretung der Kaufpreisforderung gegen K gemäß §§ 1959 I, 681 S. 2, 667 BGB verpflichtet gewesen.[501] Dies ist jedoch durch die Aufrechnung unmöglich geworden. Die Unmöglichkeit hat T auch zu vertreten, da sie die Aufrechnung bewusst und gewollt herbeigeführt hat. Sie haftet der A deshalb auf Schadensersatz gemäß §§ 280, 283, 249 BGB in Höhe von 600,- €.

Erlöschen durch Aufrechnung?

Möglicherweise ist jedoch auch dieser Schadensersatzanspruch der A durch Aufrechnung der T erloschen. T hatte nämlich noch einen Anspruch gegen W aus Darlehen, § 488 I BGB. Dieser Anspruch richtet sich nunmehr gemäß § 1967 I BGB gegen die A. Gleichartigkeit, Gegenseitigkeit und Fälligkeit der Ansprüche liegen vor. Fraglich ist aber, ob überhaupt eine Aufrechnungserklärung von Seiten der T vorliegt. Diese könnte höchstens in der Veräußerung der Artemis-Figur zu erblicken sein. Zwar verfolgte T mit der Veräußerung der Figur die Befriedigung ihrer Rückzahlungsforderung gegenüber W. Dennoch kann die Veräußerung nicht als Aufrechnungserklärung angesehen werden, da eine solche Erklärung gemäß § 388 S. 1 BGB gegenüber der A hätte erfolgen müssen, A aber zur Zeit der Veräußerung noch als verschollen galt. Eine wirksame Aufrechnung von Seiten der T liegt also nicht vor. T hat einen Anspruch gegen A gemäß §§ 1967 I, 488 I BGB, A einen Gegenanspruch gemäß §§ 1959 I, 681 S. 2, 667, 280, 283, 249 BGB in gleicher Höhe. Sowohl A als auch T können die Forderungen durch Aufrechnungserklärung (§ 388 BGB) zum Erlöschen bringen (§§ 387, 389 BGB).

501 Vgl. oben im Fall unter III. 2.a).

§ 6 ERBSCHAFTSBESITZER

A) Begriff

I. Erwerb durch tatsächliche Besitzergreifung

Erbschaftsbesitzer

Erbschaftsbesitzer ist derjenige, der Erbschaftsgegenstände unter 187
Berufung auf sein vermeintliches Erbrecht dem wirklichen Erben vorenthält, § 2018 BGB. Dabei kommt es nicht darauf an, ob die Anmaßung des Erbrechts gutgläubig oder bösgläubig erfolgt. Ebenso wenig spielt es eine Rolle, auf welche Weise der Erbschaftsbesitzer in den Besitz der Nachlassgegenstände gelangt ist.

hemmer-Methode: In der Praxis ist Erbschaftsbesitzer meist der gesetzliche Erbe des Erblassers, der sich mangels Kenntnis von einer tatsächlich aber vorhandenen letztwilligen Verfügung für den Erben hält – bis diese Verfügung „auftaucht".

Sonderfälle

Über den Wortlaut hinaus ist nach Sinn und Zweck des § 2018 BGB 188
auch derjenige Erbschaftsbesitzer, der – vor oder nach dem Erbfall – etwas aus dem Erblasservermögen zunächst ohne Inanspruchnahme eines Erbrechts erlangt hat, die betreffenden Gegenstände aber nachträglich unter – unzutreffender – Berufung auf ein eigenes, in Wahrheit nicht oder nicht in dem behaupteten Umfang bestehendes Erbrecht verteidigt.[502] Umgekehrt ist ebenso Erbschaftsbesitzer, wer sich anfänglich ein Erbrecht anmaßt und sich später auf einen anderen Erwerbsgrund beruft.

Der Erbe des Erbschaftsbesitzers rückt in dessen Verpflichtung aus § 2018 BGB ein.

auch bei Miterbe möglich

Auch ein Miterbe kann Erbschaftsbesitzer sein, wenn er sich ein weitergehendes Erbrecht anmaßt, als ihm in Wirklichkeit zusteht.[503]

II. Erwerb durch Rechtsgeschäft

nicht bei rechtsgeschäftlichem Erwerb der Erbschaft

Erbschaftsbesitzer ist nicht, wer die Erbschaft vom Erbschaftsbesit- 189
zer durch Rechtsgeschäft erlangt hat. Gemäß § 2030 BGB wird er aber einem Erbschaftsbesitzer gleichgestellt. § 2030 BGB betrifft nur die Fälle, in denen die Erbschaft als solche (§§ 2371, 2385 BGB) oder Teile davon (§ 1922 II BGB) veräußert wurden. Wer lediglich einen oder einzelne Nachlassgegenstände erwirbt, steht selbst dann nicht gemäß § 2030 BGB einem Erbschaftsbesitzer gleich, wenn es sich dabei um die im Wesentlichen gesamte Erbschaft handelt.[504] Aus dem Sinn der Gleichstellung des § 2030 BGB ergibt sich, dass die Veräußerung nicht wirksam zu sein braucht. Es genügt, wenn die Erbschaft tatsächlich erlangt wird. Die Vorschriften über den gutgläubigen Erwerb finden keine Anwendung.[505] Dagegen kann derjenige, der nur einzelne Nachlassgegenstände von einem Erbschaftsbesitzer erwirbt, selbstverständlich gutgläubig erwerben.

---

502 BGH, NJW 1985, 3068 - 3070 (3069) = jurisbyhemmer.

503 MüKo, § 2018 BGB, Rn. 19.

504 Palandt, § 2030 BGB, Rn. 1; MüKo, § 2030 BGB, Rn. 3.

505 Palandt, § 2030 BGB, Rn. 1.

III. Vorläufiger Erbe und Vorerbe

nicht bei ausgeschlagener Erbschaft bzw. Vorerbschaft

Wer eine ihm angefallene Erbschaft später ausschlägt, haftet nicht 190
nach §§ 2018 ff. BGB, sondern gemäß § 1959 I BGB wie ein Geschäftsführer ohne Auftrag (§§ 677 ff. BGB).

§ 1959 I BGB verdrängt als spezielle Regelung die §§ 2018 ff. BGB.[506]

Vorerbe nach Nacherbfall

Eine weitere spezielle Regelung gegenüber §§ 2018 ff. BGB findet sich in § 2130 BGB für den Vorerben. Dieser ist allenfalls dann Erbschaftsbesitzer, wenn er den Eintritt des Nacherbfalls leugnet und weiterhin für sich ein Erbrecht in Anspruch nimmt.[507]

Testamentsvollstrecker, Nachlasspfleger sowie Nachlass- und Insolvenzverwalter sind keine Erbschaftsbesitzer i.S.d. §§ 2018 ff. BGB, da sie kein Erbrecht an dem Nachlass beanspruchen.

B) Erbschaftsanspruch

I. Zweck des Erbschaftsanspruchs

Den Herausgabeanspruch gegen den Erbschaftsbesitzer gemäß 191
§ 2018 BGB nennt man **Erbschaftsanspruch**. Sinn und Zweck des Erbschaftsanspruchs ergeben sich aus Folgendem:

daneben auch allgemeine Ansprüche

Dem Erben stehen gegen denjenigen, der ihm Nachlassgegenstände vorenthält, die allgemeinen Herausgabeansprüche zu (insbesondere § 985 BGB, aber auch Ansprüche aus Vertrag, GoA, Bereicherung, Besitz und Delikt). Diese Ansprüche beziehen sich aber immer nur auf einzelne Gegenstände. Ebenso wie die Erbschaft als Ganzes auf den Erben übergeht (§ 1922 I BGB), wird dem Erben durch § 2018 BGB ein Anspruch auf Herausgabe des Nachlasses als Ganzes eingeräumt. Dieser Anspruch besteht allerdings nur gegenüber dem Erbschaftsbesitzer, nicht gegenüber anderen Besitzern, wie z.B. dem Dieb oder dem Entleiher. Der Anspruch gegen den Erbschaftsbesitzer aus § 2018 BGB besteht neben den Einzelansprüchen (z.B. aus §§ 861, 985, 1007, 812, 823 BGB usw.), wobei sich allerdings die Haftung auch bei der Geltendmachung der Einzelansprüche nach den §§ 2018 ff. BGB richtet (§ 2029 BGB). Neben dem Erbschaftsanspruch sind also jeweils auch die Einzelansprüche zu prüfen.

hemmer-Methode: § 2029 BGB zeigt, dass die Einzelansprüche neben dem Gesamtanspruch zu prüfen sind. Zitieren Sie deswegen bei den Einzelansprüchen § 2029 BGB zur Begründung der Anwendbarkeit. Aus dem Wortlaut des § 2029 BGB ergibt sich, dass die §§ 2018 ff. BGB nicht abschließend und Einzelansprüche zugelassen sind. Allerdings richten sich diese Ansprüche nach den Regeln der §§ 2018 ff. BGB. Dies wirkt sich vor allem für den gegenüber § 987 BGB strengeren Nutzungsersatz gem. § 2020 BGB und den gegenüber §§ 994 ff. BGB günstigeren Verwendungsersatzanspruch gem. § 2022 BGB aus.

§ 2018 BGB ist Gesamtanspruch, § 253 II Nr. 2 ZPO beachten

Die Bedeutung des § 2018 BGB liegt in seiner Natur als Gesamtanspruch, also als Zusammenfassung der sich auf das Erlangte beziehenden Einzelansprüche.

506 Palandt, § 2018 BGB, Rn. 8; vgl. dazu schon Rn. 186 (Fallbeispiel).

507 Str., vgl. Palandt, § 2018 BGB, Rn. 7.

So fällt nicht nur die Herausgabe von Sachen, sondern auch die Herausgabe aller anderen Positionen, die der Erbschaftsbesitzer erlangt hat,[508] unter § 2018 BGB. Allerdings sind auch bei der Gesamtklage die einzelnen herauszugebenden Nachlassgegenstände genau zu bezeichnen, § 253 II Nr. 2 ZPO. Deshalb erfolgt die Durchsetzung des Anspruchs aus § 2018 BGB mit Hilfe der Stufenklage gemäß § 254 ZPO, d.h. einer Verbindung von Auskunfts- und Herausgabeklage. Der entsprechende Auskunftsanspruch ergibt sich aus § 2027 BGB.[509]

hemmer-Methode: Der Erbschaftsanspruch ist als Gesamtanspruch examensrelevant. Es handelt sich um eine erbrechtliche Besonderheit. Normalerweise bestehen nur Einzelansprüche des Eigentümers oder Besitzers, z.B. §§ 985, 1007, 861, 823 ff. BGB i.V.m. § 249 S. 1 BGB auf Herausgabe. Durch §§ 2018 ff. BGB kann jede Klausur gestreckt werden. Der Erbschaftsanspruch ist auch deswegen examensrelevant, weil er nicht nur die Herausgabe der Nachlassgegenstände erfasst, sondern über § 2019 BGB auch die Surrogate (dazu unten Rn. 195) und über § 2020 BGB auch die Nutzungen.
Es gilt, alle in Betracht kommenden Anspruchsgrundlagen (auch die Einzelansprüche) sorgfältig zu prüfen. Wer hier Anspruchsgrundlagen übersieht, verschenkt unnötig Punkte. Denken Sie auch an die Haftung des Erbschaftsbesitzers nach §§ 2021 ff. BGB. Diese ist ähnlich wie die Haftung nach §§ 987 ff. BGB ausgestaltet.

Der Vorteil des Gesamtanspruchs nach § 2018 BGB gegenüber den Einzelansprüchen liegt in zwei Punkten: 191a

⇨ der Erbe kann die bezeichneten Gegenstände jederzeit ergänzen, § 264 Nr. 2 ZPO, da es weiterhin um den gleichen Erbschaftsanspruch, also den gleichen Streitgegenstand geht.

⇨ dem Erben steht für den Gesamtanspruch der einheitliche Gerichtsstand des § 27 ZPO zur Verfügung, während er die Einzelansprüche z.B. aus § 985 BGB vor dem allgemeinen Gerichtsstand des Beklagten bzw. bei Grundstücken dem ausschließlichen Gerichtsstand nach § 24 ZPO geltend machen müsste.

2018: 27280

II. Voraussetzungen

etwas aus Erbschaft erlangt? mittelbarer Besitz ausreichend

Voraussetzung des Anspruchs aus § 2018 BGB ist, dass etwas „aus der Erbschaft erlangt" wurde. Erwerb des mittelbaren Besitzes genügt. Erlangt sein können auch solche Sachen, die nicht im Eigentum des Erblassers standen, sondern die er nur in mittelbarem oder unmittelbarem Besitz hatte (z.B. durch Miete, Leihe, Pacht). Auch solche Sachen kann der Erbe vom Erbschaftsbesitzer mit der Gesamtklage nach § 2018 BGB herausverlangen.[510] 192

III. Erbschaftsbesitz und § 857 BGB

Unterschied zum fiktiven Besitz, § 857 BGB

Vom Erbschaftsbesitz i.S.d. § 2018 BGB ist der fiktive Besitz des § 857 BGB zu unterscheiden. Der Besitz i.S.d. § 857 BGB ist unabhängig von der tatsächlichen Besitzergreifung und tritt automatisch mit dem Erbfall ein. Es handelt sich dabei um die Nachfolge in die Besitzstellung des Erblassers, die von der tatsächlichen Erlangung der Sachherrschaft zu unterscheiden ist (Besitz ohne Sachherrschaft oder „vergeistigte Sachherrschaft"[511]). 193

508 Z.B. eine unrichtige Grundbuchposition; vgl. MüKo, § 2018 BGB, Rn. 25.

509 Vgl. unten Rn. 199.

510 Palandt, § 2018 BGB, Rn. 7.

511 Palandt, § 857 BGB, Rn. 1.

Dieser fingierte Besitz dient dazu, Schwebezustände hinsichtlich der Besitzverhältnisse zu vermeiden und die Erbschaft von Anfang an dadurch vor dem Zugriff Dritter zu schützen, dass aufgrund der Besitzfiktion dem Erben noch vor Erlangung der tatsächlichen Sachherrschaft Besitzschutzansprüche zustehen. Mit dem fiktiven Besitz des § 857 BGB wird sich aber der Erbe kaum zufrieden geben. Deshalb muss es Normen geben, die ihm auch die Erlangung der tatsächlichen Sachherrschaft ermöglichen. Zu diesen Normen zählt § 2018 BGB. Erbschaftsbesitz i.S.d. § 2018 BGB ist nur der tatsächliche, nicht aber der fiktive Besitz.

IV. Zurückbehaltungsrecht

strittig: ZBR des Erbschaftsbesitzers wegen Pflichtteilsanspruch

Umstritten ist, ob dem Erbschaftsbesitzer gegenüber dem Heraus- 194
gabeanspruch des Erben aus § 2018 BGB ein Zurückbehaltungsrecht gemäß § 273 BGB wegen eines Pflichtteilsanspruchs zustehen kann.

nach h.M. (-), da untergeordnete Position

Entscheidend ist hier ein Vergleich der Rechtspositionen von Erben und Pflichtteilsberechtigten. Gegenüber dem Erben nimmt der Pflichtteilsberechtigte eine nur untergeordnete Position ein, denn der Erbe hat die unbeschränkte Gewalt über den Nachlass. Der Erbe muss den Nachlass schon deshalb erst in Besitz nehmen, weil er sonst den Wert des Nachlasses und damit auch die Höhe des Pflichtteilsanspruchs gar nicht berechnen kann. Die Einziehung des Nachlasses soll dem Erben die Erfüllung etwaiger Ansprüche erst ermöglichen. Schließlich ist zu beachten, dass § 273 BGB Ausprägung des Grundsatzes von Treu und Glauben ist. Es würde aber gegen Treu und Glauben verstoßen, wenn derjenige, der sich ein Erbrecht angemaßt hat, ein Druckmittel gegen den wahren Erben (in Form des Zurückbehaltungsrechts) erhielte und damit gegenüber einem anderen Pflichtteilsberechtigten bevorteilt wäre.

Aus all diesen Gründen kann der pflichtteilsberechtigte Erbschaftsbesitzer gegenüber dem Herausgabeverlangen des Erben gemäß § 2018 BGB kein Zurückbehaltungsrecht gemäß § 273 BGB wegen seines Pflichtteilsanspruchs geltend machen.[512]

anders bei Verwendungen

Ein Zurückbehaltungsrecht steht dem Erbschaftsbesitzer nur wegen Verwendungen, die er auf die Erbschaft gemacht hat, zu (§§ 2022, 1000 BGB).

hemmer-Methode: § 2022 BGB ist insoweit deutlich „großzügiger“ als §§ 994 ff. BGB, da der gutgläubige, nicht verklagte Erbschaftsbesitzer alle Verwendungen und nicht nur wie im EBV notwendige bzw. nützliche, immer noch werterhöhende Verwendungen ersetzt bekommt. Ab Rechtshängigkeit bzw. Bösgläubigkeit greifen §§ 2023, 2024 BGB, der Erbschaftsbesitzer bekommt also gemäß § 994 II BGB nur noch notwendige Verwendungen nach den Regeln der GoA ersetzt.

C) Surrogation nach § 2019 BGB

Surrogation gem. § 2019 BGB: Erhaltung des wirtschaftlichen Wertes der Erbschaft

2018 bei Erlangen: 2019

Gemäß § 2019 I BGB gilt auch das als aus der Erbschaft erlangt, 195
was der Erbschaftsbesitzer durch Rechtsgeschäft mit Mitteln der Erbschaft erlangt hat. Es handelt sich also um eine dingliche Surrogation bzw. eine dingliche Ersatzherausgabe: Der Erbschaftsbesitzer kann gemäß § 2018 BGB i.V.m. § 2019 BGB auch das Surrogat der Erbschaft vom Erbschaftsbesitzer herausverlangen. Sinn und Zweck des § 2019 BGB ist, dass der wirtschaftliche Wert des Nachlasses erhalten bleiben soll.

512 KG Berlin, OLGZ 74, 17; zustimmend Palandt, § 2018 BGB, Rn. 2; kritisch Dütz, „Das Zurückbehaltungsrecht des § 273 Abs. 1 BGB bei Erbauseinandersetzungen“, NJW 1967, 1105.

Daraus folgt, dass es auf die Wirksamkeit der vom Erbschaftsbesitzer getätigten Rechtsgeschäfte nicht ankommt;[513] es genügt, wenn tatsächlich ein Surrogat erlangt wurde.[514]

hemmer-Methode: § 2019 I BGB ergänzt § 2018 BGB, verschafft aber keine selbstständige Anspruchsgrundlage. Deswegen ist er auch immer zusammen mit § 2018 BGB zu zitieren. § 2019 I BGB schützt durch die dingliche Surrogation den wahren Erben.
Von dinglicher Surrogation spricht man insbesondere dann, wenn kraft Gesetzes anstelle eines Gegenstandes, Rechts oder einer Forderung ein Surrogat (Ersatz) tritt. Grundsätzlich gilt im BGB ein Surrogationsverbot. Die examensrelevanten normierten Ausnahmen sollten Ihnen bekannt sein: §§ 1247 S. 2, 1287, 1370, 2019 I, 2041, 2111 BGB. Lesen Sie diese Bestimmungen, dann wird Ihnen das Prinzip der dinglichen Surrogation kraft Gesetzes klar.

mehrfache Surrogation

Die Surrogation kann sich auch wiederholen. So ist die Kaufpreisforderung Surrogat für den verkauften Nachlassgegenstand und gehört damit unmittelbar in den Nachlass. Die Forderung wird wiederum durch das anschließend gezahlte Geld ersetzt.

Ausnahmen

Surrogation tritt jedoch nicht ein, wenn der erlangte Vorteil völlig im Eigenvermögen des Erbschaftsbesitzers aufgeht, so z.B. bei der Bezahlung eigener Schulden mit Erbschaftsmitteln.[515] In solchen Fällen ist der Erbschaftsbesitzer nur nach Bereicherungsgrundsätzen herausgabepflichtig (§ 2021 BGB). Auch bei höchstpersönlichen Rechten tritt keine Surrogation ein.[516] Anders ist dies nach der Rechtsprechung bei nicht übertragbaren Rechtspositionen. Diese werden von der Surrogation nicht ausgenommen, weil sich sonst die dingliche Sicherung ohne zwingenden Grund zu einem ungesicherten Geldanspruch verflüchtigen würde.[517] 196

auch Forderungen gehören zum Nachlass

Zum Nachlass gehören auch Forderungen des Erblassers gegen Dritte.[518] Zieht nun der Erbschaftsbesitzer eine solche Forderung ein, so ist er gemäß § 2019 I BGB i.V.m. § 2018 BGB zur Herausgabe des Erlangten verpflichtet. Dies gilt ohne Rücksicht darauf, ob die Forderung erloschen ist oder nicht, da es, wie schon oben erwähnt, auf die Wirksamkeit der Verfügung nicht ankommt. Meist wird wegen §§ 2019 II, 407 BGB die Leistung an den nichtberechtigten Erbschaftsbesitzer befreiende Wirkung haben.

hemmer-Methode: § 2019 II BGB ist Schuldnerschutzbestimmung. Ähnlich wie bei der cessio legis (vgl. § 412 BGB, auch hier Gläubigerwechsel ohne Abtretung) sind i.R.d. § 2019 II BGB die §§ 406 - 408 BGB entsprechend anwendbar. Am wichtigsten ist § 407 BGB: Leistungen des Schuldners an den Erbschaftsbesitzer befreien aber nur, wenn sie vor Kenntnis der Nachlasszugehörigkeit der Forderung erfolgt sind. In diesem Zusammenhang ist auch § 816 II BGB zu beachten. Veräußert der Erbschaftsbesitzer einen zum Nachlass gehörenden Gegenstand an einen Dritten (§ 433 BGB), so steht die Kaufpreisforderung nach § 2019 I BGB dem Erben zu. Zahlt der gutgläubige Dritte aber an den Erbschaftsbesitzer, so ist diese Zahlung gemäß §§ 2019 II, 407 I BGB wirksam. Der Erbe kann jedoch neben §§ 2018, 2019 I BGB auch nach § 816 II BGB vom Erbschaftsbesitzer den Kaufpreis herausverlangen. Das Verhältnis §§ 2018, 2019, 406 ff. BGB und § 816 II BGB muss Ihnen geläufig sein. Beachten Sie auch, dass § 2019 I, II BGB nur bei rechtsgeschäftlichen, nicht aber auch bei gesetzlichen Surrogaten zur Anwendung kommt.

513 Zum Meinungsstand MüKo, § 2019 BGB, Rn. 10.

514 Vgl. Palandt, § 2019 BGB, Rn. 2: Unwirksame Verfügungen werden mit dem Herausgabeverlangen gem. § 185 BGB genehmigt; allgemein hierzu Medicus, Rn. 603b.

515 Palandt, § 2019 BGB, Rn. 4.

516 Palandt, § 2019 BGB, Rn. 1.

517 BGHZ 109, 214 - 220 = **juris**byhemmer.

518 Palandt, § 1922 BGB, Rn. 26.

D) Ersitzung des Erbschaftsbesitzers, § 2026 BGB

Ersitzung, § 2026 BGB

937 : 2026

Der Erbschaftsbesitzer kann zwar wie jeder andere Besitzer durch Ersitzung Eigentum an den Nachlassgegenständen erwerben, ist aber gemäß § 2026 BGB zur Rückübertragung des Eigentums an den Erben verpflichtet, solange der Erbschaftsanspruch noch nicht verjährt ist.[519] 197

Die Verjährung des Erbschaftsanspruchs beträgt 30 Jahre (§ 197 I Nr. 1 BGB), wobei § 211 BGB nicht anwendbar ist, da er nur Ansprüche Dritter gegen den Nachlass regelt.

E) Verschärfte Haftung des Erbschaftsbesitzers

Haftung entspricht EBV

Die Schadensersatzpflicht des Erbschaftsbesitzers ist in Anlehnung an die Regeln über das Eigentümer-Besitzer-Verhältnis geregelt (vgl. §§ 2023 – 2025 BGB). 198

Zu beachten ist, dass § 2025 BGB (wie auch § 992 BGB) schuldhaft verbotene Eigenmacht voraussetzt, da § 2025 BGB auf §§ 823 ff. BGB verweist.[520]

Wichtig ist ferner, dass sich auch die Haftung für die neben dem Gesamtanspruch bestehenden Einzelansprüche nach den Regeln über den Erbschaftsanspruch richtet (§ 2029 BGB). Das heißt, dass auch der nach § 985 BGB vorgehende Erbe einen Anspruch auf das Surrogat gemäß § 2019 BGB hat, sich die Haftung des Besitzers für die Herausgabe von Nutzungen nach dem strengeren § 2020 BGB richtet und umgekehrt der Erbschaftsbesitzer auch gegenüber dem Anspruch aus § 985 BGB das Zurückbehaltungsrecht des § 2022 BGB geltend machen kann, was für ihn insoweit günstiger ist, als das Zurückbehaltungsrecht an der gesamten Erbschaft und nicht nur an einzelnen Gegenständen besteht.

Anwendbarkeit von § 2026 BGB bei Einzelklage strittig

Umstritten ist, ob dem Erbschaftsbesitzer auch gegenüber der Einzelklage die Berufung auf die Ersitzung wegen § 2029 BGB und der insoweit ungünstigen Regelung des § 2026 BGB verwehrt ist. Zum Teil wird dies mit der Begründung abgelehnt, dass § 2026 BGB seinem Wortlaut und seiner gesetzlichen Einordnung nach nur auf den Erbschaftsanspruch zutreffe. Dem steht jedoch entgegen, dass § 2026 BGB wie auch die §§ 2019 – 2025 BGB den Haftungsumfang des Erbschaftsbesitzers regelt, indem er bestimmt, wann das durch Ersitzung erlangte Eigentum an den Erben zurück zu übertragen ist und wann nicht. Die Vorschriften über die Haftung des Erbschaftsbesitzers sind aber gemäß § 2029 BGB auch auf die Einzelansprüche anwendbar. § 2026 BGB greift also über § 2029 BGB auch dann ein, wenn der Erbe mit der Einzelklage (z.B. aus § 985 BGB) vorgeht.[521] Die andere Ansicht würde außerdem gegen die ratio des § 2029 BGB verstoßen, der gerade verhindern will, dass die speziell auf das besondere Verhältnis zwischen Erbe und Erbschaftsbesitzer zugeschnittenen Regelungen der §§ 2018 ff. BGB durch Einzelklagen unterlaufen werden.

519 Palandt, § 2026 BGB, Rn. 1; a.A. Brox, Rn. 595, der annimmt, es handele sich um einen dem Erben gegenüber relativ unwirksamen Ersitzungserwerb.

520 Palandt, § 2025 BGB, Rn. 2.

521 Palandt, § 2029 BGB, Rn. 1.

F) Auskunftspflicht des Erbschaftsbesitzers

Auskunftspflicht

260
2027

Über die Verpflichtung nach § 260 BGB hinaus muss der Erbschaftsbesitzer nach § 2027 I BGB besondere Auskünfte über den Bestand der Erbschaft, den Verbleib von Erbschaftsgegenständen, ihre Verschlechterung, ihren Untergang sowie ihre Surrogate erteilen; zur Auskunft über den Wert des Nachlasses und bestehende Nachlassverbindlichkeiten ist er hingegen nicht verpflichtet. 199

nach BGH ist die Auskunftspflicht vererblich

Ob die Auskunftspflicht auf den Erben des Erbschaftsbesitzers übergeht, ist umstritten. Nach BGH[522] ist sie vererblich. Die Auskunftspflicht sei zwar höchstpersönlicher Natur; dies hätte die Unvererblichkeit jedoch nur dann zur Folge, wenn sie nach ihrer Natur nur von dem Erblasser (hier dem ersten Erbschaftsbesitzer), von dessen Erben aber überhaupt nicht erfüllt werden könne. Dies sei bei § 2027 BGB jedoch nicht der Fall. Hat der Verpflichtete allerdings keine eigenen, in zumutbarer Weise verschaffbaren Kenntnisse, so beschränkt sich die Auskunftspflicht auf die Darlegung dieses Umstandes.

Bedeutung für Stufenklage

I.R.e. Stufenklage nach § 254 ZPO ist § 2027 BGB die relevante Anspruchsgrundlage für den Auskunftsanspruch auf der ersten Stufe, wobei auf der zweiten Stufe bei entsprechendem Sachverhalt die Versicherung der Richtigkeit der Angaben an Eides Statt gemäß § 260 II BGB verlangt werden kann. Auf der dritten Stufe wird schließlich der Anspruch nach § 2018 BGB auf Herausgabe der genau bezeichneten Gegenstände geltend gemacht.

hemmer-Methode: Nach § 2028 BGB besteht sogar eine Auskunftspflicht unbeteiligter Dritter, die mit dem Erblasser zusammen gewohnt haben.

G) Wiederholungsfall – Das wiedergefundene Testament

Fall: *Die verwitwete W starb, ohne dass ein Testament von ihr gefunden wurde. Ihr einziger Sohn S nahm den Nachlass an sich, der im Wesentlichen aus einer Wohnungseinrichtung und wertvollen Büchern bestand. Die Bücher veräußerte S sofort zu einem Freundschaftspreis an seinen Bekannten B, die Wohnungseinrichtung behielt er für sich. Ein paar alte, baufällige Schränke der W ließ er reparieren.* 200

Elf Jahre nach dem Tod der W fand S in einem Geheimfach des Wohnzimmerschrankes der W ein (wirksames) Testament, in dem diese ihren Freund F zum Alleinerben eingesetzt hatte. F, der davon erfahren hat, verlangt nun von S die Herausgabe des Nachlasses.

Ansprüche F ⇨ S

I. Ansprüche des F gegen S auf Herausgabe der Nachlassgegenstände:

1. Anspruch aus §§ 2018, 2019 BGB

§ 2018 BGB; F = Erbe?

a) Voraussetzung des Anspruchs aus § 2018 BGB ist, dass F Erbe der W geworden ist. Würde die gesetzliche Erbfolge eingreifen, so wäre S Erbe der W (§ 1924 I BGB). Die gesetzliche Erbfolge ist aber gegenüber der gewillkürten Erbfolge subsidiär.

Da F hier wirksam durch Testament der W als Alleinerbe eingesetzt wurde (§ 1937 BGB), ist er Erbe der W und S nur auf Pflichtteilsansprüche verwiesen.

S = Erbschaftsbesitzer?

b) S müsste Erbschaftsbesitzer i.S.d. § 2018 BGB sein. Erbschaftsbesitzer ist, wer die Erbschaft aufgrund eines angemaßten Erbrechts besitzt.

522 BGH, NJW 1985, 3068 - 3070 (3069) = jurisbyhemmer.

S hielt sich für den Erben der W, d.h. er hat sich ein Erbrecht angemaßt. Dass er dabei gutgläubig war, d.h. wegen der Unkenntnis des Testaments meinte, rechtmäßiger gesetzlicher Erbe der W zu sein, spielt keine Rolle, da § 2018 BGB nicht auf Gut- oder Bösgläubigkeit abstellt. Die Frage der Bösgläubigkeit ist nur entscheidend für den Umfang der Haftung des Erbschaftsbesitzers.

auch mittelbarer Besitz

S müsste aber auch Besitzer der Erbschaft sein. Zwar geht gemäß § 857 BGB der Besitz an der Erbschaft mit dem Erbfall automatisch auf den Erben – also F – über. Hierbei handelt es sich aber nur um fiktiven Besitz. § 2018 BGB meint hingegen den Besitz in Form der tatsächlichen Sachherrschaft, wobei allerdings auch mittelbarer Besitz genügt.

Dadurch, dass S den Nachlass an sich nahm, verschaffte er sich unmittelbaren Besitz; S ist somit Erbschaftsbesitzer i.S.d. § 2018 BGB.

Umfang der Herausgabepflicht

c) Herauszugeben ist das aus der Erbschaft Erlangte. Darunter fallen nicht nur Gegenstände, sondern alle dem wahren Erben gemäß § 1922 BGB zustehenden Werte und Rechtspositionen. Herauszugeben sind also zunächst die noch vorhandenen Nachlassgegenstände, d.h. die Wohnungseinrichtung. Gemäß § 2019 BGB gehört zu dem aus der Erbschaft Erlangten aber auch das, was der Erbschaftsbesitzer durch Rechtsgeschäft mit Mitteln der Erbschaft erlangt hat - das Surrogat der Erbschaft („dingliche Surrogation"). S muss also über §§ 2018, 2019 BGB auch den Erlös herausgeben, den er für die verkauften Bücher erhalten hat. Dabei kommt es nicht darauf an, ob die Veräußerung der Bücher wirksam war oder nicht, da § 2019 BGB den wirtschaftlichen Wert des Nachlasses erhalten will.

Ersitzung, § 937 BGB?

d) § 2018 BGB stellt wie § 985 BGB einen Vindikationsanspruch dar, d.h. einen Herausgabeanspruch aufgrund des Eigentums des Erben, das diesem gemäß § 1922 BGB am Nachlass und gemäß § 2019 BGB auch am Surrogat des Nachlasses zusteht. Wenn aber § 2018 BGB einen Anspruch aus dem Eigentum darstellt, so fragt sich, ob dieser Anspruch auch dann begründet ist, wenn der Erbschaftsbesitzer inzwischen durch Ersitzung Eigentum an den Nachlassgegenständen erlangt hat, § 937 I BGB.

Sonderfall, § 2026 BGB bei Erbschaftsbesitzer gegenüber Erben

Da S die Nachlassgegenstände elf Jahre lang ununterbrochen in Eigenbesitz hatte (§§ 937 I, 872 BGB) und auch in gutem Glauben an sein Eigentum war (§ 937 II BGB), hat er durch Ersitzung Eigentum an allen Nachlasssachen – auch an dem Erlös, § 2019 I BGB – erworben. Gemäß § 2026 BGB kann sich der Erbschaftsbesitzer jedoch dem Erben gegenüber nicht auf das durch Ersitzung erlangte Eigentum berufen, solange der Erbschaftsanspruch noch nicht verjährt ist.

Der Erbschaftsanspruch verjährt in 30 Jahren (§ 197 I Nr. 2 BGB), wobei die Frist ab Besitzergreifung durch den Erbschaftsbesitzer läuft. Der Erbschaftsanspruch ist also hier – nach erst elf Jahren – noch nicht verjährt. S hat zwar durch Ersitzung Eigentum an den Nachlasssachen erworben, darf sich aber dem F gegenüber nicht darauf berufen, sondern muss das Eigentum gemäß § 2018 BGB an ihn zurückübertragen.

Exkurs

anders gegenüber Dritten

Dritten gegenüber kann der Erbschaftsbesitzer sein durch Ersitzung erworbenes Eigentum bereits nach Ablauf von zehn Jahren entgegenhalten.[523]

Exkurs Ende

523 Vgl. Palandt, § 2026 BGB, Rn. 1; str.

Auskunftsanspruch

Da der Erbe i.d.R. nicht wissen wird, welche Sachen im Einzelnen gemäß §§ 2018, 2019 BGB herauszugeben sind, wird der Herausgabeanspruch nach § 2018 BGB durch § 2027 BGB ergänzt, wonach der Erbe vom Erbschaftsbesitzer Auskunft über den Bestand der Erbschaft verlangen kann.

ZBR aus § 273 BGB (-)

e) Gegen den Herausgabeanspruch könnte S jedoch ein Zurückbehaltungsrecht wegen seines Pflichtteilsanspruchs aus § 2303 I BGB haben (§ 273 I BGB).

Ein solches steht ihm jedoch nicht zu, da der Erbe erst nach Herausgabe der Erbschaft die Berechnung des Pflichtteils vornehmen kann und ein Zurückbehaltungsrecht deshalb die Erbschaftsregulierung vereiteln würde.

ZBR aus § 2022 BGB?

f) Es kommt jedoch ein Zurückbehaltungsrecht gemäß § 2022 BGB wegen auf den Nachlass gemachter Verwendungen in Betracht. S hat die Schränke reparieren lassen. Dabei handelte es sich um Aufwendungen, die zur Erhaltung der Schränke objektiv erforderlich waren, d.h. um notwendige Verwendungen i.S.d. § 994 I S. 1 BGB.[524] Auf die Notwendigkeit kommt es i.R.d. § 2022 I BGB indes nicht an; dem gutgläubigen Erbschaftsbesitzer werden vielmehr alle für die Erbschaft gemachten Verwendungen ersetzt. Erst ab Rechtshängigkeit bzw. Bösgläubigkeit reduziert sich die Möglichkeit des Besitzers, Verwendungsersatz zu verlangen, auf die ihm nach dem Eigentümer-Besitzer-Verhältnis zustehenden Ansprüche (§§ 2023 II, 2024 BGB). Gemäß § 2022 I BGB i.V.m. § 1000 S. 1 BGB kann S also die Herausgabe der Erbschaftsgegenstände verweigern, bis er von F die Reparaturkosten für die Schränke ersetzt erhält.

Wie § 2029 BGB zeigt, sind Einzelansprüche neben § 2018 BGB möglich.

2. Anspruch aus § 985 BGB

§ 985 BGB

F ist zunächst gemäß § 1922 BGB Eigentümer der Nachlasssachen geworden, S ist Besitzer. Allerdings hat F wegen § 937 I BGB sein Eigentum an S verloren. Über § 2029 BGB ist dem S jedoch auch hier verwehrt, sich auf sein durch Ersitzung erworbenes Eigentum gegenüber dem F zu berufen (§ 2026 BGB). Wie bei Punkt I. hat er die Erbschaftsgegenstände an F herauszugeben. Jedoch steht ihm auch hier gemäß §§ 2029, 2022 I BGB ein Zurückbehaltungsrecht zu.

3. Anspruch aus § 861 BGB

Mit dem Erbfall hat F gemäß § 857 BGB Besitz an den Nachlassgegenständen erhalten. Hierbei handelt es sich aber nur um fiktiven Besitz. Verbotene Eigenmacht ist nur gegenüber dem unmittelbaren Besitzer möglich.[525]

§ 857 BGB bewirkt aber, dass der Erbe (wenn auch nur „gedacht") in die Besitzposition des Erblassers einrückt, d.h. den Besitz so erhält, wie ihn der Erblasser innehatte.[526] Da W an ihrer Wohnungseinrichtung und den Büchern unmittelbaren Besitz hatte, muss auch F über § 857 BGB als unmittelbarer Besitzer angesehen werden.

§ 857 BGB bewirkt, dass auch vor tatsächlicher Besitzergreifung durch den wahren Erben jeder Eingriff in den Nachlass durch einen Dritten verbotene Eigenmacht darstellt.[527] Ein Besitzschutzanspruch des F aus § 861 BGB ist also entstanden. Allerdings erlischt dieser Anspruch gemäß § 864 I BGB mit Ablauf eines Jahres nach Verübung der verbotenen Eigenmacht. Diese Ausschlussfrist ist von Amts wegen zu beachten.[528] F kann somit den Anspruch aus § 861 I BGB nicht mehr geltend machen.

524 Vgl. Palandt, § 994 BGB, Rn. 2 ff.

525 Palandt, § 858 BGB, Rn. 2.

526 Palandt, § 857 BGB, Rn. 1 ff.

527 Palandt, § 857 BGB, Rn. 4.

528 Palandt, § 864 BGB, Rn. 1.

4. Anspruch aus § 1007 I BGB

§ 1007 I BGB

Dieser Anspruch scheitert an der Gutgläubigkeit des S bei der Besitzergreifung.

5. Anspruch aus § 1007 II BGB

§ 1007 II BGB

Der frühere Besitzer kann Herausgabe auch vom gutgläubigen Besitzer verlangen, wenn ihm Sachen abhandengekommen sind.

Die Fiktion des unmittelbaren Besitzes des F gemäß § 857 BGB bewirkt, dass die Inbesitznahme von Erbschaftsgegenständen durch den S ohne den Willen des F ein Abhandenkommen i.S.d. § 935 I BGB darstellt.[529] Der Anspruch aus § 1007 II BGB greift aber nur ein, wenn der Besitzer nicht Eigentümer der herausverlangten Sachen ist. Entscheidend sind dabei die Eigentumsverhältnisse zur Zeit des Herausgabeverlangens.[530] Zu dieser Zeit hatte S zwar schon durch Ersitzung Eigentum erlangt, § 937 I BGB. Die Berufung hierauf ist aber wiederum gemäß §§ 2029, 2026 BGB ausgeschlossen. S muss die Nachlasssachen an F auch gemäß § 1007 II BGB herausgeben, hat aber ein Zurückbehaltungsrecht gemäß §§ 2029, 2022 (vgl. § 1007 III S. 2 BGB).

6. Anspruch aus § 812 I S. 1 Alt. 2 BGB

Der Bereicherungsanspruch wäre ausgeschlossen, wenn die Ersitzung einen Rechtsgrund zum Behalten der Nachlassgegenstände darstellen würde. Dies wird nach h.M. für die Eingriffskondiktion (nicht aber für die Leistungskondiktion)[531] grundsätzlich bejaht. Die Rechtsbereinigung des § 937 BGB ist im Falle der Eingriffskondiktion prinzipiell endgültig und kondiktionsfest, wird aber im vorliegenden Fall wiederum durch §§ 2029, 2026 BGB ausgehebelt.

II. Ansprüche gegen S auf Schadensersatz wegen des Verkaufs der Bücher unter ihrem Wert gemäß § 2025 BGB

Gemäß § 2025 BGB haftet der Erbschaftsbesitzer auf Schadensersatz nach den Regeln über die unerlaubte Handlung, wenn er den Besitz an der Erbschaft durch verbotene Eigenmacht erlangt hat (S. 1). Für den gutgläubigen Erbschaftsbesitzer gilt dies jedoch dann nicht, wenn der wahre Erbe die Erbschaft noch nicht tatsächlich in Besitz genommen hatte (S. 2). Dies trifft hier zu. § 2025 BGB greift deshalb nicht ein.

III. Ansprüche des F gegen B auf Herausgabe der Bücher

1. Anspruch gemäß §§ 2030, 2018 BGB

Voraussetzung für diesen Anspruch wäre, dass B die Erbschaft von F durch Rechtsgeschäft erlangt hat, § 2030 BGB. Die Veräußerung einzelner Erbschaftsgegenstände – wie hier der Bücher – fällt jedoch nicht unter § 2030 BGB.

2. Anspruch aus § 985 BGB

§ 985 BGB

Der Anspruch aus § 985 BGB ist nur begründet, wenn F noch Eigentümer der Bücher ist. F könnte sein Eigentum durch die Veräußerung der Bücher an B durch S verloren haben. S hat hierbei jedoch als Nichtberechtigter gehandelt, sodass nur ein gutgläubiger Eigentumserwerb des B in Betracht kommt, §§ 932 ff. BGB. B war gutgläubig, denn er hat ohne Fahrlässigkeit nichts von dem Testament der W gewusst und damit auch nicht, dass S in Wahrheit gar nicht (gesetzlicher) Erbe der W war.

529 Palandt, § 857 BGB, Rn. 4.

530 Palandt, § 1007 BGB, Rn. 11.

531 Vgl. Palandt, Vor. § 937 BGB, Rn. 2.

Abhandenkommen, § 935 BGB?

Jedoch könnte ein Eigentumserwerb des B an § 935 BGB scheitern. Das ist auch der Fall, da § 857 BGB mit dem Erbfall den unmittelbaren Besitz des F fingierte und deshalb die Inbesitznahme des Nachlasses durch S ein Abhandenkommen i.S.d. § 935 BGB darstellte. B hat jedoch Eigentum durch Ersitzung erworben, § 937 I BGB. Dieser Eigentumserwerb ist im Gegensatz zu dem des Erbschaftsbesitzers (vgl. § 2026 BGB) auch endgültig.

F hat gegen B keinen Anspruch auf Herausgabe der Bücher nach § 985 BGB.

Exkurs

Wenn B die Bücher nicht ersessen hätte, wäre der Anspruch des F gegen ihn aus § 985 BGB begründet.

Hierbei ist jedoch zu beachten, dass F nicht sowohl von B die Bücher gemäß § 985 BGB als auch von S den Erlös dafür gemäß §§ 2018, 2019 BGB herausverlangen kann. Zwar findet auch dann Surrogation gemäß § 2019 BGB statt, wenn der wirkliche Erbe Eigentümer der veräußerten Gegenstände bleibt, denn die bloße Weggabe von Erbschaftsgegenständen stellt ein Opfer des Nachlasses dar. Der Erbe hat jedoch dann ein Wahlrecht, ob er gegen den Erbschaftsbesitzer gemäß §§ 2018, 2019 BGB vorgeht oder ob er den Vindikationsanspruch gemäß § 985 BGB gegenüber dem Dritten geltend macht. [532] Verlangt der Erbe nach §§ 2018, 2019 BGB das Surrogat, so liegt darin zugleich die Genehmigung (§ 185 BGB) der unwirksamen Verfügung, aufschiebend bedingt (§ 158 I BGB) durch die tatsächliche Herausgabe des Surrogats.[533] Nach anderer Ansicht kann der Erbe vom Erbschaftsbesitzer die Herausgabe des Surrogats nur Zug um Zug gegen Genehmigung der unwirksamen Verfügung verlangen.[534] Eine dritte Ansicht hält die Genehmigung für auflösend bedingt, durch die Nichtdurchsetzbarkeit des Anspruchs auf das Surrogat.[535]

Exkurs Ende

sonstige Ansprüche

3. Ansprüche aus §§ 861 I, 858 II S. 2 BGB

Dieser Anspruch scheitert an der Gutgläubigkeit des B bei Besitzerwerb und an § 864 BGB.

4. Anspruch aus § 1007 I BGB

Auch dieser Anspruch scheitert an der Gutgläubigkeit des B bei Besitzerwerb.

5. Anspruch aus § 1007 II BGB

Dieser Anspruch scheitert an dem endgültigen Eigentumserwerb des B gemäß § 937 I BGB.

6. Anspruch aus § 812 I S. 1 Alt. 2 BGB

Dieser Anspruch scheitert daran, dass die Ersitzung (zumindest bei der Eingriffskondiktion) Rechtsgrund i.S.d. § 812 BGB ist.

Ergebnis: F kann von S Herausgabe aller Nachlassgegenstände einschließlich der Surrogate gemäß §§ 2018, 2019 BGB und §§ 985, 2019 BGB verlangen. Darüber hinaus kann er die noch vorhandenen Nachlassgegenstände gemäß § 1007 II BGB heraus verlangen.

532 Vgl. Palandt, § 2018 BGB, Rn. 1.

533 Palandt, § 2019 BGB, Rn. 4.

534 Vgl. Nachweise bei MüKo, § 2019 BGB, Rn. 10.

535 Vgl. a.a.O.

Gegenüber allen Ansprüchen hat S aber wegen seiner Verwendungen ein Zurückbehaltungsrecht gemäß §§ 2029, 2022, 1000 BGB. Gegen B hat F keine Ansprüche.

Zusammenwohnen von W u. F

Abwandlung:

Würde sich etwas ändern, wenn F mit W zusammen in der Wohnung der W gewohnt hätte und von S, der den Nachlass an sich nehmen wollte, hinausgeworfen worden wäre?

verbotene Eigenmacht?

I. S hat in diesem Fall gegenüber F verbotene Eigenmacht verübt (§ 858 I BGB). Dadurch, dass er ihn aus der Wohnung hinauswarf, hat er ihm gleichzeitig den Besitz an den Nachlassgegenständen entzogen.

Im Gegensatz zum Ausgangsfall, wo F nur der fiktive Besitz nach § 857 BGB entzogen worden war, liegt hier eine Entziehung der tatsächlichen Sachherrschaft vor. Da jedoch in beiden Fällen verbotene Eigenmacht vorliegt, ändert sich bzgl. der Herausgabeansprüche im Vergleich zum Ausgangsfall nichts.

Schadensersatz, § 2025 BGB?

II. Es kommt aber eine Schadensersatzhaftung gemäß § 2025 BGB in Betracht.

Danach haftet der Erbschaftsbesitzer nach den Vorschriften über die unerlaubte Handlung, wenn er die Erbschaft durch verbotene Eigenmacht erlangt hat (§ 2025 S. 1 BGB). § 2025 BGB greift aber dann nicht ein, wenn der Erbschaftsbesitzer gutgläubig war und der wahre Erbe den Besitz an der Erbschaft noch nicht tatsächlich ergriffen hat (§ 2025 S. 2 BGB). S war zwar gutgläubiger Erbschaftsbesitzer, aber F hatte die Nachlassgegenstände bereits tatsächlich in Besitz, d.h. er hatte die tatsächliche Sachherrschaft und nicht nur fiktiven Besitz i.S.d. § 857 BGB inne. In einem solchen Fall greift § 2025 BGB ein. Da § 2025 BGB die Besitzerlangung durch verbotene Eigenmacht der Besitzerlangung durch eine Straftat gleichstellt, muss auch bei der verbotenen Eigenmacht Verschulden (§ 276 BGB) vorliegen.[536] S hat F bewusst und gewollt aus der Wohnung geworfen, d.h. vorsätzlich verbotene Eigenmacht begangen. Da somit die Voraussetzungen des § 2025 BGB erfüllt sind, haftet S dem F auf Schadensersatz in Höhe der Differenz zwischen dem wahren Wert der Bücher und dem Freundschaftspreis, §§ 2025, 823 I, 249 BGB.

536 Palandt, § 2025 BGB, Rn. 2; MüKo, § 2025 BGB, Rn. 4.

§ 7 MITERBENGEMEINSCHAFT, §§ 2032 ff. BGB

A) Miterbengemeinschaft als Gesamthandsgemeinschaft

I. Bedeutung

Hinterlässt der Erblasser mehrere Erben, so wird der Nachlass gemeinschaftliches Vermögen der Erben, vgl. § 2032 I BGB.

Miterbengemeinschaft = Gesamthandsgemeinschaft

Die in den §§ 2032 bis 2063 BGB geregelte Miterbengemeinschaft ist eine Gesamthandsgemeinschaft, keine Bruchteilsgemeinschaft.[537] Das Sondervermögen des Nachlasses ist vom Eigenvermögen der Miterben abgesondert. Jeder Miterbe hat einen quotenmäßig bestimmten Anteil an dem gesamten Nachlass, nicht wie bei der Bruchteilsgemeinschaft (§§ 741 ff. BGB) ein Recht zu einem ideellen Bruchteil an jedem einzelnen Gegenstand. 201

hemmer-Methode: Die Erben sind also bspw. nicht zu einem Drittel Eigentümer der jeweiligen Nachlassgegenstände. Sowohl die Sache als auch das Recht an der Sache bleibt bei einer Gesamthandsgemeinschaft ungeteilt. Dem Erben stehen also keine Bruchteilsrechte an den einzelnen Nachlassgegenständen, sondern lediglich ein Drittel des gesamten Nachlasses zu. Eine Ausnahme findet nur bei Anteilen an Personengesellschaften statt, sog. Singularsukzession, vgl. dazu sogleich bzw. oben unter Rn. 9 f.

Der Nachlass bildet ein gesamthänderisch gebundenes Sondervermögen. Er geht gemäß § 1922 BGB als Ganzes auf die Miterbengemeinschaft über, er wird Gesamthandseigentum der Miterbengemeinschaft. Hat der Erblasser einzelne Gegenstände bestimmten Personen aus der Miterbengemeinschaft zugewiesen, so liegt darin entweder ein Vorausvermächtnis (§ 2150 BGB) oder eine Teilungsanordnung (§ 2048 BGB), die aber jeweils nur schuldrechtliche Wirkungen bei der Auseinandersetzung entfalten. An dem zunächst eintretenden Gesamthandseigentum aller Miterben wird durch entsprechende Zuweisungen nichts geändert.[538] Dies folgt schon daraus, dass das Erbrecht nur eine Gesamtrechtsnachfolge und keine Sonderrechtsnachfolge in einzelne Gegenstände kennt. Für die Verteilung des Nachlasses sind dann jeweils besondere Übertragungsakte erforderlich.[539]

Ausnahme bei Anteilen pers. haftender Gesellschafter

Eine Ausnahme von dem Grundsatz der Gesamtrechtsnachfolge wird nur für den Fall der Nachfolge in den Anteil eines persönlich haftenden Gesellschafters bei OHG und KG gemacht. Ein Einrücken der Miterbengemeinschaft sowie das aus § 2059 I S. 1 BGB resultierende Leistungsverweigerungsrecht der Miterben würde sich nicht mit dem Wesen einer personenbezogenen Arbeits- und Haftungsgemeinschaft vertragen. Insoweit ist anerkannt, dass der Gesellschaftsanteil im Wege der Sonderrechtsnachfolge direkt auf die einzelnen Miterben übergeht, für die gesellschaftsrechtlich die Nachfolgemöglichkeit eröffnet ist.[540]

537 Die Rechtsprechung des BGH zur Gesamthandsgemeinschaft GbR ist allerdings nicht übertragbar, die Erbengemeinschaft nicht rechtsfähig, BGH, NJW 2002, 3389 - 3391 = **juris**byhemmer = **Life&Law 02/2003, 82 ff.**

538 Palandt, § 2032 BGB, Rn. 1.

539 Palandt, § 2032 BGB, Rn. 2.

540 So die h.M.; vgl. Palandt, § 1922 BGB, Rn. 17; Deckert, Vererbung von Anteilen an Personengesellschaften, NZG 1998, 43 - 49; vgl. auch oben Rn. 10.

II. Keine eigene Rechtspersönlichkeit

Gemeinschaft nicht parteifähig

Die Miterbengemeinschaft ist keine juristische Person und damit auch nicht parteifähig im Sinne des § 50 I ZPO.[541]

B) Veräußerung des Erbteils durch einen Miterben

bei Erbteilsverfügung ist notarielle Beurkundung notwendig

Das gesamthänderisch gebundene Nachlassvermögen ist strikt von dem Eigenvermögen der einzelnen Miterben zu trennen. Deshalb kann der einzelne Miterbe weder über einzelne Nachlassgegenstände noch über seinen Anteil an diesen Nachlassgegenständen verfügen (§§ 2040 I, 2033 II BGB). Hierbei ist bereits fraglich, ob begrifflich überhaupt von einem Anteil des Miterben an den einzelnen Nachlassgegenständen gesprochen werden kann. Diese Frage hat aber wegen § 2033 II BGB keine praktische Bedeutung. 202

Anders als bei der GbR (vgl. § 719 I BGB) und der Gütergemeinschaft (vgl. § 1419 I BGB) kann der Miterbe jedoch über seinen Anteil am gesamten Nachlass, den sog. Erbteil (§ 2033 I BGB) verfügen. Die Erbteilsverfügung nach § 2033 I BGB, die von dem ihr zugrunde liegenden Kausalverhältnis (regelmäßig ein Erbschaftskauf nach § 2371 BGB) strikt zu trennen ist, bedarf der notariellen Beurkundung (§ 2033 I S. 2 BGB); sie ermöglicht dem Miterben die baldige Verwertung des angefallenen Erbteils.

Zum Schutz der Miterben wird diesen in § 2034 BGB ein Vorkaufsrecht eingeräumt, falls ein Erbe seinen Anteil verkauft.[542] Üben sie das Vorkaufsrecht aus, so erwerben sie den Erbteil nicht in Bruchteilsgemeinschaft, sondern als Gesamthänder; er wächst ihnen entsprechend §§ 1935, 2094 BGB im Verhältnis ihrer Erbteile an.[543] Das Vorkaufsrecht der Miterben, das gemäß § 2034 II S. 1 BGB innerhalb von zwei Monaten ausgeübt werden muss, wird ausgelöst durch den formgültigen (§ 2371 BGB!) Verkauf des Erbteils; sonstige Verpflichtungen (z.B. Schenkung, Tausch) berechtigen nicht zum Vorkauf.

§ 2034 BGB = Schutz vor Überfremdung der Gemeinschaft

Gegenstand der Verfügung über den Erbteil ist nur die vermögensrechtliche Stellung des Miterben, nicht das Erbrecht als solches. Durch die Veräußerung seines Erbteils verliert der Erbe nicht seine Rechte als Miterbe.[544] So verbleibt ihm z.B. das Anfechtungsrecht gemäß §§ 2078 ff. BGB und das Recht, Antrag auf Entlassung des Testamentsvollstreckers gemäß § 2227 BGB zu stellen.[545] Auch ist er – und nicht etwa der Erwerber – im Erbschein zu bezeichnen.[546] Hingegen übernimmt der Erwerber alle Rechte und Pflichten hinsichtlich Verwaltung, Auseinandersetzung und Schuldenhaftung.[547]

Obwohl der seinen Erbanteil Übertragende weiterhin Miterbe bleibt, steht ihm nach erfolgter Veräußerung unter Berücksichtigung von Sinn und Zweck des § 2034 I BGB (Schutz vor dem Eindringen Dritter, vor Überfremdung der Erbengemeinschaft, vor Veränderung der quotenmäßigen Beteiligung) bei einem späteren Verkauf des letzten noch verbliebenen Erbanteils durch einen anderen Miterben an den Erwerber, der auch die übrigen Erbanteile bereits erworben hat, kein Vorkaufsrecht zu.

541 BGH, Beschluss vom 17.10.2006, VIII ZB 94/05; Palandt, Einf. v. § 2032 BGB, Rn. 1.

542 Vgl. Ann, ZEV 1994, 343.

543 MüKo, § 2034 BGB, Rn. 35.

544 BGHZ 56, 47 - 56 = **juris**byhemmer.

545 Palandt, § 2033 BGB, Rn. 7.

546 Jauernig, § 2034 BGB, Anm. 5.

547 Palandt, § 2033 BGB, Rn. 6.

Hier kann der Käufer weder erstmals in die Erbengemeinschaft eindringen, noch seine bestehende quotenmäßige Beteiligung an einer fortbestehenden Erbengemeinschaft verändern.[548]

Erbenstellung unveräußerlich

hemmer-Methode: Zu unterscheiden ist demnach zwischen dem übertragbaren Anteil am Nachlass und der unveräußerlichen Erbenstellung des Verfügenden.

anders bzgl. Anteile am Nachlass

Die Miterben können ihre Anteile am Nachlass auch untereinander veräußern. Überträgt ein Miterbe seinen gesamten Erbteil an die übrigen Mitglieder der Erbengemeinschaft, so entsteht keine Bruchteilsgemeinschaft am Erbteil, sondern der übertragene Erbteil wächst den in Gesamthandsgemeinschaft stehenden Erwerbern zur gesamten Hand an, sofern eine Übertragung zu Bruchteilen nicht ausdrücklich vereinbart wird.[549]

C) Dingliche Surrogation gemäß § 2041 BGB

Surrogation gem. § 2041 BGB ⇨ Erhalt d. Nachlasswertes

Die Surrogationsnorm des § 2041 BGB dient dem Erhalt des Sondervermögens „Nachlass“. Gemäß § 2041 S. 1 BGB gehört all das zum Nachlass, was aufgrund eines zum Nachlass gehörenden Rechts (Rechtssurrogation) als Ersatz für zerstörte, beschädigte oder entzogene Nachlassgegenstände (Ersatzsurrogation) oder durch ein auf den Nachlass bezogenes Rechtsgeschäft (Beziehungssurrogation) erlangt wird. I.R.d. § 2041 S. 1 BGB können die Surrogationsfolgen demnach auch beim Erwerb mit nachlassfremden Mitteln eintreten. Allerdings muss der Miterbe insoweit den subjektiven Willen haben, für den Nachlass zu erwerben, wobei zusätzlich ein objektiver Zusammenhang mit dem Nachlass erforderlich ist.[550] Beim Erwerb mit Mitteln des Nachlasses treten die Surrogationswirkungen demgegenüber wie i.R.d. §§ 2019, 2111 BGB ohne Rücksicht auf das zusätzliche Kriterium des Nachlassbezugs ein. Die Surrogation tritt in diesem Fall auch dann ein, wenn der Miterbe mit Mitteln des Nachlasses einen Gegenstand für den eigenen Gebrauch erwirbt.[551] 203

D) Verwaltung des Nachlasses

I. Innenverhältnis

1. Maßnahmen der ordnungsgemäßen Verwaltung

ordnungsgemäße Verwaltung ⇨ Zustimmungspflicht

Maßnahmen der ordnungsmäßigen Verwaltung können mit Stimmenmehrheit beschlossen werden (§§ 2038 II, 745 I BGB), wobei sich die Stimmen nach der Größe der Erbteile bemessen (§ 745 I S. 2 GB). Maßnahmen der ordnungsmäßigen Verwaltung sind solche, die nach billigem Ermessen der Beschaffenheit des Gegenstandes und dem objektiv verstandenen Interesse aller Miterben entsprechen (vgl. § 745 I, II BGB), nicht aber wesentliche Veränderungen des Erbschaftsgegenstandes (§ 745 III S. 1 BGB). 204

548 BGH, NJW 1983, 1555 - 1556 = jurisbyhemmer.

549 BayObLG, NJW 1981, 830.

550 MüKo, § 2041 BGB, Rn. 12.

551 MüKo, § 2041 BGB, Rn. 14.

Entscheidend ist insoweit immer die Zusammensetzung des Nachlasses im konkreten Einzelfall. Unter eine Maßnahme der ordnungsgemäßen Verwaltung kann auch die Veräußerung eines Nachlassgegenstandes fallen.[552]

Gemäß § 2038 I S. 2 HS 1 BGB ist jeder Miterbe zur Mitwirkung bei Maßnahmen der ordnungsmäßigen Verwaltung verpflichtet. Jeder Miterbe kann deshalb von den anderen die Zustimmung zu Maßnahmen der ordnungsmäßigen Verwaltung bzw. deren Ausführung verlangen. Wird die Zustimmung verweigert, so kann auf Zustimmung bzw. Ausführung geklagt werden (§§ 2038 I S. 2 HS 1 BGB; die Vollstreckung richtet sich dann nach § 894 ZPO).

2. Maßnahmen der nicht ordnungsgemäßen (= außerordentlichen) Verwaltung

nicht ordnungsgemäße Verwaltung nur gemeinschaftlich möglich

Dabei handelt es sich um Maßnahmen, die über den Rahmen der ordnungsgemäßen Verwaltung hinausgehen. 205

Solche Maßnahmen können nur gemeinschaftlich, d.h. einstimmig getroffen werden, § 2038 I S. 1 BGB.

3. Notwendige Maßnahmen

Dabei handelt es sich um ordnungsgemäße Maßnahmen, die zur Erhaltung des Nachlasses erforderlich sind. 206

notwendige Maßnahmen können allein getroffen werden

Solche Maßnahmen kann jeder Miterbe allein treffen, § 2038 I S. 2 HS 2 BGB. Da die „Notgeschäftsführung" des § 2038 I S. 2 HS 2 BGB die Rechte der Miterben beschneidet, ist sie nach h.M. regelmäßig nur bei Dringlichkeit zulässig, d.h., wenn die Zustimmung der anderen Miterben nicht ohne Nachteil abgewartet werden kann.[553]

II. Außenverhältnis

1. Verpflichtungsgeschäfte

Vertretungsmacht bei Verpflichtungsgeschäften

Für Verpflichtungsgeschäfte richtet sich die Vertretungsmacht ebenfalls nach §§ 2038 I, II S. 1, 745 BGB, da auch der Abschluss eines Verpflichtungsgeschäfts eine Verwaltungsmaßnahme i.S.d. § 2038 BGB darstellt. Die Vertretungsmacht im Außenverhältnis ist hier also identisch mit der Geschäftsführungsbefugnis im Innenverhältnis.[554] Das bedeutet im Einzelnen: 207

ordnungsgem. Verwaltung ⇨ Mehrheit ausreichend

⇨ Bei Verpflichtungsgeschäften, die sich im Rahmen ordnungsgemäßer Verwaltung bewegen, kann die Erbengemeinschaft durch die Mehrheit der Erben vertreten werden. Wird die Eingehung solcher Verbindlichkeiten mit Stimmenmehrheit im Innenverhältnis beschlossen, so verleiht dieser Beschluss sogleich der Mehrheit der Miterben die Vertretungsmacht für das beschlossene Verpflichtungsgeschäft.[555] Durch Mehrheitsbeschluss ist auch Bevollmächtigung eines Miterben möglich.

552 BGH, ZEV 2006, 24 - 26 = **juris**byhemmer = **Life&Law 03/2006, 170 ff.**

553 Einschränkende Auslegung des § 2038 I S. 2 HS 2 BGB; Palandt, § 2038 BGB, Rn. 11; BGHZ 6, 76 - 85 (83).

554 Vgl. Rn. 210 f.

555 BGHZ 56, 47 - 56 = **juris**byhemmer; MüKo, § 2038 BGB, Rn. 51; anders Jülicher, Mehrheitsgrundsatz und Minderheitenschutz bei der Erbengemeinschaft, AcP 175, 143 - 157.

darüber hinaus gemeinsames Handeln notwendig

⇨ Bei Verpflichtungsgeschäften, die über den Rahmen ordnungsgemäßer Verwaltung hinausgehen, also im Rahmen nicht ordnungsgemäßer Verwaltung, haben die Miterben nur gemeinschaftlich Vertretungsmacht.

bei notwendiger Verwaltung Alleinvertretung möglich

⇨ Bei Geschäften der notwendigen Verwaltung kann jeder Miterbe die Erbengemeinschaft kraft der gesetzlichen Vertretungsmacht des § 2038 I S. 2 HS 2 BGB allein vertreten.

2. Verfügungsgeschäfte

bei Verfügungsgeschäften grds. nur gemeinschaftliches Handeln

Für Verfügungsgeschäfte gilt gemäß § 2040 I BGB der Grundsatz, dass alle Erben gemeinschaftlich handeln müssen. Dabei ist unter Verfügung jede unmittelbare Einwirkung auf ein bestehendes Recht durch Übertragung, Änderung, Belastung oder Aufhebung zu verstehen; hierunter fallen demnach auch Kündigung, Anfechtung, Aufrechnung und Annahme als Erfüllung.[556] 208

⇨ starke Einschränkung der Handlungsfreiheit

Durch die Notwendigkeit gemeinschaftlichen Handelns bei Verfügungen wird die Handlungsfähigkeit der Erbengemeinschaft sehr eingeschränkt. Zwar ist nicht erforderlich, dass die Miterben zeitlich zusammenwirken bzw. eine gemeinschaftliche Erklärung abgeben, sondern es genügt, dass ein einheitliches Verfügungsgeschäft vorliegt. Das ist auch dann der Fall, wenn nur ein Miterbe verfügt hat und die anderen später genehmigen bzw. vorher eingewilligt oder den Verfügenden bevollmächtigt haben.

Der Vertragspartner kann jedoch einseitige Verfügungen, die nicht gemeinschaftlich erklärt werden, unter den Voraussetzungen der §§ 180, 182 III, 111 S. 2 BGB zurückweisen.[557]

e.A.: einschränkende Auslegung von § 2040 BGB

Seinem Wortlaut nach gilt § 2040 I BGB grundsätzlich für alle Arten von Verwaltungsmaßnahmen. Wegen der dadurch entstehenden Schwerfälligkeit des Erbengemeinschaftshandelns wird § 2040 I BGB jedoch zum Teil einschränkend ausgelegt: 209

2040 I: 2038 I 2 HS 1/2

⇨ Bei Maßnahmen nicht ordnungsgemäßer Verwaltung gilt § 2040 BGB uneingeschränkt: Die Erben müssen gemeinschaftlich verfügen.

insbes. bei Maßnahmen der ordnungsgem. Verwaltung

⇨ Bei Maßnahmen ordnungsgemäßer Verwaltung wird von der wohl h.M. angenommen, dass bereits die Mehrheit verfügungsbefugt sei; wenn nämlich schon die Mehrheit gemäß § 2038 BGB Maßnahmen ordnungsgemäßer Verwaltung im Innenverhältnis beschließen könne, so müsse sie auch im Außenverhältnis Verfügungsmacht haben. Dem Beschluss im Innenverhältnis komme wie bei der Vertretungsmacht für Verpflichtungen auch hinsichtlich der Verfügungsmacht Außenwirkung zu.[558]

dagegen: § 2040 BGB gegenüber § 2038 BGB lex specialis

Dem ist jedoch entgegenzuhalten, dass § 2040 I BGB gegenüber § 2038 BGB eine Spezialvorschrift darstellt und eine Überwindung des § 2040 I BGB durch § 2038 BGB auf Kosten der Rechtssicherheit geht. Deshalb ist nach der Gegenansicht auch beim Vollzug von Maßnahmen der ordnungsgemäßen Verwaltung gemeinschaftliches Handeln der Erben erforderlich.[559]

556 BGH, FamRZ 2006, 1026 - 1028 = **juris**byhemmer; Erman, § 2040 BGB, Rn. 1.

557 RGZ 146, 314.

558 BGH, Urteil vom 08.04.2015, IV ZR 161/14, Urteil vom 03.12.2014, IX ZA 22/14, ZEV 2010, 36 - 39 = **juris**byhemmer = **Life&Law 03/2010, 150 ff.**, FamRZ 2006, 1026 - 1028 = **juris**byhemmer; OLG Frankfurt, FamRZ 2012, 247 = **juris**byhemmer; Soergel, § 2040 BGB, Rn. 1; vgl. hierzu Eberl-Borges, „Verfügungsgeschäfte der Erbengemeinschaft im Rahmen der Nachlassverwaltung", NJW 2006, 1313 - 1315.

559 Vgl. BGHZ 38, 122 - 130 = **juris**byhemmer; BGHZ 56, 47 - 56 = **juris**byhemmer; MüKo, § 2038 BGB, Rn. 53.

Zählt allerdings die Veräußerung eines Nachlassgegenstandes zu den Maßnahmen der ordnungsgemäßen Verwaltung i.S.d. § 2038 I S. 2 HS 1 BGB ergibt sich aus einem Mehrheitsbeschluss zur Veräußerung die Verpflichtung für alle Miterben, der Verfügung zuzustimmen![560]

⇨ nach h.M. Einschränkung nur bei notwendiger Verwaltung

Bei Maßnahmen der notwendigen Verwaltung nimmt jedoch auch die h.M.[561] an, dass entsprechend §§ 2038 I S. 2 HS 2 BGB jeder Miterbe allein verfügungsberechtigt ist. Diese Einschränkung des § 2040 I BGB ist notwendig, da bei Notgeschäften das Erfordernis der gemeinschaftlichen Verfügung zu einer untragbaren Schwerfälligkeit und Verzögerung führen würde. Diese Lösung liegt auch im Interesse der Erben, da sie die Notgeschäftsführung und damit die Erhaltung des Nachlasses erleichtert.

Durch das Erfordernis der Dringlichkeit bei Notgeschäften[562] wird außerdem eine unangemessene Beschneidung der Mitwirkungsrechte des einzelnen Miterben vermieden.

III. Übersicht: Verwaltung des Nachlasses durch Miterben

210

	Innenverhältnis	**Außenverhältnis**	
		Verpflichtungsgeschäfte	Verfügungsgeschäfte
Maßnahmen der ordnungsgem. Verwaltung	Mehrheitsbeschluss erforderlich, §§ 2038 I, 745 BGB	Vertretung durch Mehrheit der Erben, §§ 2038, 745 BGB	gemeinschaftlich, § 2040 BGB, strittig
Maßnahmen nicht ordnungsgemäßer Verwaltung	Einstimmigkeit erforderlich, § 2038 BGB	gemeinschaftliche Vertretung, § 2038 I BGB	gemeinschaftlich, § 2040 BGB
Maßnahmen notwendiger Verwaltung	jeder Miterbe entscheidungsbefugt, § 2038 I S. 2 HS 2 BGB	jeder Miterbe ist vertretungsbefugt, § 2038 I S. 2 HS 2 BGB	jeder Miterbe ist verfügungsbefugt, § 2038 I S. 2 BGB (vgl. Rn. 209)

IV. Wiederholungsfall

Fall: *A, B und C bilden eine Miterbengemeinschaft zu jeweils gleichen Anteilen. Zum Nachlass gehören ein Haus und ein Garten. Durch einen Sturm wurde das Dach des Hauses teilweise abgedeckt. A beauftragt den Dachdecker D, den Schaden zu beheben. Gleichzeitig lässt er den leicht abbröckelnden Putz von Malermeister M erneuern. Das reife Obst aus dem Garten verkauft er an den Gärtner G.* 211

Frage: *Sind die getätigten Geschäfte wirksam?*

1. Die Bestellung des Dachdeckers war eine notwendige Maßnahme zur Erhaltung des Hauses, § 2038 I S. 2 HS 2 BGB. A war deshalb allein handlungs- und vertretungsbefugt. Der Dachdecker hat einen Zahlungsanspruch gegen die Erbengemeinschaft.

560 BGH, ZEV 2006, 24 - 26 = **Life&Law 03/2006, 170 ff.**

561 Palandt, § 2038 BGB, Rn. 11; Brox, Rn. 507.

562 Vgl. Rn. 212.

2. Die Verputzung des Hauses stellte eine Maßnahme ordnungsgemäßer Verwaltung dar. Solche Maßnahmen können nur mit Mehrheit der Erben beschlossen und ausgeführt werden, §§ 2038 II, 745 BGB. A war somit nicht vertretungsbefugt, die Erbengemeinschaft wurde nicht wirksam verpflichtet. In Frage kommt ein Anspruch des M gegen A aus § 179 BGB, sofern die allgemeinen Grundsätze der Duldungs- und Anscheinsvollmacht nicht eingreifen.

3. Die Veräußerung des Obstes an den Gärtner war eine notwendige Maßnahme, da das Obst sonst verdorben wäre. Zu einer solchen Maßnahme war A gemäß § 2038 I S. 2 HS 2 BGB allein vertretungsberechtigt; die Erbengemeinschaft wurde wirksam berechtigt und verpflichtet und kann von G Zahlung verlangen.

Fraglich ist jedoch, ob A auch die Übereignung des Obstes allein vornehmen durfte. Die Übereignung des Obstes stellt eine Verfügung über den Nachlass dar. Solche Verfügungen sind gemäß § 2040 I BGB grundsätzlich von allen Erben gemeinschaftlich vorzunehmen.

Eine Ausnahme gilt nach h.M. bei Notgeschäften. Hier ist jeder Erbe gemäß § 2038 I S. 2 HS 2 BGB allein verfügungsbefugt.

Damit war auch die Übereignung wirksam.

V. Geltendmachung von Nachlassansprüchen

Geltendmachung von Anspruch durch einzelne Miterben möglich; Leistung aber nur an alle

Um eine einfache und reibungslose Abwicklung der Nachlassgeschäfte zu gewährleisten, macht § 2039 BGB eine Ausnahme von dem Grundsatz, dass die Geltendmachung von Forderungen grundsätzlich nur durch alle Gesamthänder gemeinsam geschehen kann. Nach dieser Vorschrift kann jeder Miterbe Nachlassansprüche prozessual und außergerichtlich alleine geltend machen; er kann jedoch nur Leistung an alle Erben gemeinschaftlich, d.h. Leistung an die Erbengemeinschaft, verlangen (§ 2039 S. 1 HS 2 BGB). Der Schuldner kann nur an alle Erben gemeinschaftlich mit befreiender Wirkung leisten (§ 2039 S. 1 HS 1 BGB). 212

Eine Geltendmachung i.S.d. § 2039 S. 1 BGB liegt nicht nur in der Aktivklage des Miterben, sondern auch darin, dass er eine Vollstreckung in einen Nachlassgegenstand bspw. über Zurückbehaltungsrechte oder eine Aufrechnung abzuwehren versucht, § 767 ZPO.[563]

§ 2039 BGB gilt bzgl. aller Anspruchsarten

Zu den Ansprüchen i.S.d. § 2039 BGB zählen nicht nur Zahlungsansprüche, sondern alle Rechte mit Anspruchscharakter i.S.d. § 194 BGB wie z.B. Herausgabe-, Unterlassungs-, Abwehr- (§ 1004 BGB) und Berichtigungsansprüche (§ 894 BGB). Der Miterbe kann gemäß § 2039 BGB auch solche Nachlassansprüche geltend machen, die sich gegen einen anderen Miterben richten.

hemmer-Methode: Die gegen einen Miterben gerichteten Ansprüche sind grundsätzlich voll und nicht gekürzt um den Anteil geltend zu machen, der im Innenverhältnis der Miterben ohnehin auf den Schuldner entfiele. In einer entsprechenden Kürzung läge eine unzulässige Teilauseinandersetzung. Etwas anderes ist allenfalls dann denkbar, wenn die Auseinandersetzung schon begonnen wurde, insbesondere die Nachlassverbindlichkeiten berichtigt sind.

gesetzliche Prozessstandschaft

Das Einziehungsrecht des § 2039 BGB stellt ein eigenes Recht des Miterben dar. Deshalb kann der Miterbe Forderungen auch gegen den Willen der anderen Erben einziehen. Prozessual enthält § 2039 BGB einen Fall gesetzlicher Prozessstandschaft.

563 BGH, FamRZ 2006, 1026 - 1028 = **Life&Law 10/2006** = **juris**byhemmer.

Kommt es zum Prozess, so ist der klagende Miterbe Prozessstandschafter. Nur er (und nicht etwa die Miterbengemeinschaft) ist Partei,[564] sodass die anderen Miterben als Zeugen vernommen werden können.[565]

hemmer-Methode: Immer wenn ein fremdes Recht in eigenem Namen geltend gemacht wird, kommt eine Prozessstandschaft in Betracht. Wichtige Fälle der gesetzlichen Prozessstandschaft neben § 2039 BGB sind: §§ 432, 335, 1368, 1422 BGB, § 265 II S. 1 ZPO. Auch die gesetzliche Prozessstandschaft beinhaltet die Möglichkeit der Notendifferenzierung. Ein Problem mehr: Die Prozessstandschaft hat Bedeutung bei der Zulässigkeit der Klage. Liegt kein Fall von gesetzlicher (oder gewillkürter) Prozessstandschaft vor, fehlt die Prozessführungsbefugnis, die Klage ist unzulässig.

Ist eine Erbengemeinschaft Teilhaberin einer Miteigentümergemeinschaft, der eine Geldforderung gegen einen Dritten zusteht, so kann jeder Miterbe grundsätzlich den Anspruch auf Hinterlegung gemäß § 432 I S. 2 BGB geltend machen und ist nicht auf den Umweg einer Klage nach § 2038 I S. 2 BGB gegen den mit der Erbengemeinschaft die Miteigentümergemeinschaft bildenden Miterben angewiesen.[566]

VI. Auseinandersetzung

1. Begriff

Auseinandersetzung

Unter dem Begriff Auseinandersetzung versteht man die Liquidation der Erbengemeinschaft.[567] Dazu gehört die Abwicklung aller Rechtsbeziehungen im Innen- und Außenverhältnis, d.h.: 213

⇨ Befriedigung der Nachlassgläubiger (§ 2046 BGB); hierzu zählen auch Miterben, denen ein Vorausvermächtnis zugewendet ist, vgl. §§ 2150, 1967 II BGB

⇨ Erledigung noch ausstehender Rechtsgeschäfte

⇨ Ausgleichung von Vorausempfängen (§§ 2050 ff. BGB)

⇨ Verteilung des Nachlasses unter den Miterben (§§ 2047, 2048 BGB)

Die Teilung des Nachlasses erfolgt dergestalt, dass die einzelnen Nachlassgegenstände aus dem Nachlass als Sondervermögen in das Privatvermögen des betreffenden Miterben übertragen werden.

2. Verfahren

Miterben können stets Auseinandersetzung verlangen

Die Miterbengemeinschaft ist grundsätzlich auf Liquidation angelegt. Dementsprechend kann nach § 2042 I BGB jeder Miterbe jederzeit die Auseinandersetzung verlangen. Von diesem Grundsatz gibt es folgende Ausnahmen: 214

Ausnahmen

a) Das Auseinandersetzungsverlangen ist rechtsmissbräuchlich (Verstoß gegen die Rücksichtnamepflicht gegenüber den Miterben), § 242 BGB.[568]

564 Palandt, § 2039 BGB, Rn. 6 f.

565 BGH, FamRZ 2006, 1026 - 1028 = **juris**byhemmer.

566 BGH, NJW 1983, 2020 - 2021 = **juris**byhemmer.

567 Vgl. Krenz, Die Auseinandersetzung der Erbengemeinschaft, AcP 1995, Bd. 195, 361.

568 Palandt, § 2042 BGB, Rn. 2 m.w.N.

b) Die Auseinandersetzung ist unter den Miterben vertraglich ausgeschlossen.

c) Die Auseinandersetzung ist durch Anordnung des Erblassers ausgeschlossen, § 2044 I BGB.[569]

d) Die Auseinandersetzung ist wegen der Unbestimmtheit der Erbteile aufgrund der zu erwartenden Geburt eines Miterben ausgeschlossen, § 2043 I BGB.[570]

Dabei ist bei **c)** zu beachten, dass die Ausschluss-Anordnung des Erblassers nur obligatorisch wirkt. Die Verfügungsmacht der Erben wird hiervon nicht berührt (§§ 2040 I, 137 BGB). Dementsprechend können sich die Erben durch einstimmigen Beschluss (§ 2040 I BGB) über die Anordnung des Erblassers hinwegsetzen. 215

3. Möglichkeiten für eine Auseinandersetzung

verschiedene Möglichkeiten

Für das Verfahren bei der Auseinandersetzung sind verschiedene Möglichkeiten vorgesehen:

a) Auseinandersetzung durch Testamentsvollstrecker (§§ 2197 ff., 2204 BGB, „Auseinandersetzungsvollstrecker"),

b) Auseinandersetzungsvertrag unter Miterben,

c) Übertragung aller Erbteile auf eine Person,

d) Klage eines Miterben auf Zustimmung zu seinem Auseinandersetzungsplan,

e) Beantragung eines Vermittlungsverfahrens vor dem Nachlassgericht (§§ 363 ff. FamFG). Hierbei kann das Nachlassgericht jedoch im Gegensatz zum Prozessgericht keine Entscheidung gegen den Widerspruch eines Miterben treffen.

gesetzl. Regeln (§§ 2042 ff. BGB)

Die Auseinandersetzung erfolgt grds. nach den gesetzlichen Regeln (§§ 2042 ff. BGB). Der Erblasser kann zwar Anordnungen hinsichtlich der Auseinandersetzung treffen (z.B. Teilungsanordnungen, Auseinandersetzungsverbote).[571] Über diese können sich die Erben jedoch wegen § 137 BGB i.V.m. § 2040 I BGB hinwegsetzen. Das kann der Erblasser nur verhindern, indem er einen Testamentsvollstrecker einsetzt und damit den Erben die Verfügungsbefugnis nimmt (§ 2211 I BGB).

Abschichtung

f) Ein Miterbe kann nach h.M. aus einer Erbengemeinschaft, zu der ein Grundstück gehört, **formfrei** im Wege der **Abschichtung** ausscheiden.[572] Als Folge der Abschichtung wächst der Erbteil den verbliebenen Miterben kraft Gesetzes an. Dabei handelt es sich weder um eine Anteilsübertragung gem. § 2033 I BGB noch um einen Erbschaftskauf gem. § 2371 BGB, sondern lediglich um einen (ebenfalls formlos möglichen) Verzicht auf seine Rechte als Mitglied der Erbengemeinschaft.[573]

569 Vgl. Bengel, Zur Rechtsnatur des vom Erblasser verfügten Erbteilungsverbotes, ZEV 1995, 178.

570 Zu Aufschub und Ausschluss der Auseinandersetzung vgl. Sarres, ZEV 2005, 191.

571 Vgl. hierzu BGH, FamRZ 2010, 27 - 29 = **juris**byhemmer = **Life&Law 02/2010 95 ff.**

572 Vgl. BGH, NJW 1998, 1557 - 1558 = **juris**byhemmer = **Life&Law 1998, 377 ff.**; BGH, NJW 2005, 284 - 286 = **juris**byhemmer.

573 Umfassend zur Abschichtung und ihren praktischen Konsequenzen Jünemann, ZEV 2012, 65.

§ 8 ERBENHAFTUNG – NACHLASSVERBINDLICHKEITEN

A) Begriff

Nachlassverbindlichkeiten

Nachlassverbindlichkeiten (§ 1967 II BGB) sind: 216

⇨ Die **Erblasserschulden**, d.h. die vom Erblasser herrührenden Schulden, die gemäß § 1922 I BGB auf den Erben übergegangen sind.

⇨ Die **Erbfallschulden**, d.h. die Verbindlichkeiten, die den Erben aufgrund seiner Erbenstellung treffen, aber erst mit dem Erbfall entstehen (z.B. Pflichtteils- und Vermächtnisansprüche, Beerdigungskosten § 1968 BGB).

⇨ Eine Nachlassverbindlichkeit kann auch gleichzeitig eine Eigenschuld des Erben darstellen. Solche Verbindlichkeiten nennt man **Nachlasserbenschulden**. Eine Nachlasserbenschuld liegt dann vor, wenn der Nachlassgläubiger zugleich persönlicher Gläubiger des Erben ist.[574]

Bsp.: *Der Erbe E lässt an einem zum Nachlass gehörenden Haus den abbröckelnden Putz durch A erneuern.* 217

Hierbei handelt es sich um eine Maßnahme der ordnungsmäßigen Verwaltung des Nachlasses, womit die Zahlungsforderung des A zur Nachlassverbindlichkeit (Erbfallschuld) wird, andererseits aber der Erbe als Vertragspartner Schuldner des A ist.

Fraglich ist, ob die Haftung für einen solchen Fall nur das Nachlassvermögen betrifft oder sich auch auf das Eigenvermögen des Erben erstreckt.

Nach der h.M. haften das Nachlassvermögen und das Eigenvermögen im Außenverhältnis „gesamtschuldnerisch“, es entsteht ein einheitliches Schuldverhältnis mit doppeltem Haftungsgegenstand.[575] Im Innenverhältnis hat der Erbe einen Ersatzanspruch gegen den Nachlass, § 1978 III BGB.

B) Haftung

grds. Haftung des Erben mit gesamtem Vermögen; Beschränkung möglich

1. Der Erbe haftet gemäß § 1967 I BGB für die Nachlassverbindlichkeiten und zwar nicht nur mit dem Nachlass, sondern mit seinem gesamten Vermögen (Grundsatz der unbeschränkten Erbenhaftung). Haftungsgrundlage für Nachlassgläubiger ist also neben dem Nachlass auch das Eigenvermögen des Erben. Die grundsätzlich unbeschränkte Erbenhaftung ist jedoch beschränkbar nach Maßgabe der §§ 1975 ff. BGB. Danach beschränkt sich die Haftung des Erben auf den Nachlass, wenn Nachlassverwaltung (§§ 1981 ff. BGB) angeordnet ist oder wenn das Nachlassinsolvenzverfahren eröffnet ist.[576] Darüber hinaus tritt die Beschränkung der Haftung auf den Nachlass ein, wenn der Erbe die Dürftigkeitseinrede (§ 1990 I BGB) erhebt. Dies ist dann möglich, wenn der Wert des Nachlasses zu gering ist, um die Kosten der Nachlassverwaltung bzw. des Nachlassinsolvenzverfahrens zu decken.[577] 218

574 Palandt, § 1967 BGB, Rn. 8 f.

575 MüKo, § 1967 BGB, Rn. 26 ff.; Palandt, § 1967 BGB, Rn. 8.

576 § 1975 BGB; ausführlich Harder, JuS 1980, 876 (878).

577 Zur Beschränkung der Erbenhaftung vgl. auch Joachim, „Die Haftung des Erben“, ZEV 2005, 99 ff.

hemmer-Methode: Macht der Erbe die Dürftigkeitseinrede geltend, so hat er wegen eigener Forderungen gegen den Erblasser ein Vorwegbefriedigungsrecht: Da er nämlich nicht gegen sich selbst ein Urteil erstreiten kann, steht er einem titulierten Gläubiger i.S.d. § 1991 III BGB gleich und kann die Befriedigung anderer Gläubiger in Höhe seiner Forderungen verweigern.[578]

Trennung von Nachlass und Eigenvermögen

Durch die Haftungsbeschränkung tritt eine Trennung von Nachlass und Eigenvermögen ein. Die Nachlassgläubiger können nur noch in den Nachlass, die Eigengläubiger nur noch in das Eigenvermögen des Erben vollstrecken (vgl. § 1984 II BGB). Nur dem Gläubiger von Nachlasserbenschulden bleiben beide Vermögensmassen zur Vollstreckung, da er zugleich Nachlass und Eigengläubiger ist.[579] *219*

Aufgebotsverfahren

2. Nach § 1970 BGB kann der Erbe das sog. Aufgebotsverfahren durchführen. Damit verschafft er sich zum einen Klarheit darüber, ob eine Nachlassverwaltung oder -insolvenz angezeigt ist. Zum anderen kann er über § 1973 BGB ausgeschlossene, d.h. nicht angemeldete Nachlassgläubiger auf das Nachlassvermögen verweisen, muss also nicht befürchten, irgendwann von einem überraschend aufgetretenen Nachlassgläubiger privat in Anspruch genommen zu werden. *220*

hemmer-Methode: Auch wenn die §§ 780, 781, 785, 767 ZPO exotisch erscheinen, sie waren schon Inhalt von Klausuren! Merken Sie sich in diesem Zusammenhang: Der Vorbehalt im Urteil gem. § 780 ZPO hindert nicht die Zwangsvollstreckung in das gesamte Vermögen des Erben. Dieser kann aber nach § 785 ZPO durch Vollstreckungsabwehrklage die beschränkte Haftung geltend machen. Nur der Vorbehalt im Urteil erhält ihm diese Einrede, die sonst durch § 767 II ZPO ausgeschlossen wäre.

Beschränkung gegenüber einzelnen Gläubigern

3. Von der generellen Haftungsbeschränkung auf den Nachlass ist die Haftungsbeschränkung gegenüber nur einzelnen Gläubigern zu unterscheiden: Haftungsbeschränkung auf den Nachlass tritt gegenüber Gläubigern ein, die sich entweder im Aufgebotsverfahren (§ 1970 BGB, §§ 433 ff. FamFG) nicht melden (§ 1973 I S. 1 BGB), oder die ihre Forderung nicht binnen fünf Jahren nach dem Erbfall geltend machen (§ 1974 I S. 1 BGB). *221*

rechtzeitiges Inventar; „Inventaruntreue“

4. Der Erbe verliert die Möglichkeit zur Haftungsbeschränkung, wenn er nicht rechtzeitig das Inventar, ein Verzeichnis des Nachlasses, errichtet (§ 1994 I BGB). Dasselbe gilt, wenn der Erbe absichtlich falsche Angaben im Inventar macht (§ 2005 I S. 1 BGB, sog. „Inventaruntreue“). Verweigert er die eidesstattliche Versicherung der Richtigkeit des Inventars (§ 2006 I BGB), so verliert er die Beschränkungsmöglichkeit allerdings nur dem Gläubiger gegenüber, der die eidesstattliche Versicherung verlangt hat (§ 2006 III S. 1 BGB). *222*

5. Haftung mehrerer Erben

Haftung mehrerer Erben als Gesamtschuldner

a) Mehrere Erben haften dem Nachlassgläubiger als Gesamtschuldner (§ 2058 BGB). **Zwischen der Annahme und der Teilung** der Erbschaft stehen dem Gläubiger hierbei verschiedene Wege des Vorgehens zur Verfügung: *223*

578 Palandt, § 1991 BGB, Rn. 4.

579 Vgl. Rn. 222.

§ 2058 BGB, Gesamtschuldklage

Er kann entweder mit der Gesamtschuldklage (§ 2058 BGB) die Miterben als Gesamtschuldner in Anspruch nehmen, wobei diese bis zur Teilung des Nachlasses das Leistungsverweigerungsrecht des § 2059 I S. 1 BGB geltend machen können. Zur Haftungsmasse, in die trotz § 2059 I S. 1 BGB auch beim Vorliegen nur eines Einzeltitels vollstreckt werden kann, gehört auch der nach §§ 859 II, 857 ZPO pfändbare Miterbenanteil.

hemmer-Methode: § 2059 I BGB führt allerdings nicht zur Klageabweisung, sondern ist nur in der Zwangsvollstreckung nach § 780 ZPO beachtlich. Der Erbe muss demnach in der mündlichen Verhandlung einen Antrag auf Vorbehalt seines Leistungsverweigerungsrechts im Urteil stellen und diesen Vorbehalt dann mittels einer Vollstreckungsabwehrklage geltend machen, §§ 781, 785, 767 ZPO. Einer Geltendmachung erst im Wege einer Vollstreckungsabwehrklage nach §§ 785, 767 ZPO steht die Präklusion nach § 767 II ZPO entgegen. Gleiches gilt für die sonstigen Fälle der beschränkten Erbenhaftung.

§ 2059 BGB, Gesamthandsklage

Als andere Möglichkeit kann der Nachlassgläubiger gegen alle Miterben die auf die Vollstreckung in den ungeteilten Nachlass gerichtete Gesamthandsklage (§ 2059 II BGB) erheben. Die gemeinschaftlich in Anspruch genommenen Miterben sind insoweit notwendige Streitgenossen (§ 62 I Alt. 2 ZPO).

Auslegung von Klageantrag

Welcher Klageart sich der Gläubiger bedient hat, muss im Zweifelsfall durch die Auslegung des Klageantrags und der Klagegründe ermittelt werden. Eine Gesamthandsklage ist anzunehmen, wenn die Klage unzweideutig nur auf Befriedigung aus dem Nachlass gerichtet ist.

nach Teilung nur Gesamtschuldklage möglich

b) Nach der Teilung steht dem Gläubiger mangels Existenz einer Gesamthand nur noch die Gesamtschuldklage zur Verfügung. Grundsätzlich haften die Miterben gemäß § 2058 BGB gesamtschuldnerisch mit ihrem Eigenvermögen; ausnahmsweise ist jedoch gemäß §§ 2060, 2061 BGB Umwandlung in eine Teilschuld möglich. *223a*

Wahlrecht auch durch Miterben, bei Gesamtschuldklage aber gekürzt um seine Anteilsquote

c) Besondere Probleme treten auf, wenn einem der Miterben selbst ein Anspruch gegen den Erblasser zustand, z.B. aus Darlehen, bzw. er einen Anspruch gegen den Nachlass aus einem Vorausvermächtnis nach § 2150 BGB hat.[580] *223b*

aa) Unstreitig ist, dass der Erbe die Zahlung der Summe **aus dem Nachlass** verlangen kann, **ohne sich** diese Zahlung auf **seine Quote anrechnen lassen zu müssen.**[581]

Prozessual umzusetzen ist dieser Anspruch mittels der Gesamthandklage nach § 2059 II BGB. Zur Vermeidung eines In-Sich-Prozesses muss er diese allerdings nur gegen die übrigen Miterben erheben.[582]

bb) Daneben steht dem Erben nach h.M. auch schon vor der Teilung des Nachlasses die Möglichkeit der Gesamtschuldklage gegen die übrigen Miterben offen.

Da er aber wegen §§ 1967, 2058 BGB selbst auch Mitschuldner ist und damit dem zahlenden Miterben nach § 426 I BGB regresspflichtig ist, muss er - zur Vermeidung der „dolo petit"- Einrede - von vornherein seinen Anspruch um seine eigene Erb- und damit Haftungsquote kürzen.[583]

580 Eine schöne Darstellung des Problems findet sich bei MüKo, § 2058 BGB, Rn. 26 ff.

581 Bei einem Vorausvermächtnis nach § 2150 BGB ist dies gerade Sinn und Zweck!

582 Palandt, § 2059 BGB, Rn. 11.

583 Palandt, § 2058 BGB, Rn. 14.

§ 9 ERBSCHEIN

A) Begriff

Erbschein nicht konstitutiv

Der Erbschein[584] ist ein vom Nachlassgericht ausgestelltes Zeugnis, das die Person des Erben, den Umfang seines Erbrechts sowie die Anordnung einer Nacherbfolge oder Testamentsvollstreckung angibt (§§ 2353, 2363, 2364 BGB). Er wird auf Antrag erteilt (§ 2353 BGB) und dient dem Erben als Legitimation. 224

hemmer-Methode: Wichtig ist, dass der Erbschein für das Erbrecht nicht konstitutiv, sondern nur deklaratorisch wirkt: An der materiellen Rechtslage ändert die Erteilung des Erbscheins nichts. Da der Erbschein keine materielle Rechtskraft entfaltet, können die streitenden Parteien dementsprechend auch nach Erteilung des Erbscheins die Erbregelung durch das Prozessgericht feststellen lassen.

B) Bedeutung

Vermutung der Richtigkeit und Vollständigkeit

Bezüglich des Inhalts des Erbscheins besteht die Vermutung der Richtigkeit und Vollständigkeit, § 2365 BGB (Parallele beim Grundbuch: § 891 I BGB). Damit verleiht der Erbschein z.B. die für den Erben zur Eintragung ins Grundbuch erforderliche Legitimationswirkung, vgl. §§ 22, 35 GBO.[585] 225

Es wird positiv vermutet, dass der im Erbschein Benannte im angegebenen Umfang Erbe ist und negativ vermutet, dass nur die angegebenen Beschränkungen bestehen. Deswegen reichen für die Eintragung des Nacherben im Grundbuch nicht schon die Vorlage des dem Vorerben ausgestellten Erbscheins i.V.m. der Sterbeurkunde des Vorerben aus (keine positive Vermutung dafür, wer Nacherbe ist!); vielmehr bedarf der Nacherbe eines eigenen Erbscheins.[586]

zu unterscheiden vom öffentlichen Glauben des Erbscheins

Die Vermutung des § 2365 BGB, die im Prozess eine Beweislastumkehr bewirkt, ist widerlegbar (vgl. § 292 ZPO). Sie gilt grundsätzlich bis zum Gegenbeweis. Die Vermutungswirkung ist streng zu unterscheiden vom öffentlichen Glauben des Erbscheins gemäß §§ 2366, 2367 BGB, der einen Schutz gutgläubiger Dritter bewirkt, die mit dem im Erbschein Benannten Verfügungsgeschäfte abschließen (§§ 2366, 2367 BGB; Parallele beim Grundbuch: §§ 892, 893 BGB). Neben den §§ 2366, 2367 BGB finden die allgemeinen Vorschriften über den gutgläubigen Erwerb vom Nichtberechtigten Anwendung; sie greifen z.B. ergänzend bei einem Erwerb vom Scheinerben (dem durch einen Erbschein legitimierten Nicht-Erben) ein, wenn der übereignete Gegenstand nicht zum Vermögen des Erblassers gehörte.

hemmer-Methode: Die §§ 2365 – 2367 BGB sind den §§ 891 – 893 BGB nachgebildet. Allerdings ist § 892 BGB auf Verfügungen über Grundstücke und Grundstücksrechte beschränkt.

584 Zum Erbschein vgl. auch Nußstein, JA 1995, 134 - 138.

585 Hierbei handelt es sich lediglich um eine Grundbuchberichtigung, weil der Erbe ja schon mit dem Erbfall Eigentümer wurde. Wichtig ist auch, dass der Erbschein gem. § 35 I S. 2 GBO durch ein notarielles Testament ersetzt werden kann.

586 BGHZ 84, 196 - 202 = **juris**byhemmer; Besprechung von Bork, „BGB Erbrecht - Grundbuchrechtlicher Nachweis der Nacherbfolge“, JA 1983, 82 - 83.

C) Arten des Erbscheins

verschiedene Arten

- Der Alleinerbschein bezeugt das Erbrecht des Alleinerben (vgl. § 2353 Alt. 1 BGB). 226
- Der gemeinschaftliche Erbschein wird bei Erbenmehrheit erteilt (§ 352a FamFG).
- Der Teilerbschein wird dem einzelnen Miterben über seinen Anteil erteilt (§ 2353 Alt. 2 BGB).
- Der gegenständlich beschränkte Erbschein wird bzgl. des Inlandsvermögens eines Staatenlosen oder Ausländers erteilt (§ 352c FamFG).
- Der Gruppenerbschein fasst mehrere Teilerbscheine in einer Urkunde zusammen.
- Der Sammelerbschein ist eine Zusammenfassung mehrerer Erbscheine über mehrere, aufeinander folgende Erbfälle.[587]

D) Verfahren

hemmer-Methode: Im ersten Examen wird eine genaue Kenntnis dieses Verfahrens von Ihnen sicherlich nicht erwartet. Dass es sich um ein FamFG-Verfahren handelt, sollten Sie aber fürs „Mündliche" parat haben!

FamFG-Verfahren

Das Erbscheinsverfahren[588] ist ein Verfahren der Freiwilligen Gerichtsbarkeit. Es setzt gemäß § 2353 BGB einen Antrag beim Nachlassgericht, dem Amtsgericht am letzten gewöhnlichen Aufenthalt des Erblassers (§ 23a I, II Nr. 2 GVG i.V.m. § 342 FamFG für die sachliche Zuständigkeit und § 343 FamFG für die örtliche Zuständigkeit), voraus. Antragsberechtigt sind: 227

Antragsberechtigung

- Der Erbe, egal ob Allein-, Mit-, Vor- oder Ersatzerbe.
- Nach h.M. auch der Erbteilserwerber (§ 2033 BGB), der jedoch nur die Ausstellung eines Erbscheins auf den Namen des wirklichen Erben beantragen darf,[589] da dieser Miterbe bleibt (vgl. Rn. 202).
- Der Erbeserbe, auf den das Antragsrecht des Erblassers übergeht, der aber den Erbschein nur auf den Namen des Erblassers beantragen kann.[590]
- Der Gläubiger des Erben, der für die Zwangsvollstreckung einen Erbschein braucht (§§ 792, 896 ZPO).

587 BayObLGZ 1951, 690 (695).

588 Zum Erbscheinsverfahren vgl. auch Zimmermann, ZEV 1995, 275 sowie Palandt, § 2353 BGB, Rn. 4 ff. und § 2359 BGB, Rn. 1 ff.

589 Kuchinke, Jura 1981, 281 (283).

590 Kuchinke, Jura 1981, 281 (283).

⇨ Nach h.M. haben auch der Testamentsvollstrecker sowie der Nachlass- und Nachlassinsolvenzverwalter ein Antragsrecht, nicht aber der Nachlasspfleger.[591]

⇨ Nicht antragsberechtigt ist der Pflichtteilsberechtigte[592] oder der Vermächtnisnehmer als solcher.[593] Als Nachlassgläubiger dagegen kann er antragsberechtigt sein.

strenge Gebundenheit des Gerichts an Antrag

Der Inhalt des Antrags richtet sich nach §§ 352 ff. FamFG. Das Gericht darf bei der Erteilung des Erbscheins nicht von dem Antrag abweichen. Beurteilt es die Erbfolge anders als beantragt, ist der Erbscheinsantrag zurückzuweisen (Grundsatz der strengen Antragsbindung). Bei Bedenken kann der Antragsteller jedoch durch eine Zwischenverfügung zur Änderung seines Antrags aufgefordert werden.

hemmer-Methode: Anders als im Zivilprozess, § 308 ZPO, darf das Nachlassgericht dem Antragsteller auch kein Minus zu seinem Antrag bewilligen. Nach Ansicht der h.M. ist die Erteilung eines Erbscheins, der aufgrund vermeintlicher gewillkürter Erbfolge beantragt wurde, selbst dann ausgeschlossen, wenn sich aus gesetzlicher Erbfolge die genau gleiche Erbenstellung des Antragstellers ergibt.[594] Die Rspr. lässt in einem solchen Fall allerdings ausnahmsweise eine alternative Antragstellung zu. Dieses strenge Antragsprinzip zwingt den Antragsteller, Belastungen seines Erbrechts, wie die Anordnung einer Nacherbschaft oder einer Testamentsvollstreckung, § 352b FamFG, bereits bei seinem Antrag anzugeben. Nicht anzugeben sind allerdings rein schuldrechtliche Belastungen des Erbrechts wie die Anordnung von Vermächtnissen und Auflagen.

Amtsermittlungsgrundsatz, § 26 FamFG

Gemäß § 352e FamFG darf das Nachlassgericht den Erbschein nur erteilen, wenn es von der Richtigkeit der zur Begründung des Antrags erforderlichen Tatsachen überzeugt ist. Insoweit ist zu beachten, dass im FamFG-Verfahren der Amtsermittlungsgrundsatz gilt (§ 26 FamFG). Das Nachlassgericht ist verpflichtet, von Amts wegen die erforderlichen Ermittlungen anzustellen und Beweise zu erheben.

Einziehung des Erbscheins

Ein fehlerhafter Erbschein muss eingezogen werden, § 2361 S. 1 BGB, wodurch er kraftlos wird, § 2361 S. 2 BGB. Darauf hat der wirkliche Erbe keinen Anspruch, er kann die Einziehung jedoch beim Nachlassgericht anregen. Kann die Einziehung nicht sofort erfolgen, so wird der Erbschein vom Nachlassgericht für kraftlos erklärt, § 353 FamFG BGB. Zudem kann der wirkliche Erbe vom Scheinerben verlangen, dass der unrichtige Erbschein an das Nachlassgericht herausgegeben wird, § 2362 I BGB (Anspruchsgrundlage!).

E) Öffentlicher Glaube des Erbscheins, §§ 2366, 2367 BGB

I. Umfang des öffentlichen Glaubens

öffentlicher Glauben ⇨ positiv u. negativ

Gem. §§ 2366, 2367 BGB genießt der Erbschein soweit öffentlichen Glauben, wie die Vermutung des § 2365 BGB reicht: Der Inhalt des Erbscheins gilt einem gutgläubigen Dritten gegenüber als richtig, der vom Scheinerben rechtsgeschäftlich einen Erbschaftsgegenstand, ein dingliches Recht an einem solchen Gegenstand oder die Befreiung von einem zur Erbschaft gehörenden dinglichen Recht erwirbt (§ 2366 BGB). 228

591 Ebenroth, Rn. 1050; Soergel, § 2353 BGB, Rn. 30.

592 OLG Köln, NJW-RR 1994, 1421 - 1422 = jurisbyhemmer.

593 BayObLG, FamRZ 2000, 1231 - 1232 = jurisbyhemmer.

594 BayObLG, FamRZ 1996, 1438 - 1440 = jurisbyhemmer; KG, FamRZ 2004, 1903 - 1904; vgl. auch Palandt, § 2353 BGB, Rn. 14 ff.

Dasselbe gilt für andere Verfügungsgeschäfte über Erbschaftsgegenstände oder Leistungen des Dritten aufgrund eines Nachlassrechts (§ 2367 BGB). Der öffentliche Glaube bezieht sich nur auf den angegebenen Umfang des Erbrechts und das Nichtbestehen nicht angegebener Beschränkungen (§ 2365 BGB). Falls der Erbschein weitere Angaben enthält, so genießen diese keinen öffentlichen Glauben.

kein Vertrauensschutz bei mehreren widersprechenden Erbscheinen

Wie beim Grundbuch tritt auch beim Erbschein die Schutzwirkung ohne Rücksicht darauf ein, ob der Dritte überhaupt von der Existenz eines Erbscheins wusste.[595] § 2366 BGB ist kein Vertrauensschutztatbestand, sondern enthält eine „Richtigkeitsgarantie" des Erbscheins als amtliches Zeugnis. Da es somit nur auf die objektive Lage ankommt, hat von mehreren, einander widersprechenden Erbscheinen, die im Umlauf sind, keiner den öffentlichen Glauben.[596] Die Vermutung der Richtigkeit des Erbscheins und damit auch der öffentliche Glaube entfallen aber nur in dem Umfang, in dem sich die Erbscheine inhaltlich widersprechen.[597]

II. Bedeutung des Gutglaubensschutzes

daneben allgemeine Vorschriften

Der Erbschein ersetzt nur das fehlende Erbrecht des Scheinerben, nicht aber die Zugehörigkeit eines Gegenstandes zum Nachlass. Neben §§ 2366, 2367 BGB können somit die allgemeinen Gutglaubensvorschriften eingreifen. Im Einzelnen bedeutet gutgläubiger Erwerb gemäß §§ 2366, 2367 BGB Folgendes: 229

verschiedene Varianten

Der Erwerb vom Scheinerben wird ebenso beurteilt wie der Erwerb vom wahren Erben; **der gutgläubige Erwerber wird so gestellt**, als **wenn er vom wahren Erben erwerben würde**. Das bedeutet wiederum:

⇨ Ist der wahre Erbe verfügungsberechtigt, so wird § 2366 BGB i.V.m. den Vorschriften über den Erwerb vom Berechtigten angewandt (§§ 873, 929 BGB). Bösgläubigkeit i.S.d. § 2366 BGB ist nicht wie bei § 932 II BGB im Sinne von Kenntnis oder grobfahrlässiger Unkenntnis von der Nichtberechtigung zu verstehen, sondern ist nur bei positiver Kenntnis von der Unrichtigkeit des Erbscheins bzw. einer Einziehungsanordnung gegeben. Nach h.M. ist allerdings ungeschriebene Voraussetzung des § 2366 BGB, dass der Erwerber weiß, dass er einen Erbschaftsgegenstand erwirbt.[598]

hemmer-Methode: § 2366 BGB hat hier die Aufgabe, die §§ 857, 935 BGB zu überwinden. Der Erwerber glaubt vom Eigentümer zu erwerben und ist gutgläubig. Wenn der Scheinerbe etwas veräußert, kommt diese Sache dem wahren Erben (= Eigentümer) abhanden, §§ 857, 935 BGB. Ein gutgläubiger Erwerb scheitert. Darüber hilft nur § 2366 BGB hinweg!

doppelt gutgläubiger Erwerb

⇨ Ist der wahre Erbe nicht verfügungsberechtigt, so wird § 2366 BGB i.V.m. den Vorschriften über den Erwerb vom Nichtberechtigten angewandt (§§ 932 ff., 892, 893 BGB etc.). Ist nach diesen Vorschriften ein gutgläubiger Erwerb nicht möglich (z.B. wegen § 935 BGB), so wird er auch durch § 2366 BGB nicht möglich.[599]

595 Kuchinke, Jura 1981, 281 (285).

596 BGHZ 33, 314 - 317.

597 BGH, FamRZ 1990, 1111 - 1112 (1112) = jurisbyhemmer.

598 M.w.N. Palandt, § 2366 BGB, Rn. 2.

599 Medicus, Rn. 568.

Der Erwerber muss in einem solchen Fall doppelt gutgläubig sein: Nach § 2366 BGB darf er nicht die Unrichtigkeit des Erbscheins kennen und nach § 932 BGB darf er hinsichtlich des Eigentums des Erblassers nicht bösgläubig sein.

Bspe.:

1. Der Scheinerbe S veräußert ein zum Nachlass gehörendes Buch. 230

Hier erwirbt der Dritte gemäß §§ 2366, 929 BGB Eigentum, sofern er nicht Kenntnis von der Unrichtigkeit des Erbscheins bzw. der Einziehungsanordnung hat, d.h. bösgläubig i.S.d. § 2366 BGB ist. Dass das Buch dem wahren Erben gemäß § 935 I BGB abhanden gekommen ist (§ 857 BGB!), hindert den Erwerb nicht, da der Dritte wegen § 2366 BGB so gestellt wird, als ob er vom Berechtigten erwerben würde. Auch ist gleichgültig, ob der Dritte überhaupt Kenntnis von dem Erbschein hat bzw. ob er meint, von einem Erben oder von einem sonstigen Berechtigten zu erwerben.[600] Die wohl h.L. schränkt dies ein, da nach ihrer Ansicht der Erbwerber wissen muss, dass er einen Nachlassgegenstand erwirbt.[601]

Abwandlungen:

a) Dem S ist kein Erbschein ausgestellt worden.

In diesem Fall kommt nur ein gutgläubiger Erwerb gemäß §§ 932 ff. BGB in Betracht. Dieser scheitert aber deshalb, weil dem wahren Erben das Buch gemäß § 935 I BGB (§ 857 BGB) abhanden gekommen ist.

b) Auch der wahre Erbe E besitzt einen Erbschein.

Bei mehreren, einander widersprechenden Erbscheinen genießt keiner den öffentlichen Glauben: Ergebnis wie a).

c) Der Erblasser hatte das Buch gestohlen.

Gemäß § 2366 BGB wird S als der wirkliche Erbe angesehen. Da der Erblasser nicht Eigentümer des Buches war, konnte es auch der Erbe (über § 1922 BGB) nicht werden. Er wäre also bei einer Veräußerung Nichtberechtigter gewesen. Ein gutgläubiger Erwerb vom Nichtberechtigten gemäß §§ 2366, 932 I BGB scheitert aber an § 935 I BGB.

d) Der Erblasser hatte das Buch geliehen.

doppelt gutgläubiger Erwerb

Hier ist ein gutgläubiger Erwerb gemäß §§ 2366, 932 I BGB möglich. Dann muss der Dritte aber auch gutgläubig i.S.d. § 932 II BGB sein.

2. Der Erblasser war irrtümlich im Grundbuch als Eigentümer eines Grundstücks eingetragen worden, das ihm nicht gehörte. Der Scheinerbe S veräußert das Grundstück.

Gemäß § 40 I GBO kann der Erbe ein Grundstück veräußern, ohne selbst vorher eingetragen zu sein, sofern der Erblasser eingetragen ist. Da hier auch der Erblasser nicht wirklicher Eigentümer gewesen ist, richtet sich der Erwerb nach § 2366 BGB i.V.m. § 892 I BGB. Hat sich S trotz § 40 I GBO voreintragen lassen, so spielt der Erbschein beim Erwerb keine Rolle mehr. In diesem Fall greift § 892 BGB direkt ein.

Abwandlung:

Gegen das Eigentum des Erblassers wurde ein Widerspruch eingetragen.

600 Kuchinke, Jura 1981, 281 (286 m.w.N.).

601 Palandt, § 2366 BGB, Rn. 2.

Hier wäre ein gutgläubiger Erwerb auch vom wahren Erben nicht möglich gewesen, da der Widerspruch den guten Glauben des Grundbuchs zerstört; § 892 BGB greift insoweit nicht ein.

3. Der Erblasser war Inhaber einer Kaufpreisforderung. Der Scheinerbe S tritt die Forderung an D ab, der von der Unrichtigkeit des Erbscheins nichts weiß.

auch „gutgläubiger" Forderungserwerb möglich

D erwirbt die Forderung gemäß §§ 2366, 398 BGB. Dass ein gutgläubiger Erwerb von Forderungen i.d.R. nicht möglich ist, steht dem nicht entgegen, da § 2366 BGB ja einen Erwerb vom Berechtigten fingiert.[602]

4. Scheinerbe S veräußert einen zum Nachlass gehörenden Gegenstand. Die hierdurch entstandene Kaufpreisforderung tritt er an D ab.

D erwirbt auch hier gemäß §§ 2366, 398 BGB die Forderung, da die Forderung gemäß § 2019 I BGB zum Nachlass gehört,[603] und somit vom wahren Erben durch Abtretung hätte erworben werden können.

5. Der Erblasser hatte eine Forderung gegen D. D zahlt an den Scheinerben S.

Hier wird D gemäß §§ 2367, 362 I BGB frei, da er gemäß § 2367 BGB so behandelt wird, als habe er an den wahren Erben gezahlt.

Abwandlungen:

a) Scheinerbe S verkauft einen zum Nachlass gehörenden Gegenstand an D. D zahlt an S.

D wird gemäß §§ 2019 II, 407 I BGB frei, und zwar unabhängig davon, ob ein Erbschein vorliegt oder nicht.

b) Der Erblasser hatte die Forderung gegen D abgetreten, ohne dass D davon Kenntnis erlangte. D zahlt an S.

Hier muss neben § 2367 BGB noch geprüft werden, ob die Voraussetzungen des § 407 BGB vorliegen,[604] da § 2367 BGB nur das Erbrecht des S, nicht aber die §§ 407 ff. BGB ersetzt. Da D von der Abtretung nichts wusste, ist er gemäß §§ 2367, 407 BGB frei geworden.

III. Maßgeblicher Zeitpunkt

Zeitpunkt für guten Glauben ist Eintragung ins Grundbuch

Maßgeblicher Zeitpunkt für den guten Glauben ist die Vollendung des Erwerbs, der Leistung oder der Verfügung.[605] § 892 II BGB ist nach h.M. nicht analog anwendbar. Abzustellen ist vielmehr auf die tatsächliche Eintragung. 231

IV. Erbschein und Grundbuch

Vorrang vor öffentlichem Glauben des Grundbuchs

Ist der Scheinerbe bereits im Grundbuch eingetragen, so sind für den gutgläubigen Erwerb nur noch die §§ 892, 893 BGB, nicht aber die §§ 2366, 2367 BGB maßgeblich. Der öffentliche Glaube des Grundbuchs geht dem des Erbscheins vor.[606] 232

602 Medicus, Rn. 571.

603 Kuchinke, Jura 1981, 281 (288).

604 Kuchinke, Jura 1981, 281 (288).

605 Jauernig, § 2366 BGB, Anm. 1 d.

606 Palandt, § 2365 BGB, Rn. 2.

Deshalb sind auch in der Klausur vor den §§ 2366, 2367 BGB immer erst §§ 892, 893 BGB (sowie auch §§ 932 ff. BGB) zu prüfen. Ist der Scheinerbe mit Hilfe des Erbscheins ins Grundbuch eingetragen worden und erwirkt der richtige Erbe dagegen einen Widerspruch, so kann nicht mehr aufgrund des Erbscheins gutgläubig erworben werden, da der Scheinerbe nun nicht mehr als Erbe, sondern als Bucheigentümer auftritt.[607]

V. Auflassungsvormerkung

bei Vormerkung § 2367 BGB analog

Der gutgläubige Erwerb einer Auflassungsvormerkung vom Schein- 233
erben erfolgt analog § 2367 BGB, da die Vormerkung nach h.M. kein dingliches Recht ist, sondern ihre Bewilligung einer Verfügung i.S.d. § 893 BGB und des ihm nachgebildeten § 2367 BGB gleichzusetzen ist.[608] Allerdings ist – wie bereits erwähnt – zu beachten, dass im Gegensatz zu §§ 893, 892 II BGB der gute Glaube an die Richtigkeit des Erbscheins noch im Zeitpunkt der Eintragung der Vormerkung vorliegen muss. Guter Glaube zur Zeit der Antragstellung (wie bei § 892 II BGB) genügt nicht, d.h. ein gutgläubiger Vormerkungserwerb gemäß § 2367 BGB ist nicht mehr möglich, wenn der Antragsteller zwischen Antrag und Eintragung von der Unrichtigkeit des Erbscheins erfährt.

hemmer-Methode: Der gutgläubige Erwerb einer Auflassungsvormerkung vom Scheinerben ist examenstypisch! Es wird die gleiche Diskussion wie bei §§ 892, 893 BGB (gutgläubiger Ersterwerb vom Bucheigentümer) geführt. Einfacher Grundfall ist § 892 BGB. Ein Problem mehr ist dann § 893 BGB. Ein weiteres Problem: § 2366 BGB oder § 2367 BGB. Wie Sie entscheiden, ist letztlich nicht von Bedeutung. Der gutgläubige Erst-Erwerb der Vormerkung - auch vom Scheinerben - wird übereinstimmend bejaht.

VI. Gutglaubensschutz nur für Verfügungen

nur bzgl. Rechtsgeschäften mit Verfügungscharakter

Die §§ 2366, 2367 BGB sind nur anwendbar auf Verfügungen des 234
Scheinerben, nicht aber auf Verpflichtungsgeschäfte.[609] Der wahre Erbe wird deshalb nicht verpflichtet, wenn der Scheinerbe einen Erbschaftsgegenstand verpachtet, vermietet oder verkauft. Rechtsgeschäfte mit Verfügungscharakter (§ 2367 Alt. 2 BGB) kann der Scheinerbe jedoch wirksam vornehmen.

So ist z.B. der Verzicht auf eine Hypothek oder eine zum Nachlass gehörende Kaufpreisforderung bzw. die Kündigung von Miet- oder Pachtverträgen, die der Erblasser abgeschlossen hatte, wirksam.[610]

auch (-) bei rechtsgeschäftlicher Gesamtrechtsnachfolge

Unanwendbar sind §§ 2366, 2367 BGB auch bei rechtsgeschäftlicher Gesamtrechtsnachfolge (z.B. bei testamentarischer Erbfolge nach dem Scheinerben), bei Rechtserwerb kraft Gesetzes (z.B. bei gesetzlicher Erbfolge beim Tod des Scheinerben) sowie bei Vollstreckungshandlungen (z.B. wenn aufgrund eines gegen den Scheinerben erstrittenen Urteils in den Nachlass vollstreckt wird[611]).

607 Medicus, Rn. 570.

608 Kuchinke, Jura 1981, 281 (287).

609 Wiegand, „Der öffentliche Glaube des Erbscheins", JuS 1975, 283 ff.

610 Kuchinke, Jura 1981, 281 (286).

611 Palandt, § 2366 BGB, Rn. 2.

VII. Gutglaubensschutz nur für Verkehrsgeschäfte

Verkehrsgeschäft notwendig

Wie alle Gutglaubensvorschriften, gilt auch § 2366 BGB nur für Verkehrsgeschäfte. So kann sich der Scheinerbe, auch wenn er die Unrichtigkeit des Erbscheins nicht kennt, nicht mit Hilfe des Erbscheins eine Eigentümergrundschuld bestellen. 235

Wie Sie sehen konnten, ist auch das Erbrecht mit den richtigen Lernmaterialien „in den Griff" zu bekommen! Im Erbrecht gibt es eine immer wiederkehrende Examenstypik. Insoweit vereinfacht sich das Erstellen von Examensklausuren. Die „hemmer-Methode" berücksichtigt den Ersteller der Klausur als so genannten imaginären Gegner. Es geht dabei insbesondere um die Vermittlung von Methode, nicht nur um Einzelwissen. Gerade wenn man als Achtsemester erfolgreich sein Studium abschließen will, ist methodisches Rüstzeug unerlässlich.

Die ideale Ergänzung zu diesem Erbrechts-Skript ist das Skript Familienrecht von Hemmer/Wüst. Auch dort finden Sie die wichtigsten Examensprobleme leicht, verständlich und übersichtlich dargestellt. Der Anwendung des Gelernten dienen weiterhin unsere Hauptkurse (Erstes Staatsexamen und Assessorkurs), die Ihnen die für das Examen notwendige Komplexität der typischen erbrechtlichen Klausuren vermitteln.

Wir hoffen, dass Ihnen das Erbrecht mit der hemmer-Methode den von Ihnen gewünschten Erfolg bringt und vielleicht sogar etwas Spaß gemacht hat.

Wiederholungsfragen zu § 1 ..... Randnr.

1. Wo finden Sie die wichtigsten erbrechtlichen Vorschriften? *2*
2. Was versteht man unter den Begriffen Erbfall, Erbschaft und Erbfähigkeit? *3-5*
3. Wer kann Erbe sein? *5*

WIEDERHOLUNGSFRAGEN ZU § 2

4. Was versteht man unter Gesamtrechtsnachfolge? *6*
5. Welche Ausnahmen vom Grundsatz der Gesamtrechtsnachfolge gibt es? ..... *8 ff.*
6. In welchem Verhältnis stehen gesetzliche und gewillkürte Erbfolge zueinander? ..... *12 ff.*
7. Was versteht man unter „Parentelsystem"? Was bedeutet „Stamm", was „Linie"? ..... *16 – 22*
8. Das Erbrecht der Verwandten wird durch das Erbrecht des überlebenden Ehegatten eingeschränkt. Welche zwei Fragen sind bei der Berechnung des gesetzlichen Ehegattenanteils von Bedeutung? ..... *25 ff.*
9. Kann eine Zugewinnausgleichsforderung beim gleichzeitigen Versterben der Ehegatten entstehen? *30*
10. Um welche Rechtsfigur handelt es sich bei dem „Voraus" des Ehegatten? *31*
11. Ist der Partner einer NeLG dem Ehegatten hinsichtlich der gesetzlichen Erbfolge gleichgestellt? *32c*
12. Ist das nichteheliche Kind dem ehelichen Kind in erbrechtlicher Hinsicht gleichgestellt? Seit wann ist dies der Fall und durch welches Gesetz wurde dies erreicht? *34*
13. Unter welcher Voraussetzung ist der Staat gesetzlicher Erbe? *47*

WIEDERHOLUNGSFRAGEN ZU § 3

14. Woraus können sich Beschränkungen der Testierfreiheit ergeben? ..... *49 f.*
15. Ist bei der Errichtung des Testaments eine Stellvertretung zulässig? *51*
16. Nach § 2065 I BGB (*materielle* Höchstpersönlichkeit) darf ein Dritter nicht darüber bestimmen, ob eine Verfügung gelten oder nicht gelten soll. Unter welchen Voraussetzungen kann der Erblasser dennoch eine Verfügung vom Willen Dritter abhängig machen? *52*
17. In welchen Grenzen ist eine fremde Unterstützung bei der Fertigung des Testaments zulässig? ..... *53 ff.*
18. Wofür ist eine eigenhändige Unterschrift erforderlich? *57*
19. Sind spätere Zusätze unterhalb der Unterschrift wirksam (z.B. postscripta)? *58*
20. Findet § 122 BGB im Erbrecht Anwendung? *61*
21. Was besagt die Andeutungstheorie? ..... *63 f.*
22. Was wird gegen sie vorgebracht? *64*
23. Bei Mehrdeutigkeit des Textes ist auf den Sprachgebrauch des Verfassers abzustellen. Nennen Sie dazu ein Beispiel! *66*
24. Welche Grenzen gelten bei einer ergänzenden Auslegung unvollständiger Erklärungen? *67*
25. Unter welcher Voraussetzung kann nur auf die gesetzlichen Auslegungsregeln zurückgegriffen werden? *68*

56. Erläutern Sie den Widerspruch zwischen Erb- und Gesellschaftsrecht, der entsteht, wenn der Gesellschaftsanteil eines phG auf den Erben übergegangen ist und eine Testamentsvollstreckung in der Form der Nachlassverwaltung angeordnet ist? *152*

57. In welchem besonderen Fall können die *Miterben* (für den Richter, den Notar und den Testamentsvollstrecker ist die Teilungsanordnung bindend, vgl. §§ 2203, 2204 BGB) von einer Teilungsanordnung abweichen? *154*

58. Grenzen Sie Teilungsanordnung und Vorausvermächtnis voneinander ab! *155, 129*

59. Welche beiden Rechtsgeschäfte sind beim Erbverzichtsvertrag zu trennen? .... *160 f.*

WIEDERHOLUNGSFRAGEN ZU § 4

60. Wer ist pflichtteilsberechtigt? *165*

61. Wie hoch ist der Pflichtteilsanspruch? *166*

62. Wer ist Schuldner des Pflichtteilsanspruchs? *168*

63. Was versteht man unter Pflichtteilsrestanspruch? *170*

64. Welcher Zeitpunkt ist nach der Rechtsprechung für die Verjährung des Pflichtteilsergänzungsanspruchs bei Schenkungen, die sich nicht auf einmalige Handlungen beschränken, maßgeblich? *171b*

65. Unter welchen Voraussetzungen kann ein Pflichtteilsanspruch entzogen werden? .... *175 f.*

WIEDERHOLUNGSFRAGEN ZU § 5

66. Wie können Annahme und Ausschlagung angefochten werden? .... *180 ff.*

67. Welche Rechtsgeschäfte sind beim *vorläufigen Erben* zu unterscheiden? .... *183 ff.*

68. Lösen Sie den Beispielsfall unter Rn. 186 ff.! .... *186 ff.*

WIEDERHOLUNGSFRAGEN ZU § 6

69. Wer ist Erbschaftsbesitzer? *187*

70. Unter welchen Voraussetzungen kann auch ein Miterbe Erbschaftsbesitzer i.S.d. § 2018 BGB sein? *188*

71. Haftet derjenige, der eine ihm angefallene Erbschaft später ausschlägt nach §§ 2018 ff. BGB? *190*

72. Unterscheiden Sie den Erbschaftsbesitz vom sog. fiktiven Besitz! *193*

73. Welchen Sinn und Zweck hat die Surrogation nach § 2019 BGB? .... *195 f.*

74. Welche Ausnahmen der Surrogation nach § 2019 BGB gibt es? .... *195 f.*

75. Was setzt die Haftung des Erbschaftsbesitzers nach § 2025 BGB voraus? *198*

76. Ist die Auskunftspflicht des Erbschaftsbesitzers vererblich? *199*

WIEDERHOLUNGSFRAGEN ZU § 7

77. Welche Ausnahme vom Grundsatz der Gesamtrechtsnachfolge besteht bei der Miterbengemeinschaft? *201*

78. Ist die Miterbengemeinschaft parteifähig? *201*

WIEDERHOLUNGSFRAGEN ZU § 8

WIEDERHOLUNGSFRAGEN ZU § 9

Die Zahlen verweisen auf die Randnummern des Skripts

A

B

D

E

R

S

T

U

V

hemmer/wüst Verlag

UNSER LERNSYSTEM IM ÜBERBLICK

VERSANDKOSTENFREI IN UNSEREM SHOP: www.hemmer-shop.de

DIE STUDENTENSKRIPTEN

■ DAS GRUNDWISSEN - 10 BÄNDE (je 9,90 €)

Die Grundwissenskripten sind für den Studenten in den ersten Semestern gedacht. In den Theoriebänden Grundwissen werden leicht verständlich und kurz die wichtigsten Rechtsinstitute vorgestellt und das notwendige Grundwissen vermittelt. Die Skripten werden durch den jeweiligen Band unserer Reihe „Die wichtigsten Fälle“ ergänzt.

■ DIE BASICS - 11 BÄNDE (je 16,90 €)

Das Grundwerk für Studium und Examen. Es schafft schnell Einordnungswissen und mittels der hemmer-Methode richtiges Problembewusstsein für Klausur und Hausarbeit. Wichtig ist, wann und wie Wissen in der Klausur angewendet wird. Umfangreicher als die Grundwissenreihe und knapper als die Hauptskriptenreihe.

■ DIE HAUPTSKRIPTEN - 52 BÄNDE (je 19,90 €)

DAS PRÜFUNGSWISSEN:

In unseren Hauptskripten werden die für die Prüfung nötigen Zusammenhänge umfassend aufgezeigt und wiederkehrende Argumentationsketten eingeübt. Nutzen Sie die Skripten als Ihre ortsunabhängige Bibliothek - vom 1. Semester bis zum 2. Staatsexamen Ihr ideales Nachschlagewerk. Sie ersetzen das gute alte Lehrbuch. Sie sind - anders als das typische Lehrbuch - klausurorientiert. Beispielsfälle erleichtern das Verständnis. So wird Prüfungswissen auf anspruchsvollem Niveau vermittelt. Die studentenfreundliche Preisgestaltung ermöglicht den Erwerb als Gesamtwerk. So gehen Sie sicher in die Klausur.

■ DIE WICHTIGSTEN FÄLLE - 26 BÄNDE (je 14,80/12,80 €

VOM FALL ZUM WISSEN:

An Grundfällen werden die prüfungstypischen Probleme übersichtlich in Musterlösungen dargestellt. Eine Kurzgliederung erleichtert den Einstieg in die Lösung. Der jeweilige Fallschwerpunkt wird grafisch hervorgehoben. Die Reihe „Die wichtigsten Fälle“ ist ideal geeignet, schnell in ein Themengebiet einzusteigen. So werden Zwischenprüfung und Scheine leicht.

www.hemmer-shop.de

hemmer/wüst
Verlagsgesellschaft mbH

Mergentheimer Str. 44 / 97082 Würzburg
Tel.: 09 31 /7 97 82 38 / Fax: 09 31/7 97 82 40
Internet: www.hemmer-shop.de

REIHE INTELLIGENTES LERNEN

ISBN 978-3-86193

Auflage/Jahr/Euro

Grundwissen für Anfangssemester

W10 (-344-1)	BGB-AT Theorieband zu den wicht. Fällen	7.A/14 · 9,90
W11 (-276-5)	SchuldR-AT Theorieband zu den wicht. Fällen	6.A/14 · 9,90
W12 (-257-4)	SchuldR-BT I Theorieband zu den wicht. Fällen	6.A/13 · 9,90
W13 (-399-1)	SchuldR-BT II Theoriebd. zu den wicht. Fällen	6.A/15 · 9,90
W14 (-357-1)	Sachenrecht I Theorieband zu den wicht. Fällen	6.A/15 · 9,90
W15 (-256-7)	Sachenrecht II Theorieband zu den wicht. Fällen	5.A/14 · 9,90
W20 (-294-9)	Strafrecht AT Theorieband zu den wicht. Fällen	6.A/14 · 9,90
W21 (-301-4)	Strafrecht BT Theorieband zu den wicht. Fällen	5.A/14 · 9,90
W30 (-308-3)	StaatsR Theorieband zu den wicht. Fällen	6.A/14 · 9,90
W31 (-269-7)	VerwaltungsR Theorieband zu den wicht. Fällen	6.A/14 · 9,90

Die wichtigsten Fälle

F0 (-198-0)	Sonderband: Der Streit- und Meinungsstand im neuen Schuldrecht	5.A/13 · 14,80
F1 (-354-0)	76 Fälle - BGB AT	8.A/14 · 12,80
F2 (-386-1)	55 Fälle - Schuldrecht AT	9.A/15 · 12,80
F3 (-273-4)	51 Fälle - Schuldrecht BT - Kauf/WerkV	8.A/14 · 12,80
F4 (-351-9)	42 Fälle - GoA/Bereicherungsrecht	8.A/14 · 12,80
F5 (-345-8)	45 Fälle - Deliktsrecht	7.A/14 · 12,80
F6 (-304-5)	44 Fälle - Verwaltungsrecht	8.A/14 · 12,80
F25 (-400-4)	30 Fälle - Verwaltungsrecht BT Bayern	4.A/15 · 12,80
F7 (-253-6)	32 Fälle - Staatsrecht	9.A/13 · 12,80
F8 (-362-5)	34 Fälle - Strafrecht AT	9.A/15 · 12,80
F9 (-350-2)	44 Fälle Strafrecht BT I - Vermögensd.	9.A/14 · 12,80
F10 (-377-9)	44 Fälle Strafrecht BT II - Nicht-Vermögensd.	8.A/15 · 12,80
F11 (-263-5)	50 Fälle - Sachenrecht I	7.A/13 · 12,80
F12 (-328-1)	43 Fälle - Sachenrecht II - ImmobiliarSR	8.A/14 · 12,80
F13 (-346-5)	40 Fälle - ZPO I - Erkenntnisverfahren	7.A/14 · 12,80
F14 (-283-3)	25 Fälle - ZPO II - ZwangsvollstreckungsV	6.A/14 · 12,80
F15 (-423-3)	35 Fälle - Handelsrecht	7.A/15 · 12,80
F16 (-307-6)	36 Fälle - Erbrecht	6.A/14 · 12,80
F17 (-274-1)	26 Fälle - Familienrecht	7.A/14 · 12,80
F18 (-416-5)	32 Fälle - Gesellschaftsrecht	6.A/15 · 12,80
F19 (-341-0)	39 Fälle - Arbeitsrecht	6.A/14 · 12,80
F20 (-339-7)	35 Fälle - Strafprozessrecht	5.A/14 · 12,80
F21 (-428-8)	23 Fälle - Europarecht	5.A/15 · 12,80
F22 (-422-6)	10 Fälle - Musterkl. Examen ZivilR	7.A/15 · 14,80
F23 (-079-2)	10 Fälle - Musterkl. Examen StrafR	5.A/11 · 14,80
F24 (-391-5)	8 Fälle - Musterkl. Examen SteuerR	8.A/15 · 14,80

Skripten Basics (110)

1 (-448-6)	Zivilrecht I - BGB AT u.vertragl. SchuldV	10.A/15 · 16,90
2 (-251-2)	Zivilrecht II - Sachenrecht/gesetzl. SV	7.A/13 · 16,90
3 (-442-4)	Zivilrecht III - FamilienR/ErbR	8.A/15 · 16,90
4 (-364-9)	Zivilrecht IV - ZivilprozessR	8.A/15 · 16,90
5 (-309-0)	Zivilrecht V - Handels-/GesellschR	7.A/14 · 16,90
6 (-258-1)	Zivilrecht VI - ArbeitsR	5.A/13 · 16,90
(-122-5)	Strafrecht	6.A/12 · 16,90
/1 (-268-0)	Öffentliches Recht I - VerfassR/StaatsHR	6.A/14 · 16,90
/2 (-388-5)	Öffentliches Recht II - VerwaltungsR	7.A/15 · 16,90
(-403-5)	Steuerrecht - EstG & AO	9.A/15 · 16,90
(-314-4)	Europarecht	8.A/14 · 16,90

ISBN 978-3-86193

Auflage/Jahr/Euro

Skripten Zivilrecht (120)

1 (-415-8)	BGB-AT I, Ensteh.d.Primäranspruchs	14.A/15 · 19,90
2 (-296-3)	BGB-AT II, Scheitern des Primäranspr.	13.A/14 · 19,90
3 (-343-4)	BGB-AT III, Erlösch.d. Primäranspruchs	13.A/14 · 19,90
4 (-278-9)	Schadensersatzrecht I	8.A/14 · 19,90
5 (-109-6)	Schadensersatzrecht II	6.A/12 · 19,90
6 (-293-2)	Schadensersatzrecht III (§§ 249 ff.)	11.A/14 · 19,90
7 (-342-7)	Verbraucherschutzrecht	4.A/14 · 19,90
51 (-443-1)	Schuldrecht AT	10.A/15 · 19,90
52 (-359-5)	Schuldrecht BT I	9.A/15 · 19,90
53 (-379-3)	Schuldrecht BT II	9.A/15 · 19,90
8 (-318-2)	Bereicherungsrecht	14.A/14 · 19,90
9 (-321-2)	Deliktsrecht I	12.A/14 · 19,90
10 (-203-1)	Deliktsrecht II	9.A/13 · 19,90
11 (-447-9)	Sachenrecht I	13.A/15 · 19,90
12 (-264-2)	Sachenrecht II	10.A/14 · 19,90
12A (-378-6)	Sachenrecht III	12.A/15 · 19,90
13 (-333-5)	Kreditsicherungsrecht	11.A/14 · 19,90
14 (-259-8)	Familienrecht	12.A/13 · 19,90
15 (-266-6)	Erbrecht	12.A/14 · 19,90
16 (-313-7)	Zivilprozessrecht I	12.A/14 · 19,90
17 (-317-5)	Zivilprozessrecht II	11.A/14 · 19,90
18 (-433-2)	Arbeitsrecht	15.A/15 · 19,90
19A (-155-3)	Handelsrecht	10.A/12 · 19,90
19B (-360-1)	Gesellschaftsrecht	13.A/15 · 19,90
31 (-450-9)	Herausgabeansprüche	7.A/15 · 19,90
32 (-254-3)	Rückgriffsansprüche	7.A/13 · 19,90

Skripten Strafrecht (120)

20 (-295-6)	Strafrecht AT I	12.A/14 · 19,90
21 (-385-4)	Strafrecht AT II	12.A/15 · 19,90
22 (-355-7)	Strafrecht BT I	12.A/14 · 19,90
23 (-392-2)	Strafrecht BT II	12.A/15 · 19,90
30 (-374-8)	Strafprozessordnung	11.A/15 · 19,90

Skripten Öffentliches Recht (120/130)

24 (-285-7)	Verwaltungsrecht I	12.A/14 · 19,90
25 (-380-9)	Verwaltungsrecht II	12.A/15 · 19,90
26 (-347-2)	Verwaltungsrecht III	12.A/14 · 19,90
27 (-300-7)	Staatsrecht I	11.A/14 · 19,90
28 (-287-1)	Staatsrecht II	9.A/14 · 19,90
29 (-240-6)	Europarecht	11.A/13 · 19,90
40 (-335-9)	Staatshaftungsrecht	4.A/14 · 19,90
33 (-369-4)	Baurecht/Bayern	11.A/15 · 19,90
33 (-086-0)	Baurecht/Nordrhein-Westfalen	8.A/11 · 19,90
33 (-435-6)	Baurecht/Baden-Württembg.	4.A/15 · 19,90
33 (-331-1)	Baurecht/Hessen	2.A/14 · 19,90
33 (-847-0)	Baurecht/Saarland	1.A/08 · 19,90
34 (-327-4)	Polizei- u. Sicherheitsrecht/Bayern	10.A/14 · 19,90
34 (-097-6)	Polizei- u. Ordnungsrecht/NRW	5.A/12 · 19,90
34 (-432-5)	Polizeirecht/Baden-Württembg.	4.A/15 · 19,90
34 (-417-2)	Polizei- u. Ordnungsrecht/Hessen	2.A/15 · 19,90
34 (-028-0)	Polizei- u. Ordnungsrecht/Rheinl.-Pfalz	1.A/11 · 19,90
34 (-877-7)	Polizei- u. Sicherheitsrecht/Saarland	1.A/09 · 19,90
35 (-371-7)	Kommunalrecht/Bayern	10.A/15 · 19,90
35 (-076-1)	Kommunalrecht/NRW	8.A/11 · 19,90
35 (-261-1)	Kommunalrecht/Baden-Württembg.	4.A/13 · 19,90

hemmer/wüst
Verlagsgesellschaft mbH
Mergentheimer Str. 44 / 97082 Würzburg
Tel.: 09 31 /7 97 82 38 / Fax: 09 31/7 97 82 4
Internet: www.hemmer-shop.de

REIHE INTELLIGENTES LERNEN

ISBN 978-3-86193

Lexikon/Definitionen

ISBN 978-3-86193	Titel	Auflage/Jahr/Euro
D1 (-288-8)	Definitionen Strafrecht - schnell gemerkt	4.A/14 · 19,90
D2 (-065-5)	Legal terms für Juristen - Fachwörterbuch Englisch - Deutsch	1.A/11 · 19,90

Skripten Schwerpunkt (120)

ISBN 978-3-86193	Titel	Auflage/Jahr/Euro
P1 (-429-5)	Kriminologie	7.A/15 · 21,90
P2 (-245-1)	Völkerrecht	8.A/13 · 21,90
P4 (-349-6)	Kapitalgesellschaftsrecht	5.A/14 · 21,90
P7 (-243-7)	Rechtsgeschichte I	3.A/13 · 21,90
P8 (-119-5)	Rechtsgeschichte II	2.A/12 · 21,90
P11 (-085-3)	Rechts- und Staatsphilosophie sowie Rechtssoziologie	2.A/11 · 21,90
P12 (-183-6)	Insolvenzrecht	3.A/12 · 21,90
P13 (-805-0)	Wasser- und ImmissionsschutzR	1.A/08 · 21,90

Skripten Steuerrecht (120)

ISBN 978-3-86193	Titel	Auflage/Jahr/Euro
42 (-173-7)	Abgabenordnung	8.A/12 · 21,90
43 (-267-3)	Einkommensteuerrecht	8.A/14 · 21,90

Skripten für BWL´er, WiWi & Steuerberater

ISBN 978-3-86193	Titel	Auflage/Jahr/Euro
W1 (-430-1)	PrivatR f. BWL'er, WiWi & Steuerberat	8.A/15 · 19,90
W2 (-102-7)	Ö-Recht f. BWL'er, WiWi & Steuerberat	4.A/12 · 19,90
W3 (-480-9)	Musterkl. für's Vordiplom PrivatR	2.A/04 · 19,90
W4 (-197-6)	Musterkl. für's Vordiplom Ö-R	1.A/00 · 19,90
WF1 (-250-5)	Die 74 wicht. Fälle (BGB AT, SchuldR AT/BT)	4.A/13 · 19,90
WF2 (-247-5)	Die 44 wicht. Fälle (GoA, BerR, GesR, ...)	2.A/13 · 19,90

Skripten Fachbegriffe & Erläuterungen

ISBN 978-3-86193	Titel	Auflage/Jahr/Euro
G1 (-146-1)	Mikroökonomie & Makroökonomie	1.A/12 · 19,90
G2 (-147-8)	Buchführung/Jahresabschl./Rechnungsw.	1.A/12 · 19,90
G6 (-151-5)	HandelsR/GesellschaftsR/WirtschaftsR	1.A/12 · 19,90
G7 (-152-2)	Öffentl. Recht/EuropaR/VölkerR	1.A/12 · 19,90

Basics Karteikarten

ISBN 978-3-86193	Titel	Auflage/Jahr/Euro
BK1 (-329-8)	Basics - Zivilrecht	6.A/14 · 16,90
BK2 (-441-7)	Basics - Strafrecht	4.A/15 · 16,90
BK3 (-320-5)	Basics - Öffentliches Recht	4.A/14 · 16,90

Karteikarten Zivilrecht

ISBN 978-3-86193	Titel	Auflage/Jahr/Euro
KK1 (-408-0)	BGB-AT I	9.A/15 · 16,90
KK2 (-305-2)	BGB-AT II	7.A/14 · 16,90
KK3 (-340-3)	Schuldrecht AT I	9.A/14 · 16,90
KK4 (-271-0)	Schuldrecht AT II	7.A/14 · 16,90
KK5 (-252-9)	Schuldrecht BT I (Kauf-u.WerkVR)	7.A/13 · 16,90
KK6 (-201-7)	Schuldrecht BT II	6.A/13 · 16,90
KK7 (-202-4)	Arbeitsrecht	4.A/13 · 16,90
KK8 (-413-4)	Bereicherungsrecht	7.A/15 · 16,90
KK9 (-306-9)	Deliktsrecht	6.A/14 · 16,90
KK11 (-286-4)	Sachenrecht I	8.A/14 · 16,90
KK12 (-244-4)	Sachenrecht II	7.A/13 · 16,90
KK13 (-947-7)	Kreditsicherungsrecht	3.A/10 · 16,90
KK14 (-336-6)	Familienrecht	4.A/14 · 16,90
KK15 (-188-1)	Erbrecht	4.A/13 · 16,90
KK16 (-225-3)	ZPO I	6.A/13 · 16,90
KK17 (-168-3)	ZPO II	5.A/12 · 16,90
KK18 (-358-8)	Handelsrecht	5.A/14 · 16,90
KK19 (-383-0)	Gesellschaftsrecht	6.A/15 · 16,90

ISBN 978-3-86193

Die Shorties (Minikarteikarten) inkl. Box

ISBN 978-3-86193	Titel	Auflage/Jahr/
SH1 (-373-1)	**Box 1:** BGB AT, Schuldrecht AT	8.A/15 · 24
SH2/I (-326-7)	**Box 2/1:** vertragliches Schuldrecht	5.A/14 · 24
SH2/II (-316-8)	**Box 2/2:** gesetzliches Schuldrecht	5.A/14 · 24
SH3 (-405-9)	**Box 3:** Sachenrecht, ErbR, FamR	7.A/15 · 24
SH4 (-368-7)	**Box 4:** ZPO I/II, GesellschaftsR, HGB	6.A/15 · 24
SH5 (-446-2)	**Box 5:** Strafrecht	9.A/15 · 24
SH6 (-382-3)	**Box 6:** Grundrecht, StaatsOrgR, BauR, u.a.	7.A/15 · 24

Karteikarten Strafrecht

ISBN 978-3-86193	Titel	Auflage/Jahr/
KK20 (-324-3)	Strafrecht AT I	8.A/14 · 1
KK21 (-376-2)	Strafrecht-AT II	8.A/15 · 1
KK22 (-275-8)	Strafrecht-BT I	8.A/14 · 1
KK23 (-410-3)	Strafrecht-BT II	8.A/15 · 1
KK24 (-409-7)	StPO	6.A/15 · 1

Karteikarten Öffentliches Recht

ISBN 978-3-86193	Titel	Auflage/Jahr/
KK25 (-315-1)	Verwaltungsrecht I	8.A/14 · 1
KK26 (-348-9)	Verwaltungsrecht II	6.A/14 · 1
KK27 (-352-6)	Verwaltungsrecht III	6.A/14 · 1
KK28 (-389-2)	Staats- u. Verfassungsrecht	9.A/15 · 1
KK29 (-161-4)	Europarecht	3.A/12 · 1

Überblickskarteikarten

ISBN 978-3-86193	Titel	Auflage/Jahr/
ÜK I (-337-3)	BGB im Überblick I	11.A/14 · 3
ÜK II (-282-6)	BGB im Überblick II (Nebengebiete)	7.A/14 · 3
ÜK III (-312-0)	StrafR im Überblick	8.A/14 · 3
ÜK IV (-325-0)	Öffentl.-R im Überblick	9.A/14 · 1
ÜK V (-289-5)	Öffentl.-R im Überblick II Bayern	7.A/14 · 1
ÜK VI (-787-9)	Öffentl.-R im Überblick II NRW	2.A/08 · 1
ÜK VII (-242-0)	Europarecht	5.A/13 · 1

Assessor-Basics/Theoriebände (410)

ISBN 978-3-86193	Titel	Auflage/Jahr/
A IV (-401-1)	Die zivilrechtl. Anwaltsklausur/Teil 1	11.A/15 · 1
A VII (-372-4)	Das Zivilurteil	11.A/15 · 1
A VIII (-270-3)	Die Strafrechtskl. im Assessorexamen	7.A/14 · 1
A IX (-412-7)	Die Assessorklausur Öffentl. Recht	6.A/15 · 1

Assessor-Basics/Klausurentraining

ISBN 978-3-86193	Titel	Auflage/Jahr/
A I (-281-9)	Zivilurteile	16.A/14 · 1
A II (-298-7)	Arbeitsrecht	14.A/14 · 1
A III (-411-0)	Strafrecht	12.A/15 · 1
A V (-396-0)	Zivilrechtl. Anwaltsklausuren/Teil 2	11.A/15 · 1
A VI (-390-8)	Öff.rechtl. u. strafrechtl.Anwaltskl.	6.A/15 · 1

Assessorkarteikarten

ISBN 978-3-86193	Titel	Auflage/Jahr/
AK I (-353-3)	Zivilprozessrecht im Überblick	6.A/14 · 1
AK II (-272-7)	Strafprozessrecht im Überblick	7.A/14 · 1
AK III (-384-7)	Öffentliches Recht im Überblick	5.A/15 · 1
AK IV (-195-9)	Familien- und Erbrecht im Überblick	2.A/13 · 1

hemmer/wüst
Verlagsgesellschaft mbH

Mergentheimer Str. 44 / 97082 Würzburg
Tel.: 09 31 /7 97 82 38 / Fax: 09 31/7 97 82 40
Internet: www.hemmer-shop.de

Sonderartikel

		Euro
	Lernkarteikartenbox (28.01)	
.B ______	Die praktische Lernbox für die Karteikarten	1,99
; 810 ______	Din A4, 80 Blatt 10er Pack	17,50
;1 ______	**Der Referendar (70.01)** 24 Monate zwischen Genie und Wahnsinn (Format A6)	9,80
;2 ______	**Der Rechtsanwalt (70.02)** Meine größten Rein-) Fälle (Format A6)	9,80
;3 ______	**Der Jurist (70.03)** Ein Lehrbuch für Leader (Format A6)	9,80
;5 ______	**Coach dich! (70.05)** Psychologischer Ratgeber	19,80
;6 ______	**Lebendiges Reden (70.06)** Psychologischer Ratgeber inkl. Audio-CD	21,80
;7 ______	**NLP für Einsteiger (71.01)** Psychologischer Ratgeber	12,80
;8 ______	**Prüfungen als Herausforderung (70.08)** Psychologischer Ratgeber	14,80
______	**Wiederholungsmappe (75.01)** Intelligentes Lernen inkl. Handbuch und Kurzskript	9,90
______	**Ordner hemmer.group (88.20)** Ringbuchmappe für Einlagen, DIN A4	2,50
100.201) ______	**AudioCards auf CD: BGB AT I - III** Das Frage-Antwort-System der hemmer-Skripten zum Hören	59,95

-200-0) ______ **Die wahren Paradiese** - **15 traumhafte Gärten** 39,80

Gebunden (Hardcover) mit Schutzumschlag, 208 Seiten (275 x 255 mm)

Dieses Buch begleitet Sie durch 15 wunderschöne Gärten in Deutschland und Österreich. Die beschreibenden Texte wurden von den Gartenbesitzern selbst verfasst. So individuell wie die Gartengeschichten sind auch die gezeigten Gärten. Vom eleganten Landhausgarten und überbordende Rosengärten bis hin zum verwunschenen Waldgarten - den Leser erwartet eine lustvolle grüne Reiseroute.

Life&Law

		Euro
______	Einzelheft der Life&LAW	6,80
AboLL ______	Abonnement der Life&LAW Life&Law 3 Monate kostenfrei, danach erhalten Sie die Life&Law zum Preis von	5,80
LLJ ______	Life&LAW Jahrgangsband 1999 - 2013	
______	bitte Jahrgang eintragen	je 50,00
LLJ14 ______	Life&LAW Jahrgangsband 2014	80,00
LLE ______	Einband für Life&LAW Jahrgang	je 6,00

Die AnwaltsBasics

Herausgeber: hemmerVerlag für Anwälte GmbH

978-3-9813969-0-4 ______	**Die AnwaltsBasics Erbrecht** 1. Auflage, November 2010, 429 S.	39,90
978-3-9813969-5-9 ______	**Die AnwaltsBasics Mediation** erweiterte 2. Auflage, November 2013, 237 S.	23,90
978-3-9813969-4-2 ______	**Die AnwaltsBasics Mietrecht** 1. Auflage, November 2013, 401 S.	39,90

Endsumme:

Lieferung erfolgt in aktueller Auflage

Kundennummer D _____

Prüfen Sie in Ruhe zuhause!
Alle Produkte dürfen innerhalb von 14 Tagen an den Verlag (Originalzustand) zurückgeschickt werden. Es wird ein uneingeschränktes gesetzliches Rückgaberecht gewährt. Hinweis: Der Besteller trägt bei einem Bestellwert bis 40 Euro die Kosten der Rücksendung. Über 40 Euro Bestellwert trägt er ebenfalls die Kosten, wenn zum Zeitpunkt der Rückgabe noch keine (An-) Zahlung geleistet wurde.

Die Lieferung erfolgt (ausschließlich innerhalb Deutschlands) versandkostenfrei an Ihre angegebene Adresse.

Ich weiß, dass meine Bestellung nur bearbeitet wird, wenn ich zum Einzug ermächtige. Bestellungen auf Rechnung können nicht berücksichtigt werden.

Bei fehlerhaften oder unleserlichen Angaben, sowie einer Rücklastschrift aufgrund Nichtdeckung meines Kontos wird der branchenübliche Schaden in Rechnung gestellt. Der Kunde ist berechtigt, diesem Pauschalbetrag den Nachweis entgegenzuhalten, dass nur ein geringerer Schaden entstanden ist. Die Lieferung erfolgt unter Eigentumsvorbehalt.

Name: ______________________ Vorname: ______________________

Adresse: ____

Telefon: ______________________ e-mail-adresse: ______________________

Buchen Sie die Endsumme von meinem Konto ab:

Konto-Nr.: ______________________ Bankleitzahl: ______________________

Bank: ______________________ BIC: ______________________

IBAN: | | | | | | | | | | | | | | | | | | | | | | |

Ort, Datum: ______________________ Unterschrift: ______________________